Christl Oelmann • Macht und Ohnmacht im Horoskop

Christl Oelmann: geprüfte Astrologin DAV. Arbeitete viele Jahre in einer Kinderarzt- und Kinderpsychotherapiepraxis und danach 20 Jahre mit straffälligen Jugendlichen. Seit 1993 beschäftigt sie sich intensiv mit psychologischer Astrologie. Ab 1997 Ausbildung bei Hajo Banzhaf und Brigitte Theler. 2001 bestand sie die Fachprüfung des Deutschen Astrologenverbandes (DAV). Danach astrologische Lehrtätigkeit und Leitung der Beraterausbildung an der Astrologieschule von Hajo Banzhaf und Brigitte Theler. Nach deren Tod leitete sie die Schule sechs Jahre lang. Heute führt sie eine eigene Beratungspraxis, gibt astrologische Seminare und leitet Workshops in Buddhistischer Psychologie (Website: www.kinderastrologiemuenchen.de).

Bücher: «Angstmuster im Horoskop» (2017), «Der Rote Faden durch das Kinderhoroskop» (2012), «Der Rote Faden auf dem Weg durchs Horoskop» (2009). Autorin bei der Fachzeitschrift «Astrologie Heute».

Christl Oelmann

Macht und Ohnmacht im Horoskop

Astrologische Deutung – psychologische Hilfe

Edition Astrodata

Edition Astrodata, 8907 Wettswil/Schweiz
Website: www.astrodata.com / E-Mail: verlag@astrodata.ch

Originalausgabe

Umschlag: iStock, itskatjas / Ligertz

Horoskope: Astrodata AG, CH-8907 Wettswil

Druck und Bindung: Finidr, Tschechien – www.finidr.cz

ISBN 978-3-906881-05-8

Inhalt

Vorwort

Wir alle wollen mächtig sein, um ein selbstbestimmtes Leben führen zu können. Und – wir *sind* alle mächtig, ein jeder auf seine Art.

Der eine mit seiner Schwäche aus der Ohnmacht heraus, die berüchtigte Macht der Schwachen. Zuwendung, Rücksicht und Mitgefühl werden ihm (meist) entgegengebracht.

Der andere, indem er seine Macht an Mitmenschen missbraucht, durch Aggression, Blockieren, Wortgewalt, und sie dadurch zu Opfern macht. Er fühlt sich dann wahrgenommen, mächtig und meist im Recht.

Der Dritte, indem er manipulierend, intrigierend, den Ruf der anderen schädigend und «hintenrum agierend» die Fäden zieht und sich an den Marionetten freut, die dadurch nach seiner Pfeife tanzen müssen.

Und dann gibt es diejenigen, die sich ihrer Macht und ihrer Freude an der Macht bewusst sind und sie in Verantwortung für das eigene Handeln leben, um damit für sich und andere viel zu bewirken. Im Grossen und im ganz Kleinen, fast Verborgenen.

Ihnen allen ist dieses Buch gewidmet.

München, im August 2019
Christl Oelmann

Zuallererst

Damit keine Missverständnisse oder Missdeutungen entstehen, möchte ich *meine* Definition von Macht und Ohnmacht in diesem Buch darlegen:

Macht, *wie ich sie hier in diesem Kontext verstanden haben möchte,* bedeutet für mich etwas machen, etwas bewirken zu können *für* mich und andere. Benutze ich die Macht, um sie *über* oder *gegen* andere (und manchmal auch gegen mich selbst) anzuwenden, dann spreche ich von Machtmissbrauch. Macht heisst für mich ausserdem, zu agieren, statt zu reagieren.

Ohnmacht andererseits bedeutet für mich, ohne Macht zu sein, nichts machen, nichts bewirken zu können und immer nur in der Reaktion zu verharren, statt in Aktion treten zu können.

Astrologisch ausgedrückt heisst das, zumindest Macht über seine *persönlichen* Planeten sowie Jupiter und Saturn zu haben, mit ihnen etwas machen, bewirken zu können, für sich und andere.

Ohnmacht bedeutet für mich im astrologischen Zusammenhang, den Energien dieser sieben alten Planeten gleichsam ausgeliefert zu sein, pointiert ausgedrückt machen nicht wir etwas mit ihren Energien, sondern sie machen, was sie wollen; wir haben sie nicht im Griff. Wir stehen ihnen ohnmächtig gegenüber, können sie nicht nach unserem Willen, unseren Wünschen gestalten.

→ *Eine genauere Erläuterung findet sich im Kapitel «Die reife Persönlichkeit und die reif gelebte Form der Planetenenergien» auf S. 26.*

Allgemeines zu Macht und Ohnmacht

Macht und Ohnmacht sind zentrale Themen unseres Lebens, ob wir das wollen oder nicht. Das Einschätzen einer Macht-Ohnmacht-Situation ist eine instinktive Reaktion der Menschen. Sie diente über Jahrtausende hinweg dem Überleben. Bei einer Begegnung mit nicht vertrauten Personen oder auch in Gefahrensituationen wurde blitzschnell eingeschätzt, wer der Mächtige und wer der Ohnmächtige, wer der Stärkere und wer der weniger Starke ist. Dieses teils unbewusste Prüfen ging der Entscheidung voraus, zu erstarren, zu kämpfen oder zu fliehen. Instinktive Reaktionen auf Angst sind ebenfalls Erstarrung, Kampf oder Flucht. So kann davon ausgegangen werden, dass Angst mit dem Erkennen von «mächtig oder ohnmächtig» korreliert ist.

Blitzschnell wissen die Menschen auch heutzutage noch – fühlen, spüren es –, ob ein anderer mächtig oder ohnmächtig ist, und richten ihr Verhalten danach aus. Selbst wenn der als mächtig Angesehene seine eigene Macht nicht spürt und nicht auslebt. Ist dies der Fall, kann ein Mächtiger leicht zum Opfer werden, denn einen Mächtigen ohnmächtig zu machen – diese Gelegenheit nutzen viele aus. Astrologisch betrachtet erinnert dies zum Beispiel an Pluto in Haus 1: die anderen spüren instinktiv die Macht dieser Konstellation, doch der «Besitzer dieser Macht» spürt und lebt sie nicht und betrachtet sich selbst häufig als ohnmächtig oder auch als Opfer derer, die er mächtiger als sich selbst erlebt.

Daraus wird ersichtlich, dass in jedem Leben die Aufforderung steckt, in die Eigenmacht zu gelangen, eigenmächtig zu werden. Doch stellt Macht ein Schattenthema in unserer Welt und damit auch bei vielen Menschen dar und wird von daher abgelehnt. Besonders im persönlichen Bereich lehnen wir unsere Schatten ab, wir wollen unsere Lichtseite zeigen. Wobei Schatten nur die Rückseite des Lichts ist und per se nichts Negatives. Wo Licht ist, ist Schatten – doch Licht und Schatten werden, anders etwa als Kopf und Zahl einer Münze, immer bewertet. Eine Münze ist nur ganz mit Vorder- und Rückseite, der Mensch ist nur ganz mit Licht und Schatten. So geht das Ablehnen von Macht sehr häufig mit dem Ablehnen unserer Schattenseiten einher, was verständlich ist, wenn wir den vielfachen Missbrauch von Macht beobachten.

Was aber ist Macht? Das Wort kommt aus dem Altgermanischen und wird abgeleitet von «mögen», «vermögen», «können». Es bedeutet, dass wir ein Vermögen im Sinne von Talent, Fähigkeiten besitzen, dass uns etwas «machen» lässt. Macht lässt uns also etwas machen, etwas bewirken. Sie ist weder gut noch böse, Macht ist zunächst neutral. Warum gehört Macht dann zu den Schattenthemen, zu den Tabuthemen unserer Zeit? Warum räumt kaum jemand ein, dass er Gefallen hat an Macht? Und wenn es jemand ausspricht, warum wird er dann allgemein sehr misstrauisch beäugt? Was fällt uns zum Thema Macht ein: Machtergreifung – Machtwechsel – Machtmissbrauch – Manipulation? Warum lauter negativ besetzte Begriffe?

Einige Gründe zur Ablehnung von Macht

Aus der geschichtlichen Vergangenheit heraus

Macht, wie wir sie heute erleben, ist aus unserer Geschichte zu verstehen:

Der Übergang vom matriarchalen in das patriarchale Zeitalter begann wahrscheinlich vor zirka 5000 Jahren. Astrologisch gesehen war das der Übergang vom Stierzeitalter, in der die matriarchalen Kulturen vorherrschend waren, in das Widderzeitalter mit seinen patriarchalen Strukturen. Es war der Übergang von weiblichen Kulturen, Religionen, weiblich geprägten sozialen Sippengemeinschaften, weiblich geprägten Denk- und Verhaltensweisen hin zu einer durch und durch, bis beinahe in die letzten Winkel der Gesellschaften männlich geprägten Welt.

Seit über 2000 Jahren leben wir mit monotheistischen Religionen, die einen *männlichen* Gott verehren. Die weiblichen Gottheiten des Matriarchats wurden durch das Patriarchat entmachtet, es wurden ihnen die männlichen Gottheiten übergestülpt, und diese vielfachen männlichen Götter wurden in den drei grossen Religionen des Judentums, des Christentums und des Islams zu einem einzigen strengen

Gott männlichen Geschlechts. Die grossen monotheistischen Religionen und ihre Machtstrukturen prägten die einzelnen Menschen und Gesellschaften, und in nicht wenigen Schlachten und Kriegen ging es – und geht es noch heute – um den Machterhalt dieser von Männern dominierten Gemeinschaften.

Wenn Christen (und nicht nur sie) von Gott sprechen, dann meinen sie in der Tiefe ihres Bauches *Er* und nennen ihn *Vater*. Das ist Ausdruck des christlichen Abendlandes, das allem Verständnis, also auch dem Selbst-Verständnis, zugrunde liegt. Gott besitzt *All-Macht* und der erste Mensch, Adam, ist sein Ebenbild und verkörpert die von Gott gewollte männliche Macht, so wurde (und wird) gesagt.

Die Frauen wurden zur Verführung, zur Sünde, einzig zum «Gefäss für den männlichen Samen». Ja, es wurde ihnen lange Zeit die Existenz einer Seele aberkannt. Das haben wir über Jahrtausende verinnerlicht, wir Frauen, aber vor allem die Männer.

Das heisst, ein Teil der Menschheit lebte und lebt ohne Macht, lebte und lebt in vieltausendfältiger Weise in Ohn-Macht. Und Frauen geben auch heute noch in vielem den Männern die Macht. Denn erst langsam wendet sich die Ohnmacht der Frauen in Eigenmächtigkeit und Stärke und wird von Männern auch anerkannt.

Der männliche Teil der Menschheit, der die Macht hatte und immer noch hat – ja, wir leben immer noch in einer von der Macht der Männer dominierten Zeit –, hat unsere Welt zu dem gemacht, wie sie sich uns heute darstellt. Mit allen guten, aber vor allem mit allen schlechten Auswirkungen der Macht.

Aber nicht nur die Frauen leben in ohnmächtigen Situationen, sondern auch die Männer. Die meisten von ihnen leben in einer Welt, in der sie täglich als Rivalen einander gegenüberstehen. Der Kapitalismus, die gesamte Wirtschaft, basiert in der Basis auf Gier, auf Habenwollen. Ganz im männlichen Denken verankert, soll sich, *linear* von einem Punkt aus fortschreitend, der Besitz (materiell und auch ideell) ständig vermehren, zum Beispiel das Bruttosozialprodukt. Das dem Weiblichen nahestehende zyklische Denken, in dem es einen Anfang, einen Höhepunkt und auch ein Ende gibt, führt in unseren patriarchalen Strukturen ein Nischendasein. Diese Geisteshaltung – nur wer viel hat, ist mächtig – indiziert sehr logisch den überall herrschenden Wettbewerb. Im Berufsleben wird von Männern gefordert, «ihren Mann zu stehen», das heisst machtvoll aufzutreten, aber auch wettbewerbsorientiert machtvoll dem Rivalen gegenüber aufzutreten und ihn damit in seine Schranken zu weisen. Das passiert teilweise ganz unbewusst, und ich habe mit vielen Männern über dieses Thema gesprochen, mit jüngeren und älteren, und wenn sie sensibilisiert waren für dieses Thema von Rivalität, dann haben es die meisten von ihnen auch bestätigt, dass es so ist.

Woher kommt eigentlich das Wort Rivalität, das sehr viel mit der Situation Macht und Ohnmacht zu tun hat? Es leitet sich ab aus dem lateinischen Wort «riva», was Ufer bedeutet. Die Menschen, die an einem Wasserlauf lebten und dieses Wasser dringend benötigten zur Bewässerung ihrer Felder oder zum täglichen Gebrauch, waren Rivalen, Menschen, die am selben Ufer lebten. Doch in Zeiten, in denen mehr Wasser benötigt wurde, wurde häufig der Bach von einem der Uferbewohner umgeleitet auf die eigenen Felder, und der Rivale hatte weniger Wasser. Der eine hatte das Wasser umgeleitet und sich die Macht genommen, der andere hatte nicht genügend Wasser, er war in der Ohnmacht. Der, dem das Wasser genommen wurde, war abhängig von dem, der die «Wassermacht» hatte. Die beiden Rivalen waren miteinander verstrickt, einer war abhängig vom anderen.

Astrologen fällt dabei der Planet Pluto und seine niedrigere Dimension, der Mars ein.

Schon damals wurde von einem der Rivalen die Macht missbraucht, um auf exzessive Weise über den anderen zu herrschen. Doch das Thema Rivalität bzw. Wettbewerb liegt noch viel weiter zurück, nämlich in der biologischen Natur des Männlichen. Jedes «Männchen» steht im Wettbewerb mit dem Rivalen um das «Weibchen», schlicht aus dem Grund, seine Gene weitergeben zu können. Wäre dies biologisch nicht so verankert, wären wir vielleicht schon ausgestorben.

So ist es bis zum heutigen Tag nicht nur so, dass Männer oder das Männliche vielerorts über das Weibliche herrschen, sondern auch Männer gezwungen sind, miteinander zu rivalisieren und sich gegenseitig zu beherrschen. – Nach dem heutzutage häufig gebrauchten Motto «Wer die Macht hat, hat das Sagen».

Macht wird gelebt durch einzelne Personen oder durch herrschende Gruppen oder Vereinigungen, und dabei geht es leider sehr häufig darum, *über* andere Macht zu haben, und nicht, *für* andere sie zu verwenden.

Ich weiss, das ist *sehr* vereinfacht und *sehr* plakativ, doch es beschreibt den Hauptweg, den die Macht allgemein genommen hat, um derart abgelehnt und tabuisiert zu werden, wie es heute meistens der Fall ist. Dass bei uns in Deutschland seit der «Machtergreifung» 1933 Macht noch stärker ein Schattenthema ist, braucht eigentlich nicht erwähnt zu werden, es ist eine logische Folge dessen, was danach an Grauenvollem passiert ist.

Aus der aktuellen Zeitgeschichte heraus

Dieses Kapitel schreibe ich im Juni 2018, in einer Zeit, in der der Machtkampf zwischen den beiden Schwesterparteien CDU und CSU tobt und der Innenminister des Landes (CSU) sich gegen die Bundeskanzlerin (CDU) erhebt. In der Macht des Mitgefühls, der Macht christlicher Werte und aus ihrer eigenen Machtfülle heraus hatte die Bundeskanzlerin 2015 von Krieg und Hunger gebeutelte asylsuchende Menschen in einem fast beispiellosen Akt der Menschlichkeit in unser Land aufgenommen. Doch ihre Macht des «Wir in Europa» reicht nur so weit, wie der Nationalismus der einzelnen europäischen Staaten und ihrer Populisten es zulassen. Sie bleibt (fast) allein mit ihrer Menschlichkeit. Und jetzt, im Juni 2018, missbraucht der Innenminister seine Macht, um sie, die Bundeskanzlerin, zu isolieren und zu stürzen.

Eine unreife Persönlichkeit nutzt ihre Machtfülle fast immer zu Machtmissbrauch. Denn aus dem Gefühl der Macht heraus werden von ihr bestehende Regeln, Gesetze, Werte, Vereinbarungen immer nur auf den eigenen Nutzen hin interpretiert. Ob dies in Politik, Wirtschaft, den Kirchen oder Behörden geschieht – es steckt bei unreifen Persönlichkeiten immer ein egoistischer Gedanke dahinter (auf das eigene Ego oder die eng an das Ego gebundene Gruppe bezogen): Ich, Ego, darf das, weil ich die Macht habe.

Wenn wir uns von Deutschland weg anderen Staaten oder kirchlichen Einrichtungen zuwenden, finden wir dasselbe: eine Fülle (meist männlichen) Machtmissbrauchs durch beinahe alle Institutionen hindurch.

Dass die Mehrzahl der Menschen sich davon grausend abwendet und lieber auf die eigene Macht verzichtet, als eventuell selbst in diesem Verhaltensmuster zu landen, ist verständlich.

Aus Erfahrungen heraus

Eine weitere Erklärung für Ablehnung von Macht finden wir in der psychologischen Betrachtung. Viele Menschen, gerade mit einem starken Saturn, Uranus, Neptun oder Pluto im Geburtshoroskop, sind in ihrer Kindheit und Jugendzeit häufig ohnmächtigen Situationen ausgeliefert; sei es im Elternhaus, durch Lehrer, Mitschüler oder andere Menschen in der näheren Umgebung.

Vereinfacht gesagt reagieren Menschen, die in ihrer Kindheit starken Ohnmachtserfahrungen ausgesetzt waren, am häufigsten mit drei Verhaltensweisen:

1. Sie lehnen sowohl die eigene Macht als meist auch Menschen, die Macht haben, strikt ab (so will ich nicht sein, so etwas möchte ich anderen niemals antun).
2. Sie missbrauchen ihre Macht ähnlich, wie sie es erleben mussten (Hat es mir nicht geschadet, wird es anderen auch nicht schaden, oder: Anderen soll es auch nicht besser gehen als mir).
3. Es gelingt ihnen, ihre Erfahrungen zu verarbeiten, sie wachsen vorsichtig in ihre Eigenmächtigkeit hinein und verwenden ihre Macht verantwortungsvoll für sich und andere (Ich möchte meine Macht leben, doch anders, als ich sie von anderen erleben musste).

Die erste Verhaltensweise

Menschen, die nach der ersten Verhaltensweise reagieren, wollen oder können – um anderen nicht dasselbe anzutun – ihre Macht nicht nehmen, da sie in der eigenen Seele oder am eigenen Leib den Schmerz, die Kränkung und das Ausgeliefertsein der Ohnmacht – des ohne Macht Seins – nur zu gut kennen. In einer Variante verharren sie in ihrer ohnmächtigen Situation (daraus kann zum Beispiel die Macht der Schwachen entstehen), in einer anderen werden sie zu verdeckt mächtigen, manipulierend mächtigen oder passiv aggressiven Menschen. Beide Varianten sind häufig zu finden.

Hier stossen wir dann wieder auf Schattenseiten der Macht: Verdeckt mächtige Menschen, die ihre Macht nicht offen zeigen, sich nicht zu ihr bekennen oder sie ablehnen, missbrauchen diese *unbewusst* häufig, indem sie anderen Hilfe aufdrängen und ihnen damit die Macht absprechen, sich selbst zu helfen. Sie machen sie ohnmächtig, machtlos. Innerlich Ohnmächtige, das heisst innerlich hilflose Menschen, suchen gerne schwache Personen in ihrer Umgebung, damit sie die eigene Hilflosigkeit und Ohnmacht nicht wahrnehmen müssen. Das kann, nebenbei bemerkt, auch eine Hauptursache des Helfersyndroms sein.

Ich möchte hierzu ein Beispiel anführen, weil es so viele Menschen gibt, die Macht ablehnen und sich daher nicht zu ihrer eigenen Macht bekennen, sie aber sehr wohl verdeckt oder manipulierend leben, ohne zu ahnen, dass ihr Handeln einem Machtmissbrauch entspricht.

Beispiele Ilse und Waltraud

Ilse und Waltraud sind miteinander bekannt und kamen beide vor langer Zeit zur Beratung.

Ilse, eine sehr zugewandte und hilfsbereite Frau, die nach eigener Aussage «immer für alle Menschen da ist», lernt seit einiger Zeit aus Büchern das geistige Heilen. Eine Freundin erzählt ihr, dass sie an einem fünfmarkstückgrossen Magengeschwür leide und von der einschlägigen Behandlung durch den Internisten. Nach mehreren Wochen ist zum Leidwesen der Patientin und zum Erstaunen des Internisten das Magengeschwür nicht abgeheilt. Auch dies erzählt sie wieder Ilse. Da «beichtet» ihr Ilse, dass sie durch geistiges Heilen und Imagination «das Geschwür zusammengezogen und verknotet hat, damit es abfällt». Nun erfährt sie, dass ihr «Heilungsversuch» nicht gelungen ist und ihre Manipulation sehr wahrscheinlich die Besserung oder Heilung durch die Medikamente des Arztes verhinderten.

Betrachten wir das Horoskop von Ilse *(Fig. 1, nächste Seite),* dann fällt sofort auf, dass fast alle Horoskopfaktoren in der linken Horoskophälfte, der sogenannten Ich-Hälfte stehen. So ist Ilse in diesem Leben angetreten, zuerst sich selbst zu erfahren, sich selbst kennenzulernen, sich selbst als gut und richtig zu empfinden und dann im Laufe des Lebens das aus diesen Erkenntnissen gewonnene Verhalten dem Du, den anderen zur Verfügung zu stellen. Des Weiteren finden wir ein sehr prominentes 12. Haus, das mit fünf Planeten besetzt ist, und allein schon dadurch zeigt sich die Hilfsbereitschaft von Ilse. Der AC in Krebs, der absteigende Mondknoten in Fische und Mars in Fische betonen zusätzlich Ilses Wunsch, anderen zu helfen. Auch der Mond in Jungfrau, der in weiter Konjunktion mit Neptun steht, strebt danach, nützlich und hilfreich zu sein.

Alle angeführten Faktoren zeigen auch die spirituellen Fähigkeiten von Ilse auf: eine starke Intuition und Einfühlsamkeit und eventuell auch heilerische Fähigkeiten. Pluto in Konjunktion mit Chiron steht im 2. Haus, das die Talente und Fähigkeiten von Ilse aufzeigt. Pluto ist in einem genauen Aspekt mit Jupiter verbunden und bildet ein Quadrat zu Lilith. Der Wunsch nach Macht – vielleicht heilerischer Macht durch die Verbindung mit Chiron – wird durch Jupiter und Lilith verstärkt.

Für eine reife Persönlichkeit, die den Umgang mit Macht gelernt hat und sie bewusst und offen zum Wohl anderer einsetzt, ist die gesamte Konstellation dieses Horoskops ein starkes Werkzeug, mit dem Menschen, die Rat und Heilung suchen, geholfen werden kann. Doch Ilse überschätzt sich und ihr augenblickliches Können zum einen masslos (vielleicht ist das eine Auswirkung des Jupiter/Pluto-Sextils), zum anderen ist ihr der vielleicht auch durch dieses Sextil übertriebene Wunsch nach Macht (nach machen, nach bewirken) nicht bewusst, und damit ist sie ihm gleichsam ausgeliefert. Nicht sie

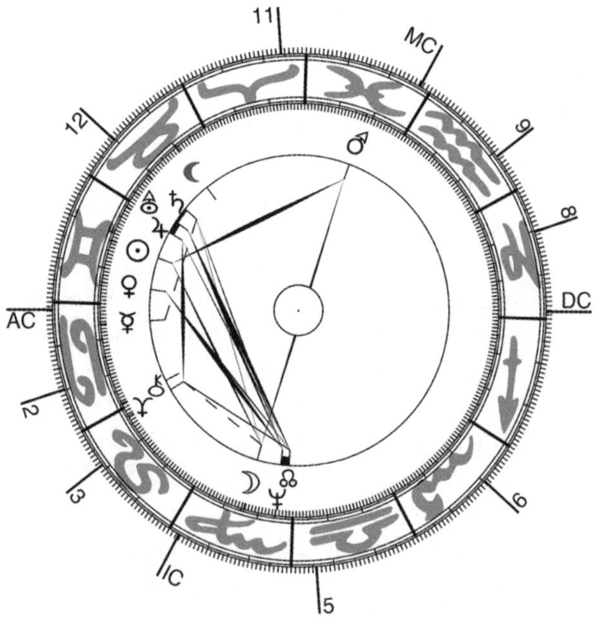

Fig. 1: Ilse (Placidus)

«beherrscht» die Energie von Pluto, sondern sie wird von ihr beherrscht.

Menschen mit Sonne in Haus 12 bleiben und wirken allgemein lieber im Hintergrund, als vorne auf der Bühne zu stehen. Unreife Persönlichkeiten mit dieser Konstellation neigen dadurch häufig zu Heimlichkeiten der unschönen Art.

Waltraud hat zwei Töchter – eineiige Zwillinge –, die mit 22 Jahren beide unglücklich verliebt sind in – wie die Mutter meint – «einfach die falschen Männer». Waltraud ist eine, nach eigenen Aussagen sehr spirituelle Frau, die absolut davon ausgeht, dass alles mit allem verbunden ist. Sie erzählt, dass sie es nicht mehr mit ansehen konnte, wie beide Töchter leiden, und sie deshalb in einer Meditation «in ihre Töchter hineingegangen ist», um sie quasi umzuprogrammieren, damit sie diese beiden Männer verlassen und «offen werden für andere Männer».

Beim ersten Blick auf Waltrauds Horoskop *(Fig. 2)* sehen wir schon, dass die Planeten von der Aufteilung her dieses Mal fast alle in

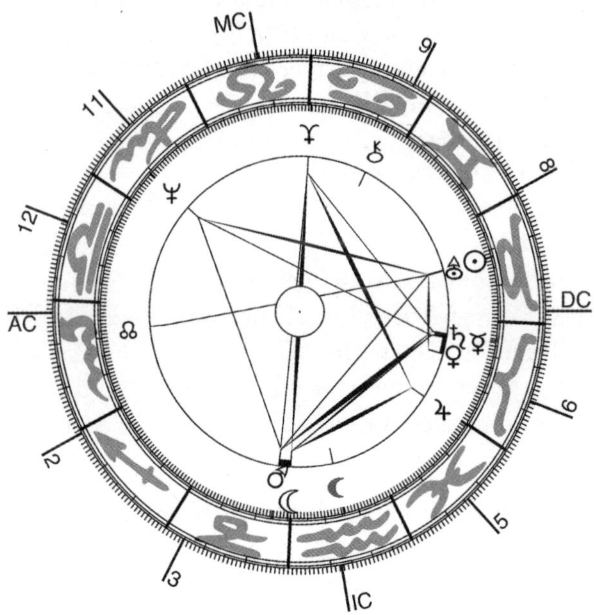

Fig. 2: Waltraud (Placidus)

der (rechten) Du-Hälfte stehen. Waltraud ist deshalb zunächst ganz auf Begegnungen und Beziehungen eingestellt. Sie bezieht über die anderen die Wertvorstellungen von sich selbst. Das heisst: Finden die anderen sie gut und liebenswert, erhöht das ihren Selbstwert, stehen die anderen ihr kritisch oder ablehnend gegenüber, vermindert das ihren Selbstwert. Auf diese Weise ist sie, etwas übertrieben gesagt, so lange abhängig vom Werturteil anderer, bis sie gelernt hat, ihren Eigenwert über ihre Talente und Fähigkeiten, ihr «Vermögen» aus sich selbst heraus zu finden. Dies zeigt ebenfalls die Mondknotenachse von Haus 7 (absteigender Mondknoten) nach Haus 1 (aufsteigender Mondknoten) an. Mit einem AC in Skorpion und einer exakten Opposition von Pluto zu Mond ist der Wunsch nach Macht in Waltraud angelegt. Durch die Opposition von Pluto und Mars ist auch das Streben nach Macht, das «etwas machen, etwas bewirken wollen» ein Thema ihres Lebens. Eine weitere Deutung der Konstellation Pluto–Mond/Mars könnte sein, dass Waltraud den Anspruch an sich hat, eine mächtige, schützende, aktive Mutter zu sein. Unterstützt wird dieser Anspruch durch das Quadrat Mond–Saturn/Merkur und das sehr genaue Sextil von Mond zu Jupiter. Im ebenfalls exakten Sextil von Lilith in Haus 4 zur Venus (Symbol für Tochter) finden wir eine Themenwiederholung. Zusätzlich dazu zeigt das T-Quadrat von Saturn zu Pluto und Mond/Mars, dass das Thema Macht/Ohnmacht bei Waltraud in diesem Leben wohl auf ihrer Agenda steht, wahrscheinlich sogar ein Lebensthema ist.

Um die kraft- und machtvollen Energien, die ihr zur Verfügung stehen, gut und verantwortlich zu leben, bedarf es auch hier wieder einer reifen Persönlichkeit, die ihr «mächtiges» So-Sein annehmen kann. Jenen Menschen aber, die schwierige, verletzende, ohnmächtige Erfahrungen in sich tragen, fällt dies meist extrem schwer. Ihr Wunsch nach Macht ist ihnen nicht bewusst oder wird vor sich selbst verleugnet, weil sie alles, was mit Macht zu tun hat oder zu tun haben könnte, ablehnen (müssen).

Das sind zwei besonders krasse Fälle von Machtmissbrauch, wobei es wichtig ist, ganz klar zu sehen, dass beide Frauen *nur helfen wollten.* Auf Macht und deren Missbrauch angesprochen, lehnten beide diese Erklärung strikt ab, mit dem Hinweis, sie hätten gar keine Macht, seien vielmehr seit ihrer Kindheit in ohnmächtigen Situationen, zuerst durch «sehr fordernde Eltern» und jetzt durch autoritäre Partner. Waltraud meinte, sie lehne Macht in jeder Form ab, im Gegenteil, sie hätte grosse Schwierigkeiten mit übergriffigen Frauen. Es sei Liebe zu den Nächsten das Motiv gewesen und der Wunsch, ihr Können, ihr Vermögen, ihr *Machen* in den Dienst der Hilflosen zu stellen. Auf meine Einwände, die Patientin von Ilse sei nicht hilflos gewesen und ob Waltrauds Töchter sich hilflos gefühlt hätten, wüssten wir ja auch nicht, war die Antwort von beiden die gleiche: *Wenn man etwas gut meint, könne es doch nicht schaden.*

Die zweite Verhaltensweise

Menschen, die nach der zweiten Verhaltensweise reagieren (nämlich Macht so destruktiv auszuüben, wie man es selber erfahren musste), sind häufig in ihrer Kindheit physischer Gewalt und psychischen Übergriffen ausgesetzt gewesen.

Meist wird von harten, strengen Eltern erzählt, die das Kind körperlich oder mit Liebesentzug gestraft und dadurch ihre Gebote, Ver-

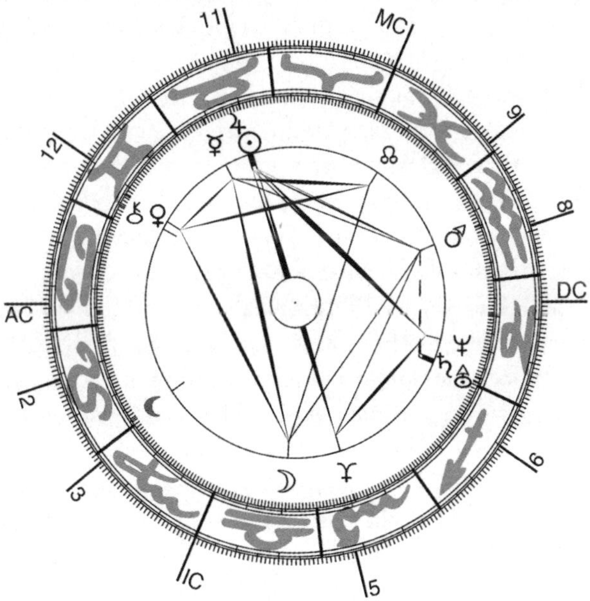

Fig. 3: Horst (Placidus)

bote und Regeln rigide durchgesetzt hatten. Immer wieder kann man erleben, dass der spätere Erwachsene nach dem Motto «Hat mir nichts geschadet, schadet es meinen Kindern auch nicht» diese harten, Körper und Seele verletzenden Methoden im Umgang mit anderen Menschen ebenfalls anwendet. Hier wird die Energie der eigenen Macht zu Machtmissbrauch benutzt.

Ich erinnere mich an einen Jugendlichen, der in extrem desolaten Familienverhältnissen aufwuchs. Seine psychisch instabile Mutter war mit ihm völlig überfordert, sodass er sich zeitweise sein Essen aus den Mülltonnen eines Supermarktes zusammensuchen musste. Sein Vater schlug ihn regelmässig. Er selber wurde dann mehrfach wegen Raub und Körperverletzung verurteilt, und während der verschiedenen Gerichtsverhandlungen betonte er immer wieder, dass es ihm selber auch nicht besser gegangen sei.

Von einem Menschen mit AC in Krebs, einem im 4. Haus stark stehenden Mond in Waage, der ein Trigon zur Venus bildet und einem exakten Sonne/Neptun Trigon *(Fig. 3, vorherige Seite)* erwartet man eigentlich die Fähigkeit sich in andere hineinzuversetzen. Auch mit Mars in Wassermann besteht eher die Neigung, geistig und sprachlich zu «kämpfen». Doch geprägt durch seine Kindheits- und Jugenderfahrungen, konnte *Horst* diese «friedlichen» persönlichen Planeten nur in ihrer unreifen, ohnmächtigen Form leben. Er hatte keine Geborgenheit, Zuneigung, Zuwendung erlebt. Zum Überleben dieser emotionalen Verwahrlosung hatte er die starken Energien von Pluto in Opposition zu Sonne und im Quadrat zu Mars in Haus 8 bis dahin nur in der absolut unreifen Form ausgebildet. Dies hat ihm – nach all den schrecklichen Ohnmachtserfahrungen – ein Gefühl der Macht, der Überlegenheit gegeben und vor allem seine intensiven Hassgefühle zufriedengestellt. Er konnte sich sprachlich schlecht ausdrücken, war einfach verstummt. Doch sowohl seine Straftaten als auch seine über und über mit dem Wort «Hass» tätowierten Unterarme sprachen aus, was er fühlte.

Doch es gibt auch völlig andere Ursachen für die zweite Verhaltensweise. Es sind Menschen, die sich vom plötzlichen Schicksal getroffen fühlen und dadurch in ein Ohnmachtsgefühl geraten, das vor allem geprägt ist von Gedanken wie «Ich kann nichts tun», «Ich bin ausgeliefert» oder (ganz wichtig) «Ein *anderer* hat mich durch sein Verhalten in diese Situation gebracht».

Dazu fällt mir ein Beispiel ein, das damals lange Wochen die Medien beschäftigte:

Marianne Bachmeier erschoss im Gerichtssaal den Mörder ihrer Tochter und ging dafür für lange Zeit ins Gefängnis. Sie konnte der extrem ohnmächtigen Situation, in der sie tiefe Emotionen wie Verlust, Trauer, Wut, Einsamkeit, Nichtwissen und Ausgeliefertsein an das Urteil der Justiz aufwühlten, kaum Widerstand leisten. Gleichzeitig war sie einem extremen Zustand des Nichts-machen-Könnens, des Nichts-Bewirken-Könnens, des Ohne-Macht-Seins ausgesetzt. Um wieder in ihre Macht zu kommen, musste sie etwas bewirken: Sie besorgte sich eine Pistole und erschoss im Gerichtssaal den Täter.

Was sie aber bewirkte, war im Grunde ein Zeichen absoluter Ohnmacht. Sie fühlte sich wohl von Pluto Quadrat Merkur/Lilith *(Fig. 4)* gedanklich getrieben und mit Mars am absteigenden Mondknoten sowie Uranus im Quadrat dazu, zudem mit einem 8. Haus in Widder, dessen Herrscher wiederum Mars ist, zum Handeln aufgefordert. So

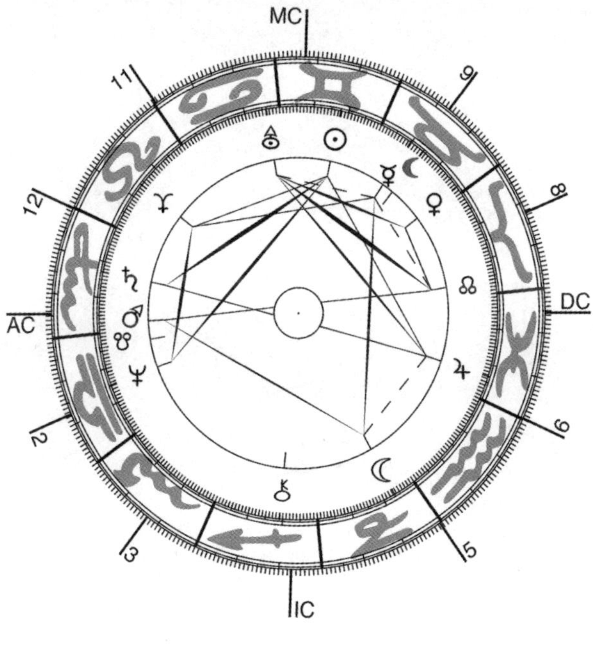

Fig. 4: Marianne Bachmaier, 3. 6. 1950, 13:04 LT, Sarstedt, D
(GZQ: astroschmid.ch/C, Placidus)

ist ihre Wahl des «Machens» verständlich, jedoch hatte sie weder sich noch ihre Planetenenergien unter Kontrolle. Von daher hat sie ihre «Macht» in einer unreifen und ohnmächtigen Form gelebt.

Die dritte Verhaltensweise

Einem sehr ähnlichen Schicksal war ein Vater ausgeliefert, dessen kleine Tochter mit dem Fahrrad unter einen nach rechts abbiegenden LKW geriet und starb. Auf seine, sicher von sehr ähnlichen Emotionen wie bei Marianne Bachmeier begleiteten Ohnmacht reagierte er ebenfalls mit «Machen, Bewirken» – jedoch auf eine reife, mächtige Weise. Er rief eine Initiative ins Leben, die von der Bundesregierung ein Gesetz fordert, das sogenannte Abbiege-Assistenten für LKWs bei Bussandrohung zur Pflicht macht.

Ein anderes Beispiel für die dritte, reife Verhaltensweise ist eine *taubstumme Frau,* die in einem sehr kleinen Ort aufgewachsen ist und dort als dumm und einfältig verlacht und verspottet wurde. El-

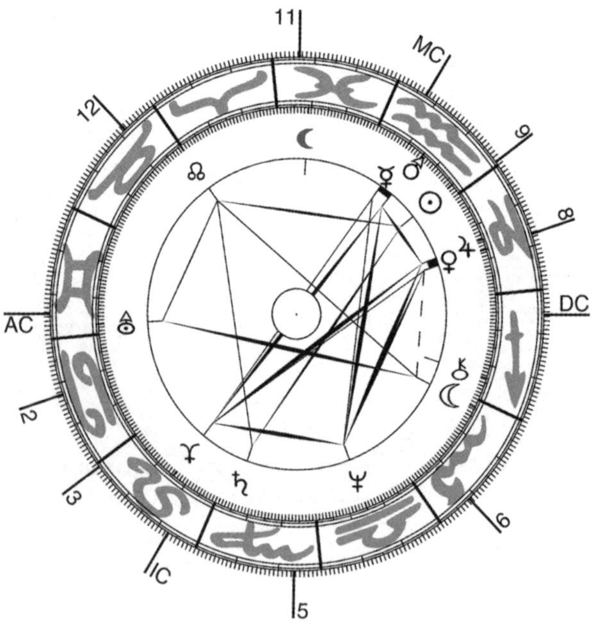

Fig. 5: Taubstumme Frau (Placidus)

tern vermieden es, ihre Kinder mit «der Blöden» spielen zu lassen, sodass sie viele Jahre in einer Art Isolation leben musste.

Diese schon ziemlich extreme Ohnmachtserfahrung kompensierte sie später, indem sie einen Verein gründete, der, weit über den Landkreis hinaus, Kindern in ähnlichen Situationen sowohl ein Ohr, um gehört zu werden, als auch eine Stimme gab.

Auffallend an ihrem Horoskop *(Fig. 5)* ist die Kommunikationsachse 3/9. Sie deutet sowohl auf ihre Ohnmacht im kommunikativen Bereich und in der Umgebung, ihrem Umfeld hin (Pluto in Haus 3 in Opposition zu Mars/Merkur) als auch auf ihre Art der Ermächtigung. In Haus 9 und Haus 10 bringt sie mit starker Wassermann-Betonung ihre eigenen Vorstellungen, ihre eigene Meinung nach aussen (Merkur am MC) und gibt damit Kindern in schwierigen Situationen (Mond in Skorpion in weiter Konjunktion zu Chiron) buchstäblich eine Stimme (Mond Quadrat Merkur). Ein schönes Beispiel auch für eine reif gelebte Wassermann-Energie: etwas reformieren, umformen, was als nicht heilsam erkannt wurde.

Ich habe diese drei unterschiedlichen Verhaltensweisen bei stark ohnmächtige Erfahrungen deshalb so ausführlich beschrieben, weil ich aufzeigen möchte, dass jeder Einzelne die Möglichkeit hat zu entscheiden, auf welche Weise er seine Eigenmächtigkeit erringen will. Es ist in den allermeisten Fällen nicht das oft zitierte Schicksal, dass uns in der Ohnmacht hält, sondern unsere Unentschlossenheit, uns auf den Weg in unsere eigene Macht zu machen und die Rolle zu wechseln.

→ *Siehe dazu auch das Kapitel «Psychologie – Anregungen zur Selbsthilfe» auf S. 236.*

Aus den Schattenthemen der unreifen Persönlichkeit heraus

Macht: ein Schattenthema – warum? Macht befähigt, ein selbst konzipiertes, eigenständiges Leben zu führen, sich und seine Vorstellungen durchzusetzen, sich selbst und andere(s) zu kontrollieren und seine Kräfte und Fähigkeiten sowohl für sich als auch für andere(s) einzusetzen. Um dies leben zu können, ist aber eine reife Persönlichkeit vonnöten.

Die reife Persönlichkeit und die reif gelebte Form der Planetenenergien

Als reife Persönlichkeit bezeichne ich eine in sich gefestigte Person, die nicht zu leicht die Fassung verliert, die sich selbst annehmen kann mit all ihren Licht-, aber auch Schattenseiten, die selbstkritisch und reflektierend ihre Worte und ihr Verhalten kontrolliert. Gut verarbeitete Lebenserfahrungen schenken ihr innerlich einen weiten Horizont, der sie klug und mitfühlend denken und handeln lässt.

Wird diese Beschreibung astrologisch unterlegt, dann finden sich hier alle persönlichen Planeten sowie Jupiter und Saturn in ihrer gereiften Form. Damit meine ich, dass die Person die Energien der Planeten *selbst lebt* und ihnen einen sozialverträglichen Ausdruck geben kann und nicht *von ihnen gelebt* und getrieben wird. Ist dies nämlich der Fall, verleitet Macht zu Machtmissbrauch, Herrschsucht, Korruption, körperlicher und psychischer Gewalt und Erniedrigung anderer Menschen, um nur einiges zu nennen. *Jeder* Faktor im Horoskop kann – wenn unreif gelebt – zu Machtmissbrauch führen. Eine unreife Persönlichkeit ist schnell in Gefahr, der Macht in all ihren Schattenformen ausgeliefert zu sein und sie in einer Art Machtrausch über oder gegen andere Menschen und eventuell auch gegen sich selbst zu verwenden.

Wie wir im astrologischen Teil sehen werden, hat Macht sehr viel mit Saturn (Autorität), Pluto, aber auch Uranus und Neptun zu tun. Und wie wir Astrologen wissen, ist Saturn der Hüter der Schwelle, das Tor zu den drei geistigen Planeten. Saturn ist der Prüfstein für die persönlichen Planeten. Wird Saturn in seiner reifen Form gelebt, dann beherrscht der Mensch sowohl sich selbst als auch die Ausdrucksformen seiner persönlichen Planeten. Dann, und eigentlich nur dann, kann er versuchen, die Energien von Uranus, Neptun und Pluto selbst zu leben und zu steuern, ohne von diesen Energien gelebt zu werden. Und erst dann ist er in der Lage, die Energien der Macht zu leben, ohne Schaden für sich und andere anzurichten. Denn Macht ist nur dann kein Schattenthema wenn sie *für* jemanden und nicht *über* jemanden gelebt wird. Dabei kann Macht durchaus *für* die Person selbst gelebt werden, doch dürfen dadurch andere nicht in ohnmächtige Situationen geraten.

→ **Wichtig:** *Diese von mir beschriebene Form der reifen Persönlichkeit ist wohl ein Ideal, denn die allermeisten Menschen werden von ihren Emotionen, Gefühlen, von ihrer Geisteshaltung und ihren Erfahrungen so stark beeinflusst, dass sie ihnen mehr oder weniger ausgeliefert sind. Astrologisch ausgedrückt: Sie werden von ihren Planetenkonstellationen beeinflusst und sind ihnen häufig geradezu ausgeliefert. Was kann der Grund dafür sein?*

Ein Meister hat einmal zu mir gesagt: «Eines haben alle Menschen gemeinsam, sie sind auf dem Weg zurück zu Gott, ins Licht, ins All-eins-Sein, dahin, wo wir alle herkommen». Dieser Satz hat mich tief geprägt; wir alle sind auf dem Weg, mehr oder weniger weit, und es ist für alle dasselbe Ziel, jedoch ein unterschiedlicher Weg. So sind wir alle dabei – über viele Inkarnationen hinweg – zu einer reifen Persönlichkeit zu werden, und jeder von uns befindet sich an einem anderen Punkt des Weges.

Sehr wichtig ist es mir deshalb, klarzustellen, dass wir alle mehr oder weniger noch reifende Persönlichkeiten als schon reife Persönlichkeiten sind. Und um zum «reifen Zustand» zu gelangen, sammeln wir immer zuerst Erfahrungen im unreifen Zustand, denn nur Schritt für Schritt nähern wir uns dem Ziel.

Deshalb ist eine Abwertung von Menschen, die an einem früheren Punkt des Weges stehen als wir selbst, ganz klar ein Zeichen von Unreife.

In die eigene Macht zu gelangen bedeutet, seine Schattenthemen zu integrieren.

Persönliche Planeten, die «im Schatten leben», die (noch) nicht in ihrer Zeichenkraft gelebt werden können, sind ohne Macht, können nicht viel oder nichts bewirken. Die psychologische Astrologie eignet sich besonders gut, um Klienten auf ihrem Weg in die Eigenmächtigkeit zu unterstützen. Sie kann die Energien der Planeten aufzeigen und den Klienten nahebringen und damit ein Gefühl vermitteln für etwas, das in ihnen noch ausbaufähig ist, oder gar, das es noch zu entdecken gibt.

Ein Beispiel:
Eine Klientin, zirka 40 Jahre alt, hat einen Widder-AC in Konjunktion mit Sonne, Merkur und Venus. Der Mond steht in Fische in Haus 12. Sie war das erste Mal in astrologischer Beratung, und als ich ihr ihre «Widdertruppe» erklärte, begann sie schon nach den ersten Sätzen zu weinen. Als ich sie fragte, was sie so sehr berührte, sagte sie, dass sie diese lebendige, lebensbejahende, durchsetzungsfähige Energie als sehr starke Sehnsucht immer in sich spüre, aber irgendetwas würde sie ihr verbieten. Sie würde so gerne so leben.

Im tiefer gehenden Gespräch erzählte sie, ihre Mutter sei an Krebs gestorben, als sie vier Jahre alt war. Ihr zehn Jahre älterer Bruder beschuldigte sie damals heftig, sie sei schuld daran, weil sie immer so frech und laut und heftig und zornig gewesen sei. Sie habe sofort begriffen, dass das richtig sei, was er sagte, und der toten Mutter versprochen, ab jetzt immer ganz lieb zu sein; vielleicht würde sie dann ja zurückkommen. Schon mit zwölf Jahren begann sie zu meditieren und sich vollkommen der Spiritualität und des Mitgefühls mit allen Wesen hinzugeben, wie sie es ausdrückte. Auf meine Frage, wie viel Mitgefühl sie eigentlich für sich selbst aufbringen würde, brach sie wieder in heftiges Weinen aus. Nach ein paar Monaten kam sie wieder, weil sie lernen wollte, ihre «Feuerkraft» zu leben. Wir begannen ganz irdisch und kein bisschen spirituell miteinander zu arbeiten und ihre Widder-Ballung am AC aus dem Schattendasein ans Licht zu holen und wieder mit Leben zu füllen. Mittlerweile sind vier Jahre vergangen, und sie und ihre Tochter fuhren im Frühjahr zusammen in einem Jeep durch die marokkanische Wüste. Die Widder-Kraft hatte «gesiegt».

Warum wird Macht so oft missbraucht?

Macht erzeugt ein Gefühl von Kontrolle über einen Menschen, eine Sache, eine Situation. Sie ist verführerisch und verführt nicht selten selbst integre Menschen dazu, etwas zu tun, das sie vielleicht bei anderen vehement ablehnen: zum Beispiel aus der machtvollen Position heraus Vorteile anzunehmen und zu erwarten.

Macht gibt vielen das Gefühl, «besser, wichtiger» zu sein als andere, und – vor allem – sie gibt ein Gefühl der (vermeintlichen) Sicherheit. Um diese Sicherheit aber für sich und die engste Umgebung zu erhalten, wählen viele Menschen den Weg des Machtmissbrauchs: Sie machen andere ohnmächtig, von sich abhängig, werten sie ab oder setzen sie psychischer, mentaler oder physischer Gewalt aus.

Wenn wir aber, trotz allem, Macht nur als negativen Aspekt betrachten, wenn wir Macht verteufeln, dann kommt sie uns in unserem ganz persönlichen Bereich abhanden. Wir hemmen uns buchstäblich, etwas zu *machen,* wir wählen das Nicht-Machen, die Ohn-Macht.

Jeder Einzelne von uns ist deshalb angehalten, sich selbst *zu ermächtigen* – von der Ohnmacht zur Macht zu kommen – und dadurch persönliche und gesellschaftliche Verantwortung zu übernehmen. Dabei ist es möglich, den Machtlosen zu zeigen, dass Macht gelebt werden *darf.* Und zwar im positiven Sinne. Im Sinne von Gandhi, wenn er sagte: «Ich habe nicht die Absicht, euch zu zwingen. Doch ich werde euch auch nicht erlauben, dass ihr mich zwingt.»

Häufig wird in der psychologischen Astrologie ein Bild für die Planeten im Geburtshoroskop verwendet: Es ist unsere innere Schauspieltruppe, und jeder dieser Schauspieler möchte gerne auf die Bühne kommen, zeigen, was er kann. Analog dazu kann gesagt werden, dass jeder Planet «in seine Macht» kommen, dass er etwas machen, etwas bewirken möchte auf der Bühne des Lebens. So kann weiter gesagt werden, dass jeder Planet eine *Ursache* für eine *Wirkung* sein kann, dass das, was wir mit dem Planet «machen», eine *Wirkung* hat.

→ **Wichtig:** *Oberflächlich weiter gedacht, heisst das astrologisch, dass jeder unserer Planeten im Laufe der Zeit in eine macht-volle Form gebracht werden soll. Spirituell ein Stückchen tiefer gedacht, kann es durchaus sein, dass die Seele sich vorgenommen hat, in diesem Leben den einen oder anderen Planeten nicht in seiner ganzen Kraft zu leben, bis dahin, mit ihm ohnmächtige Erfahrungen zu machen, um vielleicht zu lernen, sich in das Gegebene einzuordnen.*

Doch auch dann kann der jeweilige Planet in seiner Würde gelebt werden, in dem der Mensch sich nicht als Opfer der Umstände begreift. Sondern lernt, dass er auch in ohnmächtigen Situationen immer noch etwas «machen» kann. Wirklich ohne Macht zu sein heisst nämlich, nur noch zu reagieren (als Reaktion auf die Macht der anderen) und nicht mehr – auch nicht in einem sehr beschränkten Rahmen – agieren zu können.

Ein sehr bekanntes Beispiel, in einer absolut ohnmächtigen Situation trotzdem eine gewisse Eigenmacht zu entwickeln und deshalb etwas machen zu können bzw. zu bewirken, ist *Nelson Mandela.* Er war Anti-Apartheid-Kämpfer, Mitglied des Afrikanischen Nationalkongresses (ANC), Bürgerrechtler und Politiker, später dann Staatspräsident Südafrikas. 1964 wurde er wegen eines Umsturzversuches und angeblicher kommunistischer Aktivitäten zu lebenslanger Haft verurteilt. Nach 27 Jahren wurde er 1990 aus der Haft entlassen.

Im Gefängnis wurde Mandela zum anerkannten Führer der Häftlinge, für viele auch zum Lehrer, und zwar interessanterweise nicht nur für seine Mitgefangenen, sondern auch für einige seiner Gefängniswärter. Im Gefängnis wurde er zu einer moralischen und sozialen Institution und verbesserte dadurch nicht nur seine eigene Haftzeit, sondern auch die der anderen. Er hat das, was er in seiner ohnmächtigen Situation noch machen und bewirken konnte, genutzt und dadurch auch unter schwierigsten Umständen eine gewisse Eigenmächtigkeit erlangt und sich (auch) seine Würde bewahrt.

Auch das Beispiel eines Nicht-Prominenten möchte ich heranziehen:

Von Kindheit an war *Hans* Objekt im Machtkampf zwischen den Eltern. Er fürchtete seinen verbal und körperlich gewaltbereiten Vater, der ihn sehr heftig schlug und sowohl ihn als auch die Mutter verbal heftig attackierte. Die Mutter lehrte den Jungen, «den unteren Weg zu gehen», sich nicht zu wehren, sondern wie sie immer klein beizugeben. Als ohnmächtiges Opfer ihres Mannes war sie sehr mächtig und beherrschte den Jungen, indem sie ihm einerseits ständig ihre Not klagte und andererseits gleichzeitig eine Auflehnung gegen den Vater verbot, denn «dann würde es ihr ja noch schlechter gehen». Der Junge war gefangen zwischen seiner Angst vor dem Vater und der Not seiner Mutter. Er konnte nur noch reagieren, für eigenes Agieren war seine Lage zu misslich.

Betrachten wir sein Horoskop:
In dieser No-win-Situation zog Hans sich mit seinen Gedanken, Ideen und Fantasien vollkommen in sich und sein Zimmer zurück und wurde praktisch zum Einzelgänger. Dies finden wir in seinem Horoskop *(Fig. 6)* mit Merkur in Steinbock in Haus 12 im Quadrat zu Neptun in Haus 8. Merkur hat eine Verbindung zur sehr verschlossenen Venus in Skorpion in Haus 9 und zum Mond in Haus 3. Die Lern- und Erkenntnisachse 3/9 in Verbindung mit Merkur ist also ein Weg für den Jungen, aus seinem «Ohnmacht-Gefängnis», wie er es später nannte, auszubrechen. Wobei er – wenn wir den Mond als Symbol für unsere Bedürfnisse und die Venus als Symbol für das, was wir lieben, nehmen – mit seinem Gefühl des Alleinseins Trost und Ausweg in seinen Neigungen fand.

Betrachten wir den absteigenden Mondknoten in Haus 1 in Wassermann im Quadrat zum Mond, dann hat er sein starkes Bedürfnis geliebt zu werden (Mond am Absteigenden) durch seinen Rückzug in seinen gedanklichen Elfenbeinturm (absteigender Mondknoten in

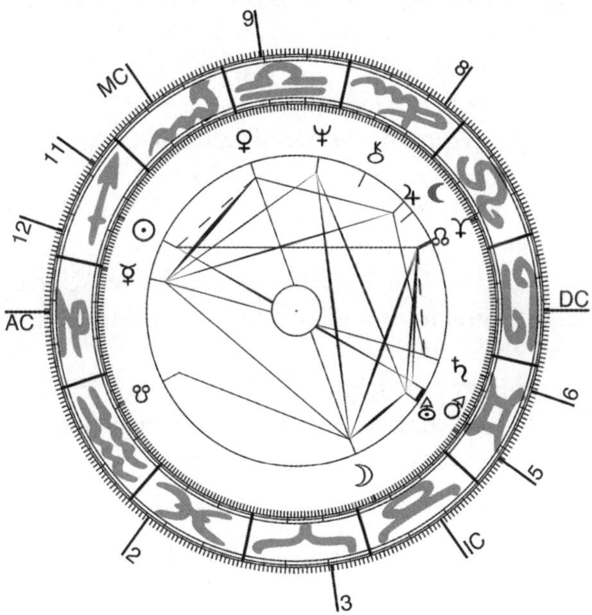

Fig. 6: Hans (Placidus)

Haus 1 in Wassermann) kompensiert. Er beschäftigte sich als Kind stundenlang mit Bauen, später mit dem Untersuchen und Auseinandernehmen von elektrischen Geräten, noch später mit Mathematik und Physik. Erst im Alter von 29 Jahren (Saturn-Return!) gelang es Hans, sich von zu Hause zu lösen, um dann nach dem Studium einen naturwissenschaftlichen Beruf zu ergreifen. Auch er hat in seiner inneren und äusseren ohnmächtigen Situation trotzdem etwas ge-«macht» und auf diese Weise ebenfalls sich seine Würde und Eigenmächtigkeit bewahrt.

Formen der Machtausübung

Macht und Autorität – wo liegt der Unterschied? Häufig werden beide Begriffe synonym verwendet, doch das ist nicht ganz richtig.

In einem Internetforum über die Begriffe «Macht und Autorität» habe ich in einem Beitrag von «ultimaratia» eine lustige, aber auch irgendwie treffende Unterscheidung gefunden: «Autorität ist, wenn der Lehrer bestimmen kann, wo es langgeht. Macht ist, wenn er dabei nicht rumschreien muss, sondern man einfach, wenn man ihn sieht, weiss: o. k., ich höre lieber auf ihn.» Hier kann es ebenso sein, dass sich die Autorität des Lehrers über sein Amt, seine Rolle ableitet, wie auch über sein Können, seine Fähigkeiten, seine Führungseigenschaften oder seine Eigenschaft, ein Vorbild zu sein. Doch immer braucht Autorität die Anerkennung und die Akzeptanz durch andere. Macht hingegen braucht kein Gegenüber, braucht keine Akzeptanz. Ein machtvoller Herrscher setzt seine Vorstellungen durch, gleichgültig ob es andere gibt, die ihm in seinem Tun zustimmen. Und ein machtvoller Lehrer bestimmt, wo es langgeht, gleichgültig ob die Schüler es akzeptieren oder nicht.

Wird dem Mächtigen nicht gehorcht und kann er seine Vorstellungen nicht durchsetzen, folgt Strafandrohung oder Bestrafung. Wird die Autorität eines Menschen nicht anerkannt, reagiert er meist autoritär.

Die offene, klare Macht aufgrund einer Rolle

Die Rolle der Eltern: Sie können zum Beispiel über ein klares, aber auch erklärendes Verbot an die Kinder ihre Macht ausdrücken. Dabei zeigt sich die reife Form der Macht, wenn es nicht ein Verbot ist, «weil ich es will», sondern dass der Zweck des Verbotes den Kindern erklärt wird. Sie müssen also nicht ohnmächtig folgen, sondern können darüber hinaus vielleicht auch verstehen, warum etwas verboten wird.

Die Rolle der Lehrerin: Sie kann zum Beispiel ihre Macht ausdrücken, indem sie die Unruhe und den Lärm in einer Klasse durch einen Ad-hoc-Test zum Thema der letzten Stunde beendet. Dieser Ausdruck von Macht bedarf den Schülern gegenüber keiner weiteren Erklärung. Beinahe jeder Schüler kann sich an das Ohnmachtsgefühl einer solchen Situation erinnern.

Die Rolle des Polizisten: Er kann seine Macht allein durch das Schild «Stopp» ausdrücken. Die reife Form seiner Machtausübung zeigt sich dann dem Autofahrer gegenüber durch eine Erklärung («Wir machen eine Fahrzeugkontrolle»). Die unreife Form könnte sich in einem barschen Ton («Ihre Papiere bitte!») zeigen. Fühlt man sich unter dem Stoppschild eines Polizisten sowieso irgendwie ohnmächtig, verschlimmert eine fehlende Erklärung dieses Gefühl.

Wird die Macht durch eine Rolle bestimmt, fällt es meist schwer, sich erfolgreich dagegen aufzulehnen, da die Beziehung der beiden Personen komplementär ist – vereinfacht gesagt, einer ist oben, der andere unten. Ist der Mensch aber nicht in seiner Rolle zu erkennen, wie vielleicht im Urlaub, ist es durchaus möglich, dass andere ihn nicht als machtvoll wahrnehmen, weil er *ohne* die Rolle seine Macht nicht zum Ausdruck bringen kann, ja sich vielleicht sogar ohnmächtig fühlt.

Die offene, klare Macht aufgrund eines Könnens, von Fähigkeiten

Die Rolle des Teamleiters: Seine Macht wird anerkannt, wenn er zum Beispiel die Fähigkeit besitzt, die einzelnen Mitglieder zu integrieren statt zu separieren, weil er motivieren, Struktur vermitteln, lose Enden zusammenfassen, etwas auf den Punkt bringen kann.

Die Rolle des Meisters: Seine Macht wird anerkannt, wenn er sein Handwerk bis in die Tiefen versteht und sich als integres Beispiel für den Lehrling anbietet.

Die Rolle der Chefin: Ihre Macht wird zum Beispiel anerkannt, wenn sie den Mitarbeitern auf Augenhöhe begegnet, ein grosses Wissen in der jeweiligen Materie besitzt, Führungsqualitäten aufweist und klare, gut verständliche Anweisungen erteilen kann.

Wird die Macht durch ein Können, durch Fähigkeiten bestimmt, werden andere auch ausserhalb der beruflichen Situation den Menschen als machtvoll wahrnehmen, weil Talente und Fähigkeiten zu seiner Persönlichkeit gehören und eigentlich immer zur Verfügung stehen.

Beide oben besprochenen Formen der Macht – durch eine Rolle oder durch Können, Talente und Fähigkeiten – können sowohl Pluto als auch Saturn zugeordnet werden.

Die machtvolle Pluto-Energie ist meiner Meinung nach am ehesten mit *mächtig sein* zu beschreiben, eine vom Gegenüber sehr spürbare Macht *von innen* heraus, im Sinne von «Ich *bin* mächtig». Nicht im Sinne von «Ich *habe* Macht», Kraft eines Amtes oder einer Rolle.

Während dagegen die machtvolle Saturn-Energie sich am meisten durch ein Amt, eine Rolle oder Fähigkeiten äussert, die Autorität verleihen. Autorität kann, ähnlich wie bei Pluto, ebenfalls sowohl von innen heraus kommen, im Sinne von «Ich bin eine Autorität», als auch von aussen, im Sinne von «Ich habe Autorität».

Ich möchte diesen Gedanken noch ein Stückchen weiterspinnen, denn wenn ich etwas *habe,* kann ich es auch verlieren, wenn ich aber etwas *bin,* gehört es zu mir und meiner Persönlichkeit. So sind Macht *haben* bzw. Autorität *haben* beinahe immer mit der Angst vor ihrem Verlust verbunden. Dadurch können sowohl Machtkämpfe (Pluto) als auch Autoritätskonflikte (Saturn) entstehen.

Die verdeckt manipulierende Macht

Machtausübung dieser Art äussert sich darin, dass jemand zum Beispiel dem Nachbarn gegenüber in Nebensätzen immer wieder Bemerkungen macht, was er (angeblich) nicht kann. «Ich liebe Blumen, aber ich habe keinen grünen Daumen. Ich weiss, im Herbst schneidet man die Büsche, aber meine müssen einfach wild wachsen, denn ich kann das nicht», bis der Nachbar sich erbarmt und ihm umsonst den ganzen Garten macht. Von einer Zugehfrau, die seit 30 Jahren in der Familie putzte und darüber alt geworden war, wurde mir erzählt, dass sie jedes Mal klagte, das Putzen strenge sie kaum an, doch das Laufen von der Strassenbahn bis zum Haus sei das eigentlich Schlimme für sie. Sie klagte so lange, bis die Hausfrau ein schlechtes Gewissen bekam und sie dann morgens in aller Früh mit dem Auto von der Strassenbahn abholte.

Wird die Macht durch verdecktes Manipulieren bestimmt, wird die Reaktion anderer auf sie meist durch ein schlechtes Gewissen ausgelöst, diese handeln also aus einer Ohnmacht heraus.

Die schleichende Macht (sich einer Sache bemächtigen)

Schleichende Macht können zum Beispiel ein neuer Kollege, eine neue Kollegin ausüben, indem sie sich langsam (schleichend), hinterrücks und unbemerkt immer mehr unserer Rolle, unserer Kontakte, unseres Aufgabengebietes, ja letztlich unseres Jobs in der Firma bemächtigen, bis wir selber überflüssig werden. Im Würgegriff dieser schleichenden Art von Macht werden unser Wirken und unsere Aktionen immer weiter eingeschränkt, bis wir uns schlussendlich in einer ohnmächtigen Situation wiederfinden.

(Ein wunderbares Beispiel schleichender Macht in der Weltwirtschaft ist das Geschäftsgebaren Chinas, das wie ein Krake dabei ist, weltweit Firmen zu übernehmen und umzustrukturien.)

Die Macht durch Abblocken

Die klassische Variante, die viele kennen: Sie spricht ein Problem an und fragt «Was denkst *du* dir dabei?» Er antwortet: «Ich versteh gar nicht, was du willst – wieso sollte ich mir dabei etwas denken?»

Andere Möglichkeit: Sie spricht ein Problem an, er verschwindet, ohne im Geringsten darauf einzugehen, für den Rest des Abends im Hobbykeller.

Oder, an einem anderen Schauplatz: Ein Mitarbeiter bittet seit Wochen um einen Termin beim Vorgesetzten, weil er mit ihm ein soziales Problem im Team besprechen möchte. Der Vorgesetzte ist daran nicht interessiert, weil er der Meinung ist, das Team müsste das untereinander lösen, und blockt das Gespräch unter dem Vorwand wichtiger anderer Termine immer wieder ab.

Diese Ausübung von Macht kommt wohl aus einer der tiefsten Schichten des patriarchalen Bewusstseins, nämlich der, dass der Macht-Haber den Zeitpunkt bestimmt, an dem er sich mit einem anderen Menschen beschäftigt. Sie wird auch – meiner Erfahrung nach – meistens von Männern verwendet.

Die Macht durch Schwäche, durch Krankheit

Sie ist beinahe sprichwörtlich, die Macht der Schwachen, der Kranken, der Leidenden, derer, die sich als Opfer fühlen. Aus dem Gefühl heraus, Opfer zu sein (Opfer von wem oder was auch immer, häufig Opfer der eigenen Vorstellungen), leiten sie das Recht ab, andere Menschen und deren Zeit für sich zu vereinnahmen.

Diese Macht ist deshalb so stark, weil sie sowohl mit dem schlechten Gewissen als auch mit dem Mitgefühl oder gar dem Mitleid der anderen arbeitet.

Die Macht durch Aufdrängen von Hilfe

Ein Hilfsangebot, *ohne um Hilfe gebeten worden zu sein,* impliziert die Meinung, dass der andere Hilfe brauche, also unbeholfen oder hilflos sei. Weiter gedacht heisst das, dass ein Grundgefühl oder eine Grundmeinung vorliegt, dass es mit meiner Hilfe, besser, schneller, leichter, angenehmer für den anderen ist.

Nimmt der andere mein Hilfsangebot an, ist es eine Bestätigung dieses Grundgefühls oder dieser Grundmeinung (eine Bestätigung meiner Person) und ich fühle mich gut, machtvoll. Ich kann etwas machen. Nimmt er mein Hilfsangebot nicht an, kann es sein, dass ich es als Ablehnung meiner Person empfinde – ich kann nichts machen, ich bin ohne Macht.

Habe ich ein gutes Selbstwertgefühl (ich beziehe meinen Selbstwert über *mich,* über das, was ich kann und bin), dann fühle ich mich durch die Ablehnung meines Hilfsangebotes nicht ohnmächtig. Habe ich ein schlechtes Selbstwertgefühl (ich beziehe meinen Selbstwert über den Wert und die Zuwendung, die mir *andere* geben), dann beginnt das Ringen um Macht, indem ich nun meine Hilfe aufdränge.

Die niederländische Astrologin Karen Hamaker-Zondag sagte einmal in einem Gespräch über das Aufdrängen von Hilfe: «Das ist so wie ‹Lass dir helfen oder ich erschiess' dich!›»

Besser kann man diese Art von Machtausübung nicht beschreiben.

Die Macht durch Gewaltanwendung

Obwohl mir meine persönliche innere Gewissheit sagt, dass die mächtigste und wirkungsvollste Instanz der Macht die Liebe und das Mitgefühl sind, sehe und beobachte ich in der Welt um mich herum, dass in früheren wie auch leider noch in heutigen Zeiten Gewalt die mächtigste Instanz der Macht ist. Gewalt in jeder Form, sei es die physische oder die psychische Gewalt, die jedem, der sie benutzt, Macht über den anderen gibt. Sei es die Wort-Gewalt, die mit einem einzigen Satz andere ohnmächtig machen, ja manchmal gar vernichten kann (ein Politiker spricht zum Beispiel von «Asyltourismus» und meint die Flüchtlingsströme nach Europa). Sei es die Macht von Ideologien und Sekten, von Glaubenssystemen, die Menschen in ihre Gewalt bringen können oder gar Gewaltanwendung predigen. Aber denken wir auch an die institutionalisierte Macht wie die von Staaten, die zur Verhinderung oder gar zur Ausübung von Gewalt die Polizei und das Militär in ihren Diensten haben. Denken wir an die installierte Form von Macht wie die von Firmen, Vereinigungen, der Wirtschaft, Lobbyisten, nicht zuletzt die Macht des organisierten Verbrechens wie der Mafia. – Sie alle üben Gewalt aus, sei es in der psychischen, physischen oder mentalen Form.

Physische Gewalt ist beinahe immer ein Zeichen dafür, dass der Täter seinen Gefühlen ausgeliefert und gleichzeitig nicht in der Lage ist, sein Verhalten zu kontrollieren. Um es im Kontext dieses Buches zu formulieren: Er ist ohnmächtig seinen Gefühlen und seinem Verhalten gegenüber. Astrologisch ausgedrückt ist es eine extrem unreife Form im Zusammenspiel von Mond, Merkur, Mars und Pluto. Merkur deshalb, weil eine häufige Ursache von physischer Gewalt die kommunikative Unfähigkeit ist. Des Weiteren weil bei spontaner Gewaltanwendung meist das klare Denken aussetzt und bei geplanter Gewalt das konstruktive Denken auf die Gewalttat hin zielgerichtet eingesetzt wird. Beides verhindert, an die Konsequenzen des Handelns für sich und den anderen zu denken.

Ein schreckliches Beispiel für extreme physische Gewalt, deren Ursache wohl in einem jahrelangen extremen Gefühl der Ohnmacht und des Ausgegrenztseins liegt, ist der *Amoklauf von Newtown* am 14. Dezember 2012. Ein 19-jähriger Mann tötete an diesem Tag zuerst seine Mutter, dann 20 Kinder in seiner ehemaligen Grundschule und zuletzt sich selbst. Sein wirkliches Tatmotiv ist bis heute unklar; es wurden ihm «gravierende psychische Probleme» attestiert. Er hatte sich schon Monate vor der Tat von den Menschen, einschliesslich seiner Mutter, völlig zurückgezogen, sass nur noch vor dem Computer. Obwohl er im selben Haus wohnte, kommunizierte er mit seiner Mutter nur noch per E-Mail. Er wird als «Waffenfanatiker mit Fantasievorstellungen zum Massenmord» beschrieben. Von den Behörden wird seine Tat als «kriminalpsychologischer Selbstmord» eingestuft (wie fast alle Amokläufe).

Ohne ihn selbst oder sein Motiv zu kennen, kann aber auf jeden Fall gesagt werden, dass ein sich seit Monaten ohnmächtig fühlender Mensch (Menschen mit Suizidgedanken fühlen sich fast alle ohnmächtig) sich seiner Waffen bemächtigte, um in einem blutigen Machtrausch etwas «zu machen, zu bewirken».

Betrachten wir sein Horoskop (*Fig. 7,* Geburtszeit unbekannt, daher ohne Häuser abgebildet), dann fällt als Erstes ein Merkur in Widder im Quadrat zum absteigenden Mondknoten und im Trigon zu

Fig. 7: Amokläufer von Newton/CT, USA, 22. 4. 1992
(GZQ: Wikipedia, Geburtszeit unbekannt)

Chiron auf. Wie oben schon erwähnt, ist eine mangelnde Kommunikationsfähigkeit, das Gefühl nicht gehört zu werden oder sich nicht ausdrücken zu können, eine der häufigsten Ursachen für physische Gewalt. Sein Merkur weist sowohl auf eine hohe Verletzbarkeit im kommunikativen Bereich hin (Chiron) als auch auf schwierige – vielleicht schon in dieses Leben mitgebrachte – Erfahrungen in der Kindheit auf diesem Gebiet (Merkur im Quadrat zum absteigenden Mondknoten). Merkur steht, ebenso wie Venus, im Zeichen Widder. Von einer unreifen Persönlichkeit gelebt, lässt beides auf gewalttätige, aggressive (Macht-) Fantasien und eine Neigung zu Gewalt, Rache und Waffen schliessen.

Seine Sonne bildet ein fast exaktes Quadrat ebenfalls zu Chiron im Zeichen Löwe (Chiron wird also von der Sonne disponiert), was auf ein geschwächtes, sehr verletzliches Ego hinweist. Venus bildet ein genaues Quadrat zur Uranus/Neptun-Konjunktion. Diese Konjunktion habe ich schon des Öfteren bei jungen Menschen, die ja per se noch keine ausgereifte Persönlichkeit haben, als Illusion von Freiheit oder als Illusion durch Rebellion zur Freiheit zu gelangen, erlebt. Wirkt diese Konstellation in einem Spannungsaspekt auf eine Widder-Venus ein, die noch dazu einen Sehnsuchtsaspekt (Quinkunx) zu Pluto bildet, dann ist ein unreifer Mensch diesen Gewalten geradezu ausgeliefert. Dasselbe gilt auch für den Mars in Fische, der ein Sextil zu dieser Konjunktion bildet.

Wir sehen hier an einem schrecklichen Beispiel, wie ohnmächtig Menschen in hoch emotionalen Zuständen, in denen *immer* das klare, folgerichtige Denken ausgeschaltet ist, den unreif gelebten Planetenenergien ausgeliefert sind. Sie werden quasi von ihren Gedanken, Emotionen und den Planeten gelebt.

Psychische Gewaltanwendung ist sehr viel subtiler, daher schlecht und häufig sehr spät zu erkennen. Sie arbeitet unter anderem damit, andere emotional unter Druck zu setzen, zu manipulieren, in Abhängigkeiten oder emotionale Verstrickungen zu bringen, ihnen ein schlechtes Gewissen zu suggerieren oder ihnen durch permanente Abwertungen das Selbstvertrauen zu nehmen.

Mentale Gewalt kann sich, wie schon oben erwähnt, durch sprachliche Äusserungen zeigen und ungeheuer verletzend sein. Mentale Gewalt zeigt sich aber auch, indem man eigene Vorstellungen und Meinungen dem anderen aufzwingt, das heisst den anderen in die eigene Vorstellungswelt und das daraus folgende Handeln hineinzwingt. Ich denke dabei zum Beispiel an Sekten oder religiöse Glaubensrichtungen, in denen die Kinder und Jugendlichen in das Denksystem der Eltern unter Androhung des Familien- und Sektenausschlusses hineingezwungen werden. Ich denke dabei auch an die Denksysteme von mafiösen Gesellschaften oder auch – das darf nicht ausgelassen werden – an Familiensysteme, in denen das Neugeborene ohne gefragt zu werden in einen Sippen-Pakt einwilligen muss. Verhält sich das Familienmitglied dann konform, bleibt es aufgenommen, verhält es sich eigenwillig, wird es ausgestossen. Solches findet sich häufig bei Pluto in Haus 4 oder Haus 8.

Mentale Gewalt zeigt sich aber auch bei jedem von uns, der in Diskussionen den Gesprächspartner *über*zeugen will. Die Aussage «Mit der Zeit werde ich dich davon schon noch überzeugen ...» ist eine Androhung von mentaler Gewalt/Aggression.

Die Macht durch Gewaltlosigkeit

1920, als Indien noch unter der Kolonialherrschaft der Briten stand, setzte *Mahatma Gandhi* seine Theorie der Gewaltlosigkeit und des zivilen Ungehorsams gegenüber den Beherrschern in die Tat um. Er ist wohl das bekannteste Beispiel für gewaltlosen Widerstand. *Martin Luther King* rief ebenfalls zu gewaltlosem Widerstand und gewaltloser Rebellion/Reformation auf. Und ein Beispiel aus der neuesten Zeit sind wohl die gewaltlosen Demonstrationen in der ehemaligen DDR, die dann 1989 zur Öffnung der Mauer zwischen den beiden Deutschlands führten.

Gewaltlosigkeit ist eine Macht – sie hat nichts mit Feigheit vor der Macht des anderen zu tun, denn der Feige beugt sich der Gewalt des anderen.

Die Macht durch Liebe und Mitgefühl

Macht durch Liebe klingt irgendwie grossartig, und es gibt in der Geschichte der Menschheit auch grossartige Beispiele dafür. Ich möchte zwei der bekanntesten geistigen Vorbilder und Führer nennen: den *Buddha*, der in seiner Erleuchtung das Mitgefühl mit sich und allen Kreaturen erfahren und mit seiner Lehre von Achtsamkeit und Mitgefühl bis heute die Menschen erreicht. Und den *Mann aus Naza-*

reth, der durch seine Liebe zu den Menschen (und zwar nicht nur zu den angesehenen) seine Liebesbotschaft «Liebe deinen Nächsten wie dich selbst» durch Taten untermauert und dadurch buchstäblich eine neue Gedankenwelt eröffnet hat.

Sie beide brachten die Energie der Botschaft der *spirituellen* Liebe (Neptun) in die Welt. Doch zeigten sie durch ihre Worte und Taten einen Weg, mit dem wir Menschen die *irdische* Liebe und das Mitgefühl (Mond, Venus) im Alltag umsetzen könnten. Hier liegt es wiederum am Einzelnen, ob er sich entscheidet, diese Form der Macht zu leben.

Viele Menschen strebten und streben dem einen wie dem anderen nach. Zwei bekannte Beispiele irdischer Liebe und Mitgefühls will ich im Folgenden anführen:

Das erste Beispiel ist *Florence Nightingale (Fig. 8),* die ihre Lebensaufgabe darin sah, «Schwester» aller Leidenden und Kranken zu sein

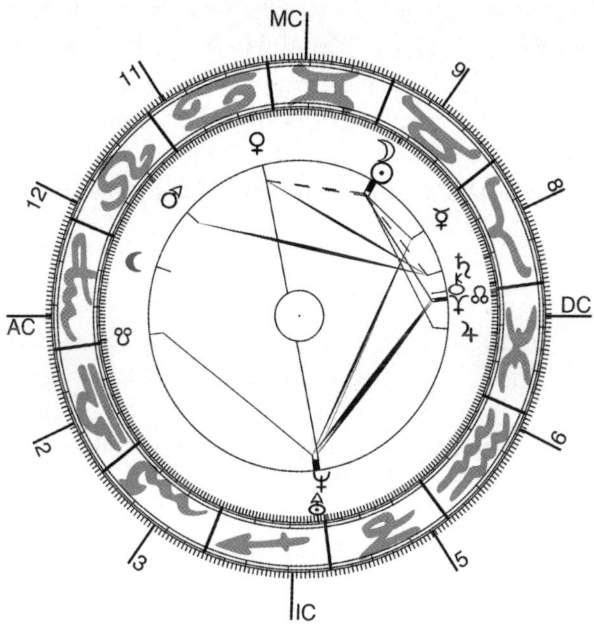

Fig. 8: Florence Nightingale, 12. 5. 1820, 14:00 LT, Florenz, I
(GZQ: Astro-Databank/DD, Placidus)

und sich – gegen den Willen ihrer Familie – zur Krankenschwester ausbilden liess. Sie sah und «fühlte mit» das Elend der Verwundeten, Kranken, Armen und Leidenden, reformierte im Laufe ihres Lebens die Gesundheitsfürsorge und wurde so zur Pionierin der Krankenpflege.

Zuerst fallen in ihrem Horoskop die drei geistigen Planeten auf: Uranus/Neptun im Quadrat zum absteigenden Mondknoten in Jungfrau in Haus 1 und Pluto am aufsteigenden Fische-Mondknoten in Haus 7. Das Mitgefühl (Neptun), die Fähigkeit etwas zu reformieren, und der unbedingte Wille etwas für andere zu «machen, zu bewirken» (Pluto), hat sie *für* andere umgesetzt. Merkur in Widder in Haus 8 zeigt ihre Fähigkeit und Bereitschaft, umzudenken. Venus in Krebs in Haus 10 setzt ihre Wertvorstellung der Gesundheitsfürsorge in der Gesellschaft um, und mit Sonne/Mond in Stier in Haus 9 im Trigon zum AC besitzt sie die notwendige Sturheit, ihre Vorstellungen auch durchzusetzen. Wobei ihr wahrscheinlich die «Einzelkämpfermentalität» eines absteigenden Mondknotens in Haus 1 noch zu Hilfe kam.

Das zweite Beispiel ist *Henri Dunant* (geb. 1828), ein Kaufmann, der 1859 auf einer Reise «zufällig» nach der Schlacht von Solferino am «Feld der Ehre» vorbeikam. Er sah die Toten und hörte die Verwundeten stöhnen und schreien und «fühlte mit ihnen in ihrem unendlichen Leid». Ein Jahr danach rief er eine Hilfsgesellschaft ins Leben, die dann wenig später zum Internationalen Roten Kreuz wurde.

Auch das sind wieder zwei «grossartige» Beispiele, doch viele unter uns «Normalen» kennen die Macht des Mitgefühls und die Macht der Liebe und könnten Beispiele aus ihrem eigenen Leben dafür anführen. Diese Macht ist meiner Meinung nach nicht zu missbrauchen durch den, der liebt oder mitfühlt. Sie kann aber missbraucht werden durch den, der sie empfängt, indem er den Liebenden ausnutzt und mit seiner Schwäche manipuliert.

Wege in die Eigenmacht

Der Weg in die Macht durch Besiegen der Angst, durch Furchtlosigkeit, ist ein Weg in die Eigenmacht.

Bevor Macht *für* andere ausgeübt werden kann, ist es natürlich unumgänglich, die *eigene* Macht zu finden, sie kennenzulernen, also eigenmächtig zu werden.

Mehrere Wege bieten sich an, in die Eigenmächtigkeit zu gelangen. Vielleicht nicht in die Macht, wie wir sie gerne hätten, aber in eine Form der Macht, in der wir doch etwas bewirken können. In diesem Buch möchte ich eine Kombination von psychologischer Astrologie und psychologischen Hilfen anbieten. Psychologische Hilfen natürlich nur, soweit sie innerhalb der Selbsterkenntnis *ohne* professionelle therapeutische Hilfe angewandt werden können.

→ **Vorab:** *Durch unsere Sozialisierung, unser Umfeld, unsere guten oder auch schlechten Erfahrungen werden wir alle geprägt, was wiederum unser Verhalten prägt. Dazu gehören auch jene Prägungen, die wir in dieses Leben mitbringen.*

Prägungen und Verhalten haben die Tendenz «an uns hängenzubleiben», und viele Menschen fühlen sich nicht mächtig, daran etwas zu ändern. Die resignativen Sätze, die mit «Weil meine Eltern, weil meine Kindheit ...» beginnen, sind das Ergebnis davon.

Es ist richtig: Prägungen lassen sich in den meisten Fällen nicht ändern, Verhaltensweisen aber schon.

Ähnlich wie bei Prägungen verhält es sich bei Astrologen mit der Vorstellung von Spannungsaspekten. Immer wieder hört man: «Ja, das ist halt mein Quadrat von Pluto auf die Sonne.»

Doch bei allen mitgebrachten oder hier erworbenen Prägungen und bei allen schwierigen Aspekten ist es unser freier Wille, ein neues Kapitel aufzuschlagen und auf die erste Seite zu schreiben: «Veränderung».

Wir müssen nicht in alten, ausgelatschten Schuhen auf der immer gleichen Piste der Vergangenheit gehen. Wir können ***jetzt*** *uns neues, festes Schuhwerk zulegen und abseits der Piste das neue Gelände erkunden.*

Wir können uns verändern und damit aus der Ohnmacht in die Macht kommen.

Astrologie – Deutung und Vorschläge für spezielle Hilfe

Gedanken zuvor ...

... über Energien

In diesem Buch wird oft von Energien gesprochen, von Zeichenenergien, von Planetenenergien oder von Energien, die von Wirkpunkten ausgehen oder in sie einfliessen, wie zum Beispiel Lilith, die Hauptachsen oder auch die Mondknoten. Deshalb ein paar Gedanken über Energien:

Jeder geschulte Astrologe weiss, dass es nicht der Planet Mars oder der Planet Pluto ist, der diese Energien von sich abstrahlt. Das wäre auch Wasser auf die Mühlen der Astrologiegegner, die ja immer belächeln, dass zum Beispiel der Zwergplanet Pluto seinen Energiestrahl auf jeden einzelnen Menschen richten würde und damit Wirkkraft auf ihn und sein Schicksal hätte.

Meiner Meinung nach sind diese (und natürlich noch andere) Energien, die den Planeten und Zeichen zugeschrieben werden, von Anbeginn der dualen Welt zur Verfügung gestanden, lange bevor es Menschen und die Astrologie überhaupt gab. Es sind Energien, die dem All-Einen (was auch immer das ist) angehören und notwendig sind, um überhaupt Leben, in jeder Form, zu ermöglichen. Denken wir an die Energien der Zyklen der Natur, denen alles unterworfen ist. Denken wir aber auch an die Energien, die uns Menschen zur Verfügung stehen, um Erfahrungen machen, aus ihnen lernen und sie weitergeben zu können in unserer Welt der Dualität. Die machtvollen Energien von Liebe und Hass oder von Entstehen und Vergehen können als Beispiel angeführt werden.

Ein anderes Beispiel dazu ist Jesus, der sich, um Wunder zu wirken, der plutonisch-uranischen Energie (Magie) bedient hat wie auch ganz klar der neptunischen Energie (die Liebesfähigkeit in einer höheren Oktave) – obwohl zur damaligen Zeit die drei Planeten unbekannt waren.

Diese immerwährenden Energien haben weise, achtsame Menschen wahrgenommen, beobachtet, interpretiert. Haben sie nach dem hermetischen Prinzip «Wie oben – so unten» geordnet und ihnen in den Zyklen der Sternzeichen und der Planeten eine Struktur gegeben. Denn die Mehrzahl der Menschen kann nur mit etwas umgehen, das Struktur, das eine Form hat. Und so haben zwölf der (wahrscheinlich) seit Anbeginn des Universums vorhandenen Energien ihre Struktur in den Zeichen des Tierkreises gefunden. Als «Wohnsitz und Heimat» der nach Göttinnen und Göttern benannten Planeten.

Wenn ich also von der Energie des Mars spreche oder der Sonnenmacht oder der Macht des Widders (Macht ist eine Energieform), dann meine ich nicht die Macht des Planeten oder des Sterns, sondern die reine Energie, der durch die materielle Form des Gestirns eine Struktur zugewiesen wurde, mit der wir Menschen umgehen können.

… über Achsen

Wenn wir den Weg der Astrologie näher betrachten wollen, müssen wir aber zunächst noch einen weiteren Gedanken zulassen. Wir interpretieren die Achsen im Horoskop und meinen dabei aber eigentlich immer die Hauptachsen AC–DC und IC–MC oder die Mondknotenachse.

Doch die Achsen aller gegenüberliegenden Zeichen sind genauso wichtig. Sie wollen im Laufe des Lebens ebenso ins Schwingen gebracht werden wie die Haupt- und die Mondknotenachsen. Ja mehr noch: Etwas pointiert ausgedrückt sehnen sich die gegenüberliegenden Zeichen gleichsam nach einander, um *ganz*, um *heil* zu werden.

Widder sehnt sich nach Waage, denn nur mit Rücksicht auf andere, mit etwas Diplomatie und «In-Beziehung-Treten» wird er nicht egomanisch und rücksichtslos über andere hinwegrollen, um seinen Willen durchzusetzen.

Und Waage sehnt sich nach Widder, um nicht ganz und gar im Streben nach Liebsein und Harmonie sich selbst, die eigenen Bedürfnisse und die Abgrenzung zu vergessen.

Erst miteinander sind die beiden, Widder und Waage, *heil, ganz*.

Weiter gedacht heisst das: Befindet sich ein *persönlicher* Planet in einem Zeichen, so ist er *dann* in seiner Macht, wenn er sowohl die Energien des eigenen Zeichens als auch die des Gegenzeichens verinnerlicht und lebt. Ein Mars in Widder ist nicht machtvoll, wenn er wie ein Berserker herumtobt und über die anderen hinwegwalzt, um seinen erstrebten Weg zu gehen. Ein Mars in Widder zeigt sich in seiner Macht, wenn er die anderen bei seiner Durchsetzung nicht ohnmächtig macht, nicht aus den Augen verliert – also das Zeichen Waage mit in sein Handeln, sein Tun einbeziehen kann.

Er wird dabei kein zahnloser Tiger, er verliert dabei nicht seine Kraft, er handelt nur nicht lieblos. Oder anderes gesagt: Er missbraucht nicht seine Kraft und seine Stärke.

Ein anderer Ausdruck als einen Planeten in seiner Macht zu leben ist der in der Astrologie sehr viel gebräuchlichere: nämlich einen Planeten in seiner reifen Form zu leben. Ich lehne die Dualität «positiv–negativ» in diesem Zusammenhang weitgehend ab, denn damit bewerten wir die Energie eines Planeten oder auch die Verhaltensweise, in der diese Energie ausgedrückt wird, in einer sehr oberflächlichen Weise. Das, was wir als positiv oder negativ ansehen, erscheint in einer tieferen Betrachtungsweise, vielleicht aus der Sicht der Seele, völlig anders. Doch da ich der festen Überzeugung bin, dass vom Säuglingsalter an jede Planetenenergie gleichsam erst eingeübt werden muss, wir also vielfach mit der unreifen Form dieser Energie antreten, ist es uns möglich (und wahrscheinlich auch unsere Aufgabe), im Laufe des Lebens zu einer gereifteren Form zu gelangen.

Während in der Dualität «positiv oder negativ» eine Bewertung liegt, sehe ich in der Dualität «reif oder unreif» einen Entwicklungsprozess.

Energien und Achsen vereint

Eine erste Möglichkeit, um in die Eigenmächtigkeit zu gelangen, ist also den Entwicklungsstand unseres Verhaltens mit den *persönlichen* Planeten zunächst nur im *Zeichen* zu betrachten. Eine «Bestandsaufnahme» gelingt mit zwei einfachen Fragen:

1. Lebe ich die Energie des Planeten noch «pur», weitgehend in der Urform seines Zeichens, also unreif, oder ist die Energie schon gefärbt vom gegenüberliegenden Zeichen?
2. Lebe ich die Energie des Planeten vielleicht nicht in seinem Zeichen, sondern ist mein Verhalten eher vom gegenüberliegenden Zeichen geprägt?

Zu Punkt 1 gibt es zwei Möglichkeiten:

Die Energie des Planeten wird noch vom Erwachsenen pur gelebt, und selbst die Reaktionen seiner Umgebung bringen ihn nicht dazu, sein Verhalten mit diesem Planeten zu überdenken. Oder er befindet sich schon im Reifungsprozess, indem er die Wirkung seines Verhaltens auf sich selbst und andere beobachtet und die Energie des Gegenzeichens in sein Leben mit einfliessen lässt. Denn wie bei der AC/DC-Achse ist auch hier das Gegenzeichen eine Schattenseite von uns, die wir vielleicht nicht kennen oder nicht lieben, die aber zu uns gehört und bis zu einem gewissen Masse integriert werden möchte.

Zu Punkt 2:

Wird die Energie des Planeten «pur» gelebt, dann ist das meist in der Übertreibung, in einer Form, die häufig von der Umgebung nur schlecht toleriert wird. Nehme ich wieder, wie oben, die Achse Widder/Waage, dann finden die Mitmenschen meist weder das extreme, rücksichtslose, laute und lärmende Durchsetzungsvermögen (Widder) noch die allzu angepasste, leise, profillose Sucht nach Beziehungen (Waage) liebenswert. Jeder Mensch aber möchte angenommen und geliebt werden. So geschieht es häufig, dass zumeist schon im Kindesalter der Einübungs- und Reifungsprozess im Umgang mit dem Planeten unterbrochen wird und das Kind mit seinem Verhalten in das Gegenzeichen «auswandert». Damit besteht keine Möglichkeit, die Energie des Gegenzeichens langsam in die Zeichenqualität des Planeten einsickern zu lassen. Der Planet ist nicht in seiner Stärke, nicht in seiner Kraft, nicht in seiner Macht, und der Mensch kann seine Energie nicht eigenmächtig leben. In diesem Fall ist es also notwendig, sich zunächst dem Zeichen, in dem der persönliche Planet steht, anzunähern.

Ein kleiner Tipp für die Annäherung: Man nehme – wie bei einem Kochrezept – das Buch SCHLÜSSELWORTE ZUR ASTROLOGIE von Hajo Banzhaf (Kailash, 1996) und lese dort *nur* die Beschreibung der Stärke des jeweiligen Planeten, des Zeichens und des Planeten im Zeichen. Dann nehme man das, was einem schmeckt, gefällt, was etwas im Inneren anrührt, spüre und denke darüber nach, lasse es sich gleichsam auf der Zunge zergehen und geniesse es als einen Teil von sich selbst.

Wenn wir astrologisch über Macht sprechen, dann denken wir sicher zuerst an Pluto, Skorpion, 8. Haus, vielleicht noch an Saturn, Steinbock, 10. Haus. Doch *jeder* Planet und *jede* Konstellation im Horoskop bergen in sich das Thema von Macht und Ohnmacht.

Aus der Sichtweise der Astrologie kann jede Planetenenergie in ihrer Fülle und Macht in Zeichen, Haus und in den Aspekten gelebt werden. Ob das in einer offenen, sozialverträglichen Art oder auf eine unschöne, hinterhältige Weise oder gar in einem Machtmissbrauch geschieht, hängt von der Persönlichkeit und ihrer seelischen und menschlichen Reife ab.

Aus Sichtweise der Psychologie ist das Ausleben der Konstellationen im Horoskop absolut abhängig von der Sozialisation, von den Erfahrungen im Leben, deren Verarbeitung und von den sich daraus ergebenden Verhaltensweisen. Das Leben eines Menschen und die Bewältigungsstrategien, die er benötigt, um es zu meistern, dominieren *immer* sein Horoskop. So ist es häufig der Fall, dass auch kraftvolle und machtvolle Planetenenergien nicht oder nur in verzerrter Form zum Ausdruck kommen können.

Aus der spirituellen Sichtweise heraus kann es durchaus sein, dass die Seele die Absicht in sich trägt, Macht und Stärke in einer eher gebremsten Form zu erfahren.

In Beratungsgesprächen oder in der Selbstreflexion ist es also notwendig, zunächst die Entfaltungsmöglichkeiten der Macht im realen Leben – unabhängig vom Horoskop – mit dem Klienten oder mit uns selbst zumindest aus psychologischer Sicht zu betrachten (nicht jeder ist der spirituellen Sichtweise gegenüber aufgeschlossen). Es wäre ein Fehler und würde zur Verwirrung des Klienten beitragen, wenn wir versuchten, ihn von seiner Macht zu überzeugen, die er bei sich selber ablehnt oder nicht spürt – auch wenn er noch so ein «machtvolles» Horoskop sein eigen nennt. Hier muss immer von der Lebenssituation und den faktischen Entfaltungsmöglichkeiten der Macht ausgegangen werden.

... über Masslosigkeit

Zuerst ein sehr provozierender Gedanke zur Selbsterkenntnis:

Ich behaupte, jede Masslosigkeit, jede Übertreibung im Gefühl, im Ausdruck oder im Verhalten ist ein Zeichen der Ohnmacht. Denn der

Mensch hat dabei – wenigstens zum Zeitpunkt der Masslosigkeit – keine Kontrolle über die entsprechende Planetenenergie. Und keine Kontrolle über sich, sein Verhalten oder eine Situation zu haben, löst, glaube ich, bei uns allen ein vorübergehendes oder dauerhaftes Gefühl der Ohnmacht aus. Trinke oder esse ich zu viel, habe ich keine Kontrolle über Venus oder Mond. Verliere ich mich in zu viel Arbeit oder bedränge ich andere aggressiv auf der Autobahn, habe ich keine Kontrolle über Mars. Rede ich wie ein Wasserfall ohne eigentlich etwas zu sagen, habe ich keine Kontrolle über Merkur.

... über unreif oder destruktiv gelebte Planeten

Wie schon oben besprochen, kann ein persönlicher Planet dann machtvoll gelebt werden, wenn wir das Zeichen, in dem er steht, in seiner reifen Form zum Ausdruck bringen können. Das ist möglich, wenn wir Teile der Energien des gegenüberliegenden Zeichens miteinbeziehen. Lebt ein Mensch Zeichen oder Planeten in ihrer unreifen, destruktiven Form, also in ihren Schattenseiten, bezeichne ich ihn auf diesem Gebiet als ohne Macht, ohnmächtig. Hat er zum Beispiel seine heftigen Gefühle (Mond) und seine Handlungsbereitschaft (Mars) nicht unter Kontrolle, sondern bringt andere egoistisch und rücksichtslos in Bedrängnis oder verletzt sie gar, ist er in seinem Verhalten, seinem Handeln, seinem Durchsetzungsvermögen und seiner Aggression nicht in seiner Macht. Eltern, die sich ohnmächtig fühlen und weder Mond noch Mars unter Kontrolle haben, werden vielleicht ihre Kinder schlagen. Männer, die ihre vermeintliche Macht ausnutzen und ihren Sexualtrieb (Mars) nicht unter Kontrolle haben, werden vielleicht Frauen oder Kinder bedrängen oder vergewaltigen. Mütter, die ihren Mond und ihre Venus nicht unter Kontrolle haben, werden vielleicht noch ihre erwachsenen Kinder an sich binden und missbrauchen damit ihre Macht. *Alle* aber sind im Grunde ohnmächtig, da sie die Kontrolle über ihr Verhalten bzw. über ihre persönlichen Planeten und/oder über die Zeichen, in denen diese stehen, verloren haben.

Das ist ein wichtiger Gedanke, und ich bitte, ihn gründlich zu durchdenken: Machtmissbrauch in jeglicher Form offenbart die Ohnmacht des als mächtig betrachteten Menschen. Mächtig ist nur, wer andere nicht ohnmächtig macht. Von diesem Grundgedanken aus können wir alle mächtigen Menschen betrachten, seien sie Politiker, Angehörige einer Kirche, Wirtschaftsbosse, Lehrer, Ärzte, Psychologen, Eltern, Ehepartner und jeden, der sich mächtig fühlt oder dem Macht zugesprochen wird.

Mögliche Konstellationen von Macht bzw. Ohnmacht im Horoskop

Mir ganz wichtig: *Aus dem Horoskop ist* ***nicht*** *zu ersehen, ob die Konstellation mächtig oder ohnmächtig gelebt wird und auf welcher Ebene die Persönlichkeit sich befindet. Es ist absolut unseriös, in dieser Hinsicht Behauptungen aufzustellen.*

Übersicht

Bevor die Macht- und Ohnmachtskonstellationen der Planetenenergien im Einzelnen genau besprochen werden, möchte ich eine kurze Übersicht bereitstellen.

Durch die persönlichen Planeten

- Planet in Haus oder Zeichen.
- Planet an den Hauptachsen.
- Planet im eigenen Haus oder eigenen Zeichen.
- Planet am absteigenden Mondknoten.
- Planet unaspektiert, in der Yod-Figur oder im T-Quadrat.
- Planet im Aspekt zu Jupiter, Saturn, Uranus, Neptun, Pluto, Chiron oder Lilith.

Durch Jupiter

- Jupiter in Haus und Zeichen.
- Jupiter an den Hauptachsen.
- Jupiter am absteigenden Mondknoten.
- Spannungsaspekte von Jupiter zu persönlichen Planeten.
- AC, MC, Sonne oder Mond in Schütze / Jupiter in Haus 9.
- Jupiter unaspektiert.

Durch Saturn

- Saturn in Haus und Zeichen.
- Saturn an den Hauptachsen.

- Saturn am absteigenden Mondknoten.
- Spannungsaspekte von Saturn zu persönlichen Planeten.
- AC, MC, Sonne oder Mond in Steinbock / Saturn in Haus 10.
- Saturn unaspektiert

Durch Uranus, Neptun oder Pluto

- Alle Aspekte der drei geistigen Planeten zu persönlichen Planeten, Chiron und Lilith.
- Die Planeten am absteigenden Mondknoten.
- Die Planeten unaspektiert.
- Die Planeten an den Hauptachsen.
- AC, MC, Sonne oder Mond in Wassermann, Fische, Skorpion.
- Der jeweilige Planet im eigenen Haus.

Durch Chiron

- Alle Planeten im Aspekt zu Chiron.
- Chiron am absteigenden Mondknoten.
- Chiron an den Hauptachsen.

Durch Lilith

- Lilith an den Hauptachsen.
- Lilith am absteigenden Mondknoten.
- Lilith prominent durch Spannungsaspekte.

Durch das 8. Haus

- Alle Planeten im 8. Haus stehen in Bezug zu Macht und Ohnmacht.

«Macht ist eines der wichtigsten Themen des 8. Hauses», schreibt Haydn Paul in seinem Buch: DIE MYSTERIEN DES 8. HAUSES (Kailash, 1996). Aber gerade Menschen mit einem prominenten 8. Haus «kneifen» sehr häufig beim Thema Macht; sie verharren lieber in Ohnmacht und Abhängigkeit als ihren Anspruch an Macht wahrzunehmen. Sehr häufig leugnen sie ihn auch, nicht nur vor anderen, sondern vor sich selbst.

Jeder Planet im Horoskop birgt in sich das Thema von Macht und Ohnmacht

Auch hierzu eine kurze Vorab-Übersicht, in der ich einige Themen der Macht aufzähle, die jedoch selbstverständlich in sich auch das Thema Ohnmacht tragen.

Sonne Die persönliche Macht des Ego, der Persönlichkeit, des Willens, der Absicht, des Väterlichen.

Mond Die Macht der Gefühle, der Bedürfnisse, der Sehnsucht, der Intuition, des Mütterlichen.

Merkur Die Macht der Gedanken, der Vorstellungen, der Sprache.

Venus Die Macht des Weiblichen, des Begehrens, der Begierde, des Habenwollens, der Liebe, der Wertvorstellungen.

Mars Die Macht des Männlichen, des Willens, der Taten, der Durchsetzungskraft, der Gewalt, der Triebhaftigkeit der Sexualität.

Jupiter Die Macht des Wissens, des Glaubens, der Hoffnung, der eigenen Meinung, der Gerechtigkeit, der Intoleranz, der Vorurteile.

Saturn Die Macht durch ein Amt, durch Autorität, die Macht der Meisterschaft, des Könnens, der Konzentration auf das Wesentliche, der Gesetze, des Rechts, des Staates, des Militärs, der Polizei.

Uranus Die Macht der Individualität, der Narrenfreiheit, der Unabhängigkeit, die Macht der Erkenntnis, die Macht der inneren Freiheit.

Neptun Die Macht des Mitgefühls, der umfassenden Liebe, der spirituellen Verbindung, der Illusion, der Fantasie, der Träume.

Pluto Die Macht durch Sein, die Macht durch die Akzeptanz der ständigen Veränderung, die Macht des intensiven und absoluten Willens, die Macht der Gewalt, der Manipulation, der Kampfbereitschaft, die Macht der Regeneration.

Macht und Ohnmacht der persönlichen Planeten

Vorgedanken

Damit wir in unsere Macht kommen, etwas bewirken und machen können aus und in unserem Leben, ist die Ausbildung unseres Egos, unseres Ich-Bewusstseins die Voraussetzung. Wir müssen zu einer Persönlichkeit reifen. Denn nur eine reife Persönlichkeit hat ihr Denken, ihre Worte, ihre Gefühle und Bedürfnisse, ihre Wünsche, ihr Verlangen und ihr Verhalten, ihr Handeln im Griff. Dadurch entsteht ein stabiler, in sich ruhender und nicht übersteigerter Selbstwert. Das alles ist aber auch Voraussetzung, damit wir von der Gesellschaft angenommen werden, in ihr – *an*gepasst, aber nicht *ein*gepasst – leben und ihre Gesetze und Regeln befolgen können.

In astrologisches Denken umgesetzt heisst das, dass wir in die Macht unserer Sonne und damit unseres Ichs gelangen müssen. Wir müssen uns gleichsam ermächtigen, unser Ich zu leben. Häufig wird von den Planeten als innere Schauspieltruppe gesprochen, die sich alle auf der Bühne des Lebens zeigen und zum Einsatz kommen möchten. Doch der Regisseur in dieser Truppe ist die Sonne, unser Ich.

Das Stück, das auf der Bühne gezeigt wird, gibt uns das Leben vor. Doch die Regie haben wir selbst, indem wir die Sonne, unser Ich, ermächtigen, die Schauspieltruppe zum richtigen Augenblick an der richtigen Stelle einzusetzen, damit sie in einer reifen Form wirksam werden kann. Merkur, Mond, Venus und Mars müssen also *unter der Regie der Sonne* zum Einsatz kommen.

Wenn wir in unsere Macht gelangen wollen, so müssen wir mit der Ermächtigung der Sonne beginnen. Das ist aber gar nicht so einfach. Zum einen natürlich aus psychologischen Gründen: Durch Erziehung, Sozialisierung und erlebte Erfahrungen werden wir zum Teil verbogen, stromlinienförmig und ohnmächtig gemacht. Zum anderen aber auch aus astrologischen Gründen.

Zwei davon möchte ich hier anführen:

1. In Kindheit und Jugend werden wir zunächst mehr von den Energien der persönlichen Planeten gelebt als dass wir den Umgang mit ihnen aktiv gestalten. Das Zeichen, in dem sie stehen, lässt unser

Verhalten zwischen der unreifen und reiferen Form hin und her schwanken. Ein Kind mit Mond in Fische zum Beispiel ist auf der einen Seite manchmal grenzenlos an die Bedürfnisse der anderen angepasst und auf der anderen Seite manchmal grenzenlos in Fantasien, Träume und sich selbst zurückgezogen, sodass es andere(s) gar nicht wahrnimmt. Erst wenn wir im Laufe des Lebens Macht über unsere Planeten erhalten, können wir das Zeichen in der Form nutzen, die unserem Bewusstsein entspricht oder die wir ihm geben möchten. Wir können zum Beispiel mit einem Mars in Stier das Haben- und Besitzenwollen so weit treiben, dass wir stehlen. Wir können aber auch das, was wir besitzen, sorgfältig bewahren und vermehren.

Die Macht einer Planetenenergie setzt voraus, dass wir dem *Zeichen,* in dem der Planet steht, eine eigene Prägung geben. Wir wachsen im Laufe unserer Bewusstwerdung und im Laufe unserer Persönlichkeitsbildung in dieses Zeichen hinein. Wir geben der Zeichenenergie eine eigene Prägung, wenn wir sie reif leben, indem wir die Energie des Gegenzeichens miteinbeziehen, und zwar in dem Masse, wie es für uns und den Planeten in diesem Zeichen notwendig ist. Und damit erlangen wir auch Macht über den jeweiligen Planeten. Wir können – je nach Zeichen – die Planetenenergie formen, wir können mit den Energien und durch sie etwas «machen», etwas bewirken.

Noch eine andere Beobachtung möchte ich hier anführen, die auch auf Prägungen in Kindheit und Jugend zurückgeführt werden kann: Haben wir es im Horoskop mit einer Planetenballung im Zeichen (Stellium) zu tun, dann finden wir nicht selten, dass diese Energie gar nicht gelebt wird, sondern dass der Betreffende schon ganz früh in das Gegenzeichen «ausgewandert» ist. Das ist meistens dann der Fall, wenn die Energie des Zeichens nicht in das familiäre Umfeld gepasst hat und sich für die Eltern störend oder beängstigend anfühlte. Dasselbe gilt auch für die dem Umfeld «unbequemen» Aszendenten, wie zum Beispiel ein Widder- oder Skorpion-AC. Obwohl es unter Astrologen heisst, dass der Aszendent immer gelebt wird, ist es doch nicht selten zu finden, dass das Kind und der spätere Erwachsene es bevorzugen, das Gegenzeichen zu leben. Dieser Mensch lebt den betreffenden AC gleichsam in Ohnmacht.

2. Die Macht der Sonne äussert sich auch in unserem Willen und im Bestreben ihn durchzusetzen.

Es wird allgemein gelehrt, dass der langsam laufendere Planet einen schneller laufenden dominiert, dass er der stärkere ist, dass er dem langsameren seinen Stempel aufdrückt. Demnach würde zum Beispiel Mars die Sonne dominieren. Aber ist das wirklich für eine reife Persönlichkeit wünschenswert? Wünschenswert wäre doch, wenn der Mars die Sonne *unterstützt,* aber nicht dominiert. So sollte eigentlich immer der Wille der Sonne den Willen von Mars dominieren, denn Mars sollte der Ausführende bleiben, die Sonne aber der Initiator sein.

Beispiel A: Angenommen, ein Mensch hätte eine Krebs-Sonne und einen Widder-Mars, dann wäre sein Verhalten bei einer «ohnmächtigen» Sonne geprägt von eventuell ausgeprägtem widderhaften Verhalten, das sicher der Intention einer Krebs-Sonne widerspricht, allein schon deshalb, weil die Zeichen im Quadrat zueinander stehen. Wenn die Sonne unser Ich symbolisiert, dann würde in diesem Fall ein ohnmächtiges Ich von einem (eventuell ohnmächtigen) widderhaften Verhalten gesteuert. Ein mächtiges Ich würde dem Mars durch eine zugewandte und liebevolle Krebs-Energie Zügel anlegen. Dies wiederum würde mit der Zeit dem Verhalten, Handeln und der Durchsetzungskraft von Mars in Widder einen sozialverträglicheren Ausdruck geben – der Mars würde «reifen». Der Reifungsprozess von Mars würde aber wiederum der Sonne zugutekommen, denn eine einfühlsame, liebevolle Krebs-Sonne kann sich vielleicht schlecht abgrenzen und könnte im Laufe der Zeit genau diese Eigenschaft durch die Beeinflussung von einem Widder-Mars lernen. Ist der Mensch aber der unreifen, rigiden, egoistischen Form des Widder-Mars gleichsam ausgeliefert, dann hat sein Ich mit der «ohnmächtigen» Krebs-Sonne jedes Mal ein schlechtes Gewissen, wenn ihm der Mars «durchgegangen» ist.

Beispiel B mit Mond und Mars in Fische, Venus in Krebs und Sonne in Löwe *(Fig. 9)*: Die Aussage dieses *Löwe-Mannes* ist, dass er sich ein Leben lang ohnmächtig gefühlt hat und immer noch fühlt, da er seine Sonne, sein Ich, nicht leben kann, weil er «niemand anderen verletzen möchte». Er ist in Gedanken und im Gefühl immer bei den anderen, er fragt sich, wie sein Verhalten wohl auf sie wirkt und ob sie ihn auch dann, wenn er sich durchsetzen würde, noch mögen. Zur weiteren Information: Seine Löwe-Sonne bildet eine Konjunktion mit Pluto!

Sein Mars ist nach astrologischen Kriterien stärker als der Mond, die Venus und auch die Sonne, weil er langsamer läuft als diese. Eine Löwe(!)-Sonne in ihrer Macht heisst – ganz platt ausgedrückt –, dass der Mensch sich mit seiner ganzen Wärme und Herzlichkeit und Autorität in den Mittelpunkt stellen will, damit es ihm *und den anderen* dabei gut geht. Und aus diesem machtvollen Ich-Bewusstsein heraus könnte er mit seiner einfühlsamen, mitfühlenden und liebevollen Wasser-Truppe für andere viel tun, bewirken, und zwar ohne Abgrenzungsschwierigkeiten und ohne sich selbst dabei zu verlieren.

Ist die Sonne aber nicht in ihrer Macht, wird sie aber – genauso wie Mond und Venus – von Mars in Fische «dominiert»; dann kann sie wenig bewirken. Jede «Machtergreifung» kommt dem unreif gelebten Fische-Mars lieblos und wenig empathisch vor, der

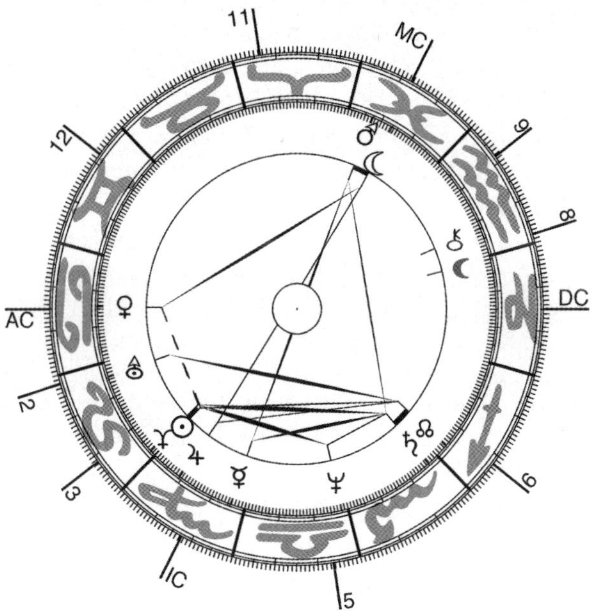

Fig. 9: Löwe-Mann (Placidus)

unreif gelebte Mond hat ein schlechtes Gewissen und die Venus in Krebs zieht sich lieber zurück, als sich der Gefahr auszusetzen, nicht mehr geliebt zu werden. Der Sonne ist die Regie entglitten, die Schauspieltruppe gestaltet ohne ihre Anweisungen das Bühnenstück, das Ich ist ohnmächtig.

Die Energie des Löwe-Zeichens wird häufig als ein wärmendes Feuer beschrieben, an dem man sitzen und sich wohlfühlen kann. Doch auch dieses Feuer hat eine Abgrenzungsmöglichkeit: Wer ihm zu nahe kommt, brennt sich. Wächst also der Mensch in die reife Form dieses Zeichens hinein, indem er sich wärmend und herzlich den anderen zuwendet und sich gleichzeitig mit seiner eigenen Befindlichkeit in den Mittelpunkt stellt, dann gelingt es ihm auch, Nein zu sagen und immer öfter auf die ständige Zustimmung und den ständigen Applaus der Menschen zu verzichten. Er hat Teile der gegenüberliegenden Wassermann- Energie mit in sein Sonnen-Zeichen hineingenommen, ist sich selbst genug und damit unabhängig von der Beurteilung durch andere. *Dann* kann die Sonne die Regie übernehmen: Mond und Mars werden angewiesen, Teile der gegenüberliegenden Jungfrau-Energie, die Venus Eigenschaften der gegenüberliegenden Steinbock-Energie in ihre Aktionen mit hineinzunehmen. Der Mann fliesst nicht mehr über im Mitgefühl mit den anderen, sondern kann auch Mitgefühl mit sich selbst entwickeln und ganz erdig sich fragen: Was brauche ich, was ist mir nützlich und wie kann ich Verantwortung *auch* für mich übernehmen?

Wir sehen also an diesen beiden astrologischen Beispielen, wie wichtig es ist, uns zuerst der Macht unserer Sonne zu widmen und unser Ich zu entwickeln.

In diese Überlegungen habe ich nur die persönlichen Planeten und ihre Aspekte untereinander einbezogen. Jupiter, Saturn und die drei geistigen Planeten Uranus, Neptun und Pluto werde ich in einem eigenen Kapitel besprechen. Die oben gemachte Aussage, dass zuerst die Macht unserer Sonne entwickelt werden muss, damit wir einen zuverlässigen Selbstwert aufbauen können, gilt selbstverständlich auch hier. Doch ist je langsamer die Planeten laufen, desto grösser ihre Dominanz über die Sonne und desto länger dauert im Allgemeinen der Prozess der Ich-Ermächtigung.

Vorgehensweise

Die Besprechung der einzelnen Planeten in den Zeichen habe ich in fünf Themenkreise eingeteilt:

- Macht
- Ohnmacht
- Um in die Macht zu gelangen
- Ein Weg dorthin
- Der Dispositor (Herrscher über das Zeichen)

Beim ersten, zweiten und vierten Themenkreis stehen jeweils anfangs einige wichtige allgemeingültige Regeln, die bei jedem Zeichen mitgedacht werden sollten. Der vierte Themenkreis «Ein Weg dorthin» kreist um zwei Begriffe aus der Buddhistischen Psychologie: Mitgefühl und Achtsamkeit. Diese möchte ich zuerst kurz präzisieren:

Mitgefühl ...

... *mit sich selbst* zu zeigen, bedeutet vor allem, sich für seine Schwächen und Fehler nicht zu entwerten oder zu verurteilen. Auch nicht nachzugrübeln: Woher kommt das, wo in meiner Vergangenheit hat dieses Verhalten seinen Ursprung? Sondern sich selbst liebevoll anzunehmen und uns selbst zuzuwenden, vielleicht mit einem verständnisvollen Lächeln, und sich zu sagen: So bin ich jetzt, das ist im Augenblick so, wie es ist, doch ich bin dabei, es zu verändern. Typische Mitgefühl-Fragen sind: Wie gehe ich mit mir um? Was tue ich mir eigentlich an? Muss das sein? Wie kann ich das ändern?

Mitgefühl *mit anderen* zu zeigen bedeutet, sich ein Stück weit in sie hineinzuversetzen, sie nicht zu bewerten, zu entwerten oder zu verurteilen. Es bedeutet weiterhin, zu reflektieren, welche Auswirkungen das eigene Verhalten wohl auf andere hat, was es bei ihnen auslöst und ob die anderen sich häufig *meinem* Verhalten entsprechend verhalten.

Achtsamkeit ...

... ist der buddhistischen religiösen Tradition entnommen und wird heute im Westen säkular und inflationär verwendet. Dabei, so sagen auch Buddhisten in westlichen Ländern, gibt es einen wesentlichen Unterschied: Der Buddhismus verwendet Achtsamkeit *immer* im Zusammenhang mit Mitgefühl, und zwar sowohl für sich selbst *als auch für alle anderen Wesen.* Die säkulare Achtsamkeit hier im Westen wird ausschliesslich als Achtsamkeit auf sich selbst und die eigenen Belange gesehen und fördert stark das allgemeine narzisstische Verhalten.

Achtsam zu sein im Kontext dieses Buches heisst, aufmerksam zu sein gegenüber *eigenen* Gefühlen, Emotionen und dem daraus entstehenden Verhalten und vor allem achtsam zu sein den *eigenen* Gedanken und Geisteshaltungen gegenüber. Dieselbe Achtsamkeit gilt es *anderen* gegenüber aufzubringen, im Hinblick darauf, was unsere Gefühle, Emotionen, Gedanken, Geisteshaltungen und unser Verhalten *bei ihnen* auslösen.

Sonne – die Macht der Persönlichkeit, des Willens, des Männlichen

Allgemeines

Das Urprinzip Sonne symbolisiert das männliche Prinzip, den Geist, das Ichbewusstsein, den Kern unserer Persönlichkeit, die Lebensenergie, den Lebenswillen, den Vater, das Prinzip Väterlichkeit (frei nach der Astrologin Gertrud I. Hürlimann).

Die Sonne ist das Zentrum unserer irdischen Persönlichkeit, sie ist, ähnlich wie Mars, eine Quelle unserer Lebensenergie. Können wir unsere Sonne, vor allem im Zeichen, aber auch im Haus und mit allen Aspekten, eigenmächtig gestalten, dann gestalten wir auch unser Wesen, unseren Weg zum angestrebten Ziel, unseren Weg in die Ganzheit. Schon das Symbol der Sonne, der Kreis mit dem Punkt in der Mitte (☉), trägt in sich sowohl die Ganzheit (Kreis) als auch den göttlichen, schöpferischen Impuls, das Ich-Bewusstsein (Punkt). Sind wir in der Macht unserer Sonne, dann ist sie die Herrin im Haus. Sie hat gleichsam alle anderen Planeten am Zügel und bestimmt, wann und zu welchem Zweck sie eingesetzt werden.

Bekannt ist, dass die Kindheit hauptsächlich bestimmt wird durch die Energien von Mond, Aszendent und absteigendem Mondknoten und dass die Energien der Sonne zwar vorhanden, aber erst im Laufe des Erwachsenwerdens wirklich bewusst werden. In der Pubertät geht beim Jugendlichen «die Sonne auf», er wächst immer weiter in seine Sonnen-Energie hinein, ihre Ziele und Wünsche werden ihm immer bewusster. Dadurch nähert er sich auch immer mehr seiner eigenen Persönlichkeit, seiner Individualität und letztendlich seiner eigenen Macht an. Das heisst nicht, dass ein Kind vor der Pubertät nicht bewusst denken oder handeln könnte. Doch setzen wir die Sonne mit dem *wachen* Bewusstsein, der *wachen* Aufmerksamkeit eines Erwachsenen in Verbindung, dann findet sich eine Ähnlichkeit auf einem anderen Sektor, nämlich der Neurophysiologie. Dort haben Untersuchungen zu interessanten Ergebnissen geführt:

Bis zum 2. Lebensjahr bestehen die Gehirnfrequenzen aus Delta-Wellen, die einem Erwachsenen im Tiefschlaf, also ohne waches Bewusstsein, entsprechen. Vom 2. bis zum 6. Lebensjahr entwickeln sich dann die Theta-Wellen, entsprechend einem Erwachsenen in der verminderten Wahrnehmung, wie zum Beispiel in Nacht- oder Tagträumen oder in kreativen Phasen. Ab dem 6. Lebensjahr prägen Delta- und Theta-Wellen die Gehirnfrequenzen. Erst in der späten Jugend erfolgt zum einen die Entwicklung der Alpha-Wellen, die einem Entspanntsein mit geschlossenen Augen entsprechen. Zum anderen entwickeln sich dann vor allem die Beta-Wellen, die der *wachen* Aufmerksamkeit, dem *wachen* Bewusstsein eines Erwachsenen entsprechen.

Beides, Aufmerksamkeit und Bewusstsein, führen zu einer erwachten Selbstwahrnehmung: Die Sonne, unser Selbst, ist aufgegangen.

Gertrud I. Hürlimann schreibt in ihrem sehr lehrreichen Buch ASTROLOGIE (Oesch Verlag, 1982): *«... der Mensch sieht die Welt stets durch die Brille seines Sonnenstandes. Sämtliche Anlagen können nur über das Zentrum, die Sonne, umgesetzt werden.»* So ist das Hineinwachsen in die Zeichenqualität der Sonne (mehr noch als ihre Hausposition) wesentlich, um sie eigenmächtig leben zu können, *und das gilt für alle persönlichen Planeten.* Natürlich haben Sozialisation und Erfahrungen in Kindheit und Jugend Einfluss auf unseren Umgang mit den Zeichen, in denen die persönlichen Planeten, hier jetzt die Sonne, stehen. Ein Kind mit einer Steinbock-Sonne wird eine kuschelige, teils emotional übergriffige Mutter vor allem durch Rückzug, Distanz und vielleicht sogar einer gewissen Sturheit und Ablehnung begegnen. Es wird schon als Kind versuchen, auf diese Weise das Bedürfnis seines Ichs nach Autonomie, Selbstbestimmung zu stillen. Eigentlich befindet sich das Kind aber in einer ohnmächtigen Situation, denn es muss auf die allzu fordernde emotionale Nähe der Mutter *reagieren*, um instinktiv seine Steinbock-Eigenart erhalten zu können. Verhilft es dann im Laufe seiner Entwicklung dieser abblockenden Energie nicht zu einer eigen*mächtigen* Färbung, versucht es also nicht zu *agieren*, sondern ist immer noch in der *Reaktion* auf seine Mutter, kommt die Sonne im Zeichen nicht in ihre reife Macht. Der Mensch bleibt vielleicht stur, ängstlich-zurückhaltend und strahlt eine distanzierte Kühle und Einsamkeit aus.

Die Macht der Sonne zeigt sich also in einem stabilen Ich-bin-Gefühl, gefärbt je nach Zeichen, in dem die Sonne steht, und in einem stabilen Gefühl des Zuhauseseins in dem Lebensbereich, in dem Haus, in dem sie steht. Ihre Macht zeigt sich auch in der Form, wie das Zeichen gelebt wird: Kommt die Energie des Zeichens reif und konstruktiv zum Ausdruck, das heisst in einer Weise, dass die Energie des Gegenzeichens mit einfliessen kann, stärkt das den Charakter, das Wesen, das Verhalten, ja sogar das Denken des Menschen enorm. Denn, wie oben schon angesprochen, die «Sonne in ihrer Kraft» hat die Zügel der anderen Planeten in der Hand. Und, wie auch schon mehrmals erwähnt, ein Zeichen kann nur wirklich reif gelebt werden, wenn auch Energien des Gegenzeichens mit einfliessen. Dann sehen wir nämlich die Zeichenachse nicht dual, im Entweder-oder, sondern polar, nämlich aufeinander bezogen, im Sowohl-als-auch. So wird, um bei Sonne in Steinbock zu bleiben, der Mensch nicht rigide, stur, perfektionistisch, einseitig, hart und gnadenlos zu sich und anderen, sondern kann die Steinbock-Energie zusammen mit der Krebs-Energie klar, strukturiert, diszipliniert, aber trotzdem wohltuend und einfühlsam sich und anderen gegenüber leben.

Sonne: Macht und Ohnmacht in den Zeichen

Sonne in Widder

Der Mensch mit Sonne in Widder will die Ur-Energie des Zeichens, die männliche Kraft, der Welt zur Verfügung stellen: nämlich Selbst-Durchsetzung, Selbst-Behauptung, Willenskraft, Aggression im besten Sinne und das Wissen, dass auch manchmal Zerstörung notwendig ist, um etwas Neues einzuleiten. Seine Macht ermutigt zu Aufbruch und immer wieder Neubeginn, selbst wenn ein Scheitern vorausgegangen ist. Dadurch entsteht das Gefühl, dass der Mensch hier *sein* darf, dass er stark genug für dieses Leben ist und dass ein Scheitern nicht das Ende bedeutet, sondern den Keim eines Neubeginns in sich trägt.

Macht

Grundsätzlich gilt: Die Reife oder Macht einer Sonne, gleichgültig in welchem Zeichen sie steht, zeigt sich darin, dass der Mensch fähig ist, durch sein So-Sein, seine Person, sein Ich sich selbst kontrollieren zu können und für sich und andere etwas zu bewirken.

Der machtvolle Widder-Mensch, der etwas bewirken kann, verfeinert seine mutige Unbedenklichkeit, die sich in Spontaneität und kaum nachlassender Lust an Aktivitäten und immer wieder neuem Erleben ausdrückt, durch ein vorhergehendes Bedenken der Konsequenzen für sich und auch für sein Umfeld.

Durch seinen Mut zum Neubeginn, besonders auch nach einem Scheitern, macht er auch anderen Mut nicht aufzugeben, sondern es noch einmal zu versuchen. Er ist hoch motivierbar und kann dadurch auch andere motivieren, ja mitreissen, ein Projekt zu beginnen. Jedoch auch hier ist der machtvolle Widder wohlbedacht und zügelt seine Spontaneität, indem er die Machbarkeit miteinbezieht. Dadurch, dass er eine Streit*kultur* entwickelt hat, kann er sich auf eine rücksichtsvolle Weise durchsetzen, trotzdem hart in der Sache, aber zu Kompromissen bereit.

Ohnmacht

Grundsätzlich gilt: Die Unreife oder Ohnmacht einer Sonne, gleichgültig in welchem Zeichen sie steht, zeigt sich darin, dass der Mensch sein Ich, seinen Willen, sein Streben und seine augenblicklichen Ziele nur schlecht oder gar nicht kontrollieren kann und diesen Kräften gleichsam ausgeliefert ist. Daher ist das, was er bewirkt, entweder nur von kurzer Dauer oder sowohl für ihn als auch für andere eher leidvoll.

Die Ohnmacht des Menschen mit Sonne in Widder drückt sich in erster Linie wohl durch Selbstbezogenheit und der daraus entstehenden Rücksichtslosigkeit aus. So will er den Mitmenschen seinen Willen geradezu aufzwingen und hat dabei nur seine Durchsetzungsfreude und Angriffslust im Kopf. Doch oft ist er nicht nur bedenkenlos und rücksichtslos anderen Menschen, sondern auch sich selbst gegenüber. Raubbau an den eigenen Kräften und Energien findet sich oft bei einer unreif gelebten Widder-Energie. Ständig sieht er sich in einem Wettbewerb oder in Rivalität zu anderen. Kann er seinen Willen nicht durchsetzen oder muss er sich zu Kompromissen bereit erklären, bedeutet das für ihn eine Niederlage. Der andere hat gesiegt.

Selbstbezogenheit bedeutet auch immer eine heftige Subjektivität. Der Mensch kann die Welt nur aus seinem Blickwinkel, aus seiner Suppenschüssel heraus betrachten. So fühlt er sich von Andersdenkenden oder Andershandelnden sofort angegriffen und geht zum Gegenangriff über.

Nicht selten findet sich auch ein Verhalten, dass ihn wütend und blind ins immer gleiche Hindernis laufen lässt. Nachzudenken, warum er gescheitert ist und wie das zu verändern wäre, kommt ihm nicht in den Sinn. Dieses Verhalten findet sich vor allem dann, wenn auch der Merkur in Widder steht. Steht dieser im Zeichen Fische oder in Stier, denkt der Mensch anders als das «Ich will»: Er befindet sich gleichsam in einem positiven Konflikt zwischen Sonne und Merkur, was zu einer grösseren Objektivität und eher zum Nachdenken führt.

Um in die Macht der Widder-Sonne zu gelangen ...

... braucht der Mensch hier die Energie des Zeichens Waage. Denn wirklich machtvoll ist der Mensch nur dann, wenn er eine reife Widder-Energie entwickelt – stark in seiner eigenen Kraft, doch auch rücksichtsvoll auf sich und andere achtend und nicht rechthaberisch in der Durchsetzung der eigenen Vorstellungen.

Ein Weg dorthin ...

... können Achtsamkeit und Mitgefühl mit sich und anderen sein. Achtsamkeit und Mitgefühl zeigen sich anhand der Fragen: Bin ich mitfühlend mir selber gegenüber? Wie gehe ich mit mir um? Kann ich mich so, wie ich im Augenblick bin, als gut und richtig anerkennen? Das ist die Ausgangsbasis, um sich verändern zu können. Oder verurteile ich mich und verhalte ich mich mir gegenüber gnadenlos?

Wie viel mute ich mir zu? In welchen Situationen gehe ich über meine körperlichen oder auch emotionalen Grenzen hinaus? Wo will ich meinen Willen unbedingt durchsetzen, ohne dass es wirklich notwendig ist? Wo habe ich Lust zu streiten, ohne dass es wirklich notwendig ist? Wo kann ich Kompromisse machen? Wie geht es mir dabei? Komme ich mir als Verlierer vor?

Grundsätzliche Fragen: Wie gehe ich mit anderen um? Kann ich sie so lassen, wie sie sind, oder will ich sie verändern?

Was mute ich ihnen, vor allem meiner nahen Umgebung, zu? Sollen sie nach meiner Pfeife tanzen? Sind sie Angriffs- und Abladestelle für meinen Frust, Ärger, für meine Streitlust? Bin ich ihnen gegenüber gewaltbereit – verbal oder auch physisch? Lasse ich meine überschüssige Energie an ihnen aus? Zwinge ich sie zu Sportarten oder anderen Unternehmungen, die sie eigentlich nicht mögen, nur weil ich es gut finde? Kann ich mir vorstellen, wie es ihnen mit meinem Verhalten geht, was mein Verhalten bei ihnen auslöst?

Der Dispositor

Da der Dispositor der Widder-Sonne *Mars* ist, erstreckt sich ihre Macht bzw. Ohnmacht auch auf ihn, das Zeichen und das Haus, in denen er steht. So sollte bei der Interpretation immer Mars miteinbezogen werden, da es möglich ist, dass der Mensch durch den Mars seine Macht bzw. Ohnmacht lebt, vor allem dann, wenn er noch nicht in seiner Persönlichkeit gereift ist. (Die persönlichen Planeten werden eigenständig gelebt: → *siehe Kapitel «Astrologie – Deutung und Vorschläge für spezielle Hilfe», Abschnitt «Gedanken zuvor» auf S. 45.*)

Interessanterweise darf ich nachfolgend zwei Beispielhoroskope verwenden, die sich sehr ähnlich sind und doch stark unterschiedlich gelebt werden:

Beispiel Ruth

Bei *Ruth* findet sich ein T-Quadrat: Sonne, Merkur, Mond in Haus 11 in Opposition zu Pluto und am Apex (Spitze) Mars in Krebs Konjunktion AC. Venus steht in Fische in Haus 10 im Quadrat zu Neptun in Haus 6 *(siehe Fig. 10 nächste Seite)*.

Ruth arbeitet als Chirurgin sowohl in eigener Praxis als auch zweimal im Jahr in verschiedenen wochenlangen Einsätzen im Ausland bei einer Hilfsorganisation. Sie sei erfüllt von ihrer Arbeit, sowohl zu Hause als auch im Ausland, sagt sie von sich selbst, doch wenn sie nicht rücksichtslos und beinahe egoistisch auf sich, ihre Gesundheit und ihre «Genussstunden und Genusstage» achten würde, könnte sie die Energie nicht halten und würde «zerfasern». Ruth lebt also ihre persönlichen Planeten in einer Form, die sowohl ihr als auch anderen zugutekommt. Und das, obwohl Pluto mit seiner Intensität und Unbedingtheit auf Mars sowie Sonne, Merkur und Mond einwirkt und Venus in Fische von Neptun nicht nur disponiert wird, sondern auch im Quadrat zu ihm steht.

Diese Konstellationen wären absolut geeignet, sich selbst nicht abgrenzen zu können und sich und die eigenen Bedürfnisse dabei zu vergessen. Doch Ruth ist es gelungen, ihre persönlichen Planeten und deren Aspekte in einer gereiften und damit machtvollen Form zu leben. Venus in Fische verströmt sich nicht nur an andere, sondern zeigt auch Mitgefühl sich selbst gegenüber, indem sie Kraft aus dem Gegenzeichen Jungfrau bezieht und gut abwägen kann, was nicht nur anderen, sondern auch ihr selbst nützlich ist. Der Mars in Krebs, sehr prominent am Aszendenten, übernimmt nicht nur Verantwortung für andere (das 7. Haus in Steinbock), sondern lässt auch sich selbst Zuwendung und Fürsorge angedeihen. Die Sonne in Widder hat die Zügel in der Hand und ist, zusammen mit Merkur und Mond, nicht der unerbittlichen Kraft Plutos ausgeliefert, sondern kann sich auch rigoros und «beinahe egoistisch» für sich selbst einsetzen.

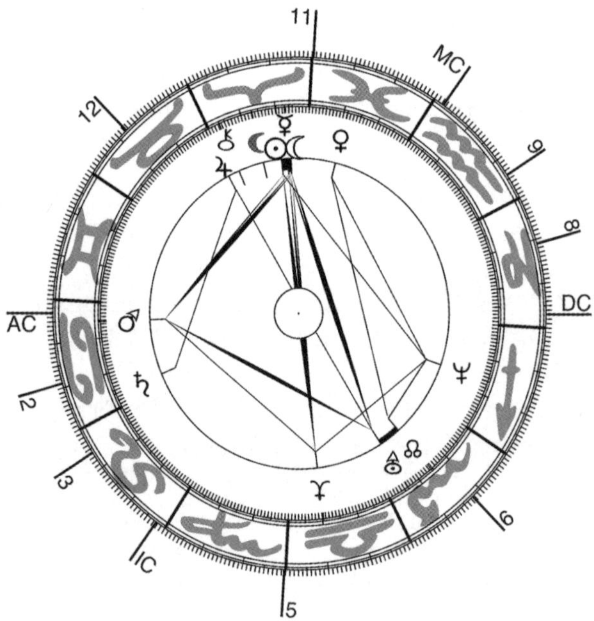

Fig. 10: Ruth (Placidus)

Ruth hat die Energien ihrer Planeten weitgehend zur Verfügung und kann mit ihnen machtvoll etwas bewirken, ohne sich selbst dabei zu vergessen.

Beispiel Lisa

Ganz anders ergeht es *Lisa,* die nur ein paar Wochen jünger ist als Ruth und von daher ein sehr ähnliches Horoskop *(Fig. 11)* hat.

Lisa ist Lehrerin an einer Sonderschule. Sie liebt ihren Beruf, die darin enthaltene Herausforderung, und ist stolz darauf, den Kindern etwas beizubringen, was sie «fürs Leben brauchen können». Doch im Frühjahr 2013, als Pluto im Transit im Quadrat zu ihrer Venus stand, erlitt sie einen körperlichen und emotionalen Zusammenbruch, der sie über ein Jahr in den Krankenstand schickte. Auch Lisa hat ein T-Quadrat: Venus in Widder in Opposition zu Pluto und auch hier mit Mars in Krebs als Apexplanet, diesmal an der Spitze des 2. Hauses. Die Sonne steht in Widder in exakter Konjunktion mit Chiron und im Quadrat zu Saturn, dieser ebenfalls in Krebs und in Haus 2. Lisas

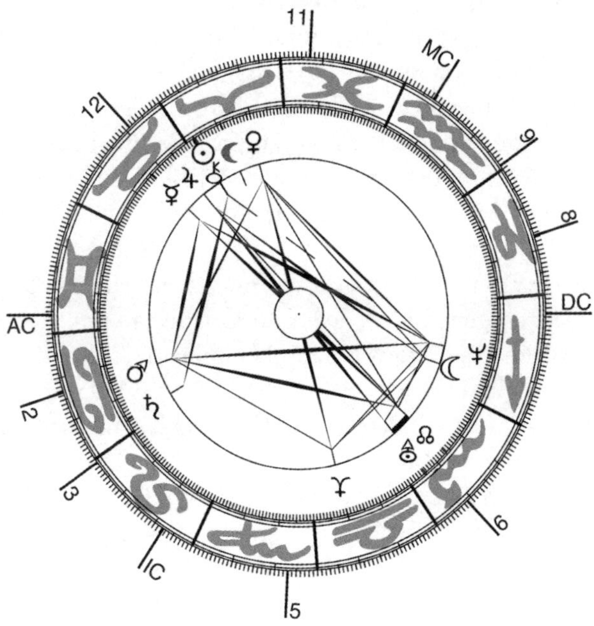

Fig. 11: Lisa (Placidus)

Mond befindet sich in Schütze in Konjunktion mit Neptun in Haus 6. Lisa hat extreme Schwierigkeiten sich abzugrenzen, mit Mond/Neptun spürt sie wie ein Seismograph die Wünsche, Erwartungen, aber auch die emotionalen Befindlichkeiten der Kinder,

Merkur am absteigenden Mondknoten hat feinste Antennen für Unausgesprochenes, und Mars in Krebs möchte nichts anderes als helfen und den sowieso schon schwierigen Kindern die optimale Fürsorge geben. Die Konstellation Merkur und Jupiter in Konjunktion mit dem absteigenden Mondknoten lässt darauf schliessen, dass Lisa eventuell Lehrerinnen-Erfahrung aus einer anderen Inkarnation mit sich bringt und durch die Verbindung mit Jupiter extrem hohe Ansprüche an sich selbst hat. Als in unserem Gespräch dieses Thema angeschnitten wurde, stimmte Lisa dieser Theorie sofort zu: Sie spüre, dass diese Annahme richtig sei. Sie würde immer denken, sie könnte als Lehrerin noch mehr geben, noch besser sein. Durch die Widder-Qualität fühle sie sich ständig angetrieben neue Wege zu entdecken, um den Kindern den Unterrichtsstoff näherzubringen. Gleichzeitig fühle sie sich aber in der Beziehung zu ihnen sehr ohnmächtig (Venus Opposition Pluto).

Durch die Krankheit ihrer Mutter (Mond Konjunktion Neptun) musste sie als Kind immer sehr angepasst und lieb sein und konnte die Energie des Widder-Zeichens nicht leben, sondern ist – wie sie es selbst sagt – sofort in die liebevoll-zugewandte Energie von Mars in Krebs geschlüpft, um es der Mutter immer recht zu machen. So war es ihr bis zum Ausbruch ihrer Erkrankung nicht möglich, ihre persönlichen Planeten in einer gereiften Form zu leben, sondern immer nur in der eher ohnmächtigen Form. Ihre schwere Erkrankung hat sie als Chance wahrgenommen, etwas für sich zu tun und sich in dieser Hinsicht «ganz krass» zu verändern. Durch eine mehrjährige Therapie wurde ihr dies möglich.

Als sie zum Gespräch kam, hatte Lisa gerade eine Ausbildung zur Musiktherapeutin begonnen. Sie will dadurch ihren Beruf als Lehrerin erweitern, um den Kindern, zusätzlich zum Lehrstoff, noch etwas mitzugeben und damit auch ihrer eigenen Sehnsucht Raum zu geben, durch Musik zu heilen (Mond Konjunktion Neptun).

Sonne in Stier

Der Mensch mit Sonne in Stier will die Ur-Energie des Zeichens, die urweibliche Kraft, seinem Umfeld zur Verfügung zu stellen, die Verwurzelung im Körperlichen, im Materiellen. Dadurch zeigt er auf, dass wir ein Teil der Erde sind, dass wir sie nutzen dürfen, aber auch bewahren müssen. Dass wir sie und das, was sie uns gibt, geniessen dürfen, ohne sie zu zerstören. Denn zu bewahren und wachsen zu lassen ist dem Stier-Menschen ein grosses Anliegen.

Macht

Grundsätzlich gilt: Die Reife oder Macht einer Sonne, gleichgültig in welchem Zeichen sie steht, zeigt sich darin, dass der Mensch fähig ist, durch sein So-Sein, seine Person, sein Ich sich selbst kontrollieren zu können und für sich und andere etwas zu bewirken.

Seine Macht, und damit die Möglichkeit etwas zu bewirken, liegt daher in der Liebe zur Natur und Kreatur, im Bewahren und Hüten des Bewährten, sowie in Freude am sinnlichen Erleben. Ob es das Bewahren und Hüten von etwas Lebendigem wie der Erde, der Natur mit all ihren Lebewesen ist oder von etwas Geschaffenem wie zum Beispiel materiellem Besitz – er trägt dazu bei, es zu vermehren. Er kann sein Vermögen, auf welcher Ebene und in welchem Bereich auch immer, vergrössern und es in seiner zugewandten, liebevollen Art mit andern teilen. Das erhöht seine Freude und seinen Genuss. Er strahlt eine in sich ruhende Sicherheit aus durch einen stabilen Selbstwert und ein bejahendes Körperbewusstsein. Wirklichkeitsnähe, Beharrlichkeit und ein solides Wertesystem geben Menschen mit einem unruhigen Geist häufig die Möglichkeit, sich in diese reife Stier-Energie «fallen zu lassen».

Die machtvolle Energie der Stier-Sonne drückt sich im Haben, im Vermögen und im Bewahren aus, im materiellen wie auch im emotionalen Bereich. Die Liebe zu einem anderen Menschen kann für ihn bedeuten, dass er diesen – wie auch sein Haus – besitzt, dass er sein Eigentum ist.

Ohnmacht

Grundsätzlich gilt: Die Unreife oder Ohnmacht einer Sonne, gleichgültig in welchem Zeichen sie steht, zeigt sich darin, dass der Mensch sein Ich, seinen Willen, sein Streben und seine augenblicklichen Ziele nur schlecht oder gar nicht kontrollieren kann und diesen Kräften gleichsam ausgeliefert ist. Daher ist das, was er bewirkt, entweder nur von kurzer Dauer oder sowohl für ihn als auch für andere eher leidvoll.

Direkt in die Ohnmacht eines Menschen mit Sonne in Stier führt sein Verhalten dann, wenn sein Habenwollen zu Gier, Geiz, Neid oder Eifersucht führen. Wenn Bewahren und Hüten zu heftigen Besitzansprüchen und Angst vor Veränderungen führen. Der Mensch sieht sich dann diesen belastenden Gefühlen ausgeliefert. Da in der Ohnmacht das Festhalten und Kontrollieren häufig die einzige Sicherheit bietet, kann er bis zur Sturheit auf etwas beharren. Er ist gleichsam in Gefangenschaft seines «Besitzes», seiner Vorstellungen und seines Wertesystems.

Um in die Macht der Stier-Sonne zu gelangen ...

... braucht der Mensch die Energie des Zeichens Skorpion, damit er geerdet und bewahrend, mit allen Sinnen durchs Leben gehen kann, aber auch mutig genug ist, Veränderungen zuzulassen und den Zyklus des Werdens und Vergehens anzuerkennen.

Ein Weg dorthin ...

... können Achtsamkeit und Mitgefühl mit sich und anderen sein. Achtsamkeit und Mitgefühl zeigen sich anhand der Fragen: Bin ich mitfühlend mir selber gegenüber? Wie gehe ich mit mir um? Kann ich mich so, wie ich im Augenblick bin, als gut und richtig anerkennen? Das ist die Ausgangsbasis, um sich verändern zu können. Oder verurteile ich mich und verhalte ich mich mir gegenüber gnadenlos?

Habe ich mich in einer Ecke verrannt, aus der ich nicht mehr herausfinde? Habe ich um mich herum Dinge angehäuft, die mir die Luft nehmen, die ich gar nicht brauche? Ist mir Besitz und Habenwollen (auch von Menschen) wichtiger als alles andere? Wo bin ich gierig, wovon bekomme ich nie genug? Was will ich wirklich besitzen, wo kann ich grosszügig sein? Wo stemme ich mich gegen Veränderungen? Was würde geschehen, wenn ich etwas veränderte?

Grundsätzliche Fragen: Wie gehe ich mit anderen um? Kann ich sie so lassen, wie sie sind, oder will ich sie verändern?

Will ich sie emotional besitzen? Kann ich teilen? Gönne ich anderen etwas? Bin ich grosszügig ihnen gegenüber? Enge ich sie durch meine Eifersucht ein? Sollen *nur sie* sich verändern und ich kann bleiben wie ich bin? Behindere ich sie und ihren Lebensraum durch meine Sturheit? Kann ich mir vorstellen, was mein Verhalten bei ihnen auslöst? Wie geht es ihnen mit mir?

Der Dispositor

Venus als Dispositorin der Stier-Sonne kann nie weiter als 48 Grad von ihr entfernt sein. Dadurch kann sie nur im selben, im benachbarten oder im übernächsten Zeichen der Sonne stehen. Steht sie im selben oder im übernächsten Zeichen, dann arbeitet sie in jedem Fall der Macht der Sonne zu, denn im selben Zeichen singt sie das gleiche Lied wie die Sonne. Das übernächste Zeichen steht ja im Sextil zum Zeichen der Sonne und unterstützt von daher ebenfalls die Macht der Sonnen-Energie. Steht die Venus aber im benachbarten Zeichen, dann empfangen Sonne und Venus die Energie von sehr unterschiedlichen Elementen. Eine Sonne in Stier und eine Venus in Widder oder Zwillinge müssen erst lernen, miteinander umzugehen, denn nach der Elementenlehre löscht Erde das Feuer und nimmt der Luft den Raum. Dann taucht die Frage auf: Gibt die Sonne der Venus den Takt vor oder nimmt die Venus der Sonne die Zügel aus der Hand?

Steht die Venus in einem sehr engen Orbis zur Sonne, wird im Allgemeinen von einer «verbrannten Venus» gesprochen, in dem Sinne, dass die Venus von der Sonne überstrahlt wird und sie sich im Laufe des Lebens erst in ihrer eigenständigen Energie entwickeln muss. Geht es wie hier um die Macht der Sonnen-Energie, dann ist die Venus auch in einem sehr engen Orbis als positive Verstärkung der *reif gelebten* Sonne zu sehen. Sie trägt dann bei zur Beliebtheit des Menschen, zur guten Kontaktfähigkeit, ist eine gute Ratgeberin der Sonne und hilft ihr, sich ihre Wünsche zu erfüllen, ohne dabei die anderen zu vergessen. Lebt der Mensch die Sonne aber in der unreifen, ohnmächtigen Form, dann fördert die Venus in einem sehr engen Orbis die Eitelkeit, die Gier, die Eifersucht und den Neid.

Sonne in Zwillinge

Der Mensch mit Sonne in Zwillinge will die Ur-Energie des Zeichens, das Erkennen der Vielseitigkeit des Lebens und seine Differenzierung, den Austausch in den verschiedensten Formen der Kommunikation, das neutrale Aufnehmen und Weitergeben von Information seinem Umfeld zur Verfügung stellen, um das Wissen von allen zu mehren.

Macht

Grundsätzlich gilt: Die Reife oder Macht einer Sonne, gleichgültig in welchem Zeichen sie steht, zeigt sich darin, dass der Mensch fähig ist, durch sein So-Sein, seine Person, sein Ich sich selbst kontrollieren zu können und für sich und andere etwas zu bewirken.

Der Mensch lebt seine Zwillinge-Sonne in ihrer Macht und kann dann auch etwas bewirken, wenn er die wesentliche Voraussetzung – das Erreichen von weitgehend wertfreier Beobachtung durch Neutralität und Distanz – erfüllt. Denn es geht im Zeichen Zwillinge, meiner Meinung nach, noch nicht darum, «Eigenes» beizugeben (wie im Gegenzeichen Schütze), sondern Beobachtung, Sammeln von Informationen und ihr Weitergeben stehen im Vordergrund. Die Sonne machtvoll zu leben, heisst auch im besten Sinne neugierig zu sein und dadurch einen ausgesprochenen Lerneifer zu entwickeln. Neugierig auf Menschen zu sein führt zu einer Gewandtheit, leicht und schnell Kontakte knüpfen zu können, und häufig auch zu guten kaufmännischen Fähigkeiten.

Ohnmacht

Grundsätzlich gilt: Die Unreife oder Ohnmacht einer Sonne, gleichgültig in welchem Zeichen sie steht, zeigt sich darin, dass der Mensch sein Ich, seinen Willen, sein Streben und seine augenblicklichen Ziele nur schlecht oder gar nicht kontrollieren kann und diesen Kräften gleichsam ausgeliefert ist. Daher ist das, was er bewirkt, entweder nur von kurzer Dauer oder sowohl für ihn als auch für andere eher leidvoll.

Die Ohnmacht des Menschen mit Sonne in Zwillinge liegt vor allem in immerwährenden Zweifeln und einer dadurch entstehenden Entschlussunfähigkeit. Luft-Zeichen allgemein brauchen immer etwas Luft zwischen sich und einem Objekt. Dieses Objekt kann materiell, aber auch emotional oder mental sein. Für die Sonne in Zwillinge heisst die Luft dazwischen «Neutralität». Steht aber eine Entscheidung an, muss die Neutralität verlassen werden, man entscheidet sich. Bei jeder Entscheidung aber wählt man ein Objekt, nimmt es gleichsam zu sich, es ist keine Luft mehr zwischen einem und dem Objekt. Das ruft bei Menschen mit Sonne in Zwillinge sofort den Zweifel hervor, ob die Entscheidung auch die richtige ist. Entscheidet man sich um, folgt der gleiche Vorgang wie oben beschrieben. Man holt sich eine Information nach der anderen, schwankt zwischen angebotenen Alternativen hin und her und findet nicht eigentlich zu einer eigenen Meinung. Man ist praktisch der Zwillinge-Energie ausgeliefert.

Eine weitere Form der ohnmächtigen Zwillinge-Sonne zeigt sich dann, wenn sich Neugier in eine Gier nach Neuem verformt. Dann jagt der Mensch Kontakten, Informationen, Neuigkeiten, immer neuem Wissen, immer neuen Kursen und Schulungen hinterher, ohne für irgendetwas eine Basis zu legen, ohne irgendetwas zu vertiefen. Es geht um Quantität und nicht um Qualität. So entstehen eine negative Oberflächlichkeit, Zersplitterung, Klatschsucht und manchmal auch eine innere Zerrissenheit.

Um in die Macht der Zwillinge-Sonne zu gelangen ...

... braucht der Mensch Teile der Schütze-Energie, um den beinahe wahllos gesammelten Informationen auch einen eigenen Sinn zu geben, sich daraus eine eigene Meinung zu bilden. Er sollte einen gewissen Eigen-Sinn entwickeln. Dann ist es ihm auch möglich, eine sinnvolle Entscheidung zu treffen und zu ihr zu stehen. Er wäre dann gefestigt in seiner eigenen Vorstellung und Sinngebung und nicht mehr angewiesen auf Gedanken und Meinungen von anderen. Und dann könnte er sich auch entscheiden, welches Wissen, welche Informationen, was von dem Gelernten und Erfahrenen er vertiefen, nutzen möchte und welchem Gebiet er sich wirklich zuwenden will (ohne Luft dazwischen).

Ein Weg dorthin ...

... können Achtsamkeit und Mitgefühl mit sich und anderen sein. Achtsamkeit und Mitgefühl zeigen sich anhand der Fragen: Bin ich mitfühlend mir selber gegenüber? Wie gehe ich mit mir um? Kann ich mich so, wie ich im Augenblick bin, als gut und richtig anerkennen? Das ist die Ausgangsbasis, um sich verändern zu können. Oder verurteile ich mich und verhalte ich mich mir gegenüber gnadenlos?

Ist bei mir Vielfalt schon längst zu Zerstreutheit geworden? Geht bei mir Quantität vor Qualität? Kann ich auch noch mit mir alleine sein? Wie geht es mir dabei? Wie geht es mir, wenn ich mich schnell für eine Sache entscheide? Habe ich dann Angst vor den Konsequenzen? Mag ich es wirklich, heute so und morgen ganz anders zu sein? Ist die Beziehung zu meinem Smartphone oder meinem PC zu innig? Ist da noch Luft dazwischen?

Grundsätzliche Fragen: Wie gehe ich mit anderen um? Kann ich sie so lassen, wie sie sind, oder will ich sie verändern?

Wie wirkt sich mein unstetes Verhalten auf andere aus? Wie kommen sie damit zurecht, dass ich meine Entscheidungen immer wieder ändere? Ist es für sie belastend, dass ich immer so viele Menschen um mich herum haben muss? Ist meine Neugier lästig? Kann ich ihnen zuhören oder möchte ich am liebsten immer nur reden und erzählen?

Der Dispositor

Merkur als Dispositor der Sonne in Zwillinge kann nur maximal 28 Grad von der Sonne entfernt sein und ist daher entweder im selben oder im benachbarten Zeichen zu finden. Im selben Zeichen arbeitet er der Sonne zu und stärkt ihre Macht, im benachbarten Zeichen befindet er sich in einem anderen Element, nämlich in Stier (Erde) oder Krebs (Wasser). Nach der Elementenlehre wird der Luft sowohl durch Erde als auch durch Wasser der Raum genommen. Der Merkur «tickt» anders als die Sonne sich das vorstellt, und die unterschiedlichen Energien müssen die Zusammenarbeit erst erlernen. Steht der Merkur in einem besonders engen Orbis zur Sonne, dann gilt hier die Regel: Je enger der Orbis, desto subjektiver das Denken – je weiter der Orbis, desto objektiver das Denken. Objektivität hilft der Sonne in ihrer Machtentfaltung, Subjektivität hält sie länger in der Unreife oder gar Ohnmacht.

Sonne in Krebs

Der Mensch mit einer Sonne in Krebs will die Ur-Energie des Zeichens Krebs seiner Umgebung zur Verfügung stellen. Sie gibt ein Bewusstsein (die Ur-Energie) für eine eng umschriebene, überschaubare Gemeinschaft, wie zum Beispiel eine Familie, in der ein Geborgensein zu finden ist, das erlaubt, Empfindungen, Emotionen und Gefühle zu erkennen und furchtlos auszuloten. Diese teils dem Unterbewussten und Unbewussten zugehörigen Charaktereigenschaften nähren Fantasie und Schöpfungskraft und tragen dazu bei, den persönlichen Gefühlsreichtum, eigene Bedürfnisse und Träume kennenzulernen.

Macht

Grundsätzlich gilt: Die Reife oder Macht einer Sonne, gleichgültig in welchem Zeichen sie steht, zeigt sich darin, dass der Mensch fähig ist, durch sein So-Sein, seine Person, sein Ich sich selbst kontrollieren zu können und für sich und andere etwas zu bewirken.

So besteht eine Macht des Menschen mit Krebs-Sonne, sich aus diesem Pool heraus künstlerisch oder musisch auszudrücken und davon etwas kraftvoll (Krebs ist ein kardinales Zeichen) ins Äussere zu bringen, um im Inneren von anderen Menschen etwas anzustossen, etwas zu bewirken.

Eine andere Form seiner Macht drückt sich in einem starken emotionalen Einfühlungsvermögen aus und dem gleichzeitigen Wunsch, anderen Menschen Zuwendung, Hilfe, Fürsorge und Geborgenheit zu geben. In einer gereiften Form ist hier die Macht des «wahrhaft Liebenden» (Hajo Banzhaf) zu finden.

So einfühlsam ein Mensch mit Krebs-Sonne sein kann, so ehrgeizig kann er auch sein. Seine instinktsicheren Strategien können ihn dadurch zu einer grosse Machtfülle bringen.

Ohnmacht

Grundsätzlich gilt: Die Unreife oder Ohnmacht einer Sonne, gleichgültig in welchem Zeichen sie steht, zeigt sich darin, dass der Mensch sein Ich, seinen Willen, sein Streben und seine augenblicklichen Ziele nur schlecht oder gar nicht kontrollieren kann und diesen Kräften gleichsam ausgeliefert ist. Daher ist das, was er bewirkt, entweder nur von kurzer Dauer oder sowohl für ihn als auch für andere eher leidvoll.

Sein Streben nach emotionaler Geborgenheit kann aber auch zu einer Weigerung führen, erwachsen zu werden, und ihn dadurch in selbst gewählter Ohnmacht halten.

Verstärkend kann dabei eine häufig anzutreffende Ängstlichkeit sein, die ihren Ursprung wahrscheinlich in seiner hohen Empfindsamkeit und seinem tiefen Zugang zu inneren Seelenbildern hat. Er bindet sich dann, um Geborgenheit zu finden, an andere Menschen oder bindet diese an sich selbst. Beides verhindert die Reifung der Persönlichkeit und den Weg in die Eigenmächtigkeit.

Eine weitere Form der Ohnmacht, die der Mensch mit Krebs-Sonne oft schmerzhaft erlebt, ist seine Schwierigkeit sich abzugrenzen.

Er kann nicht Nein sagen, weil das *seinem* Verständnis von Liebe zuwiderläuft.

Um in die Macht der Krebs-Sonne zu gelangen ...

... braucht er die Energie des Zeichens Steinbock, um aus der ersehnten Geborgenheit und Fürsorge durch andere und für andere in die Eigenverantwortung zu kommen und sich abgrenzen zu können. Durch diese Fusion kann sich eine reife, erwachsene Krebs-Energie entwickeln, die sich liebevoll um das Wohlergehen und die Gefühle der anderen kümmert, doch dabei trotzdem eine abgrenzende Verantwortung für das eigene Befinden übernimmt. Von der Steinbock-Energie kann er auch lernen, dass Nein sagen und Grenzen setzen zur Ausformung der Liebesenergie gehören. Eltern, die ihrem Kind keine Grenzen setzen und es nicht lehren, dass ein Nein nicht bedeutet «Ich liebe dich nicht mehr», tun diesem damit wahrhaftig keinen Liebes-Dienst.

Ein Weg dorthin ...

... können Achtsamkeit und Mitgefühl mit sich und anderen sein. Achtsamkeit und Mitgefühl zeigen sich anhand der Fragen: Bin ich mitfühlend mir selber gegenüber? Wie gehe ich mit mir um? Kann ich mich so, wie ich im Augenblick bin, als gut und richtig anerkennen? Das ist die Ausgangsbasis, um sich verändern zu können. Oder verurteile ich mich und verhalte ich mich mir gegenüber gnadenlos?

Bin ich zu angepasst, um anderen nicht wehzutun? In welchen Situationen verhalte ich mich ungeschickter und hilfloser als ich bin, damit andere bei mir bleiben, mir helfen? Bin ich meinen Gefühlen ausgeliefert? Lasse ich mich *nur von ihnen* leiten? Habe ich einen Weg gefunden, meine reichen Fantasien auszuleben? Ärgere ich mich manchmal über mich selbst, dass ich so gefühlvoll bin? Will ich wirklich erwachsen werden oder lieber in der kindlichen Geborgenheit meiner Umgebung bleiben? Kann ich begreifen und vielleicht sogar nachempfinden, dass Abgrenzung ebenfalls zur Liebe gehört?

Grundsätzliche Fragen: Wie gehe ich mit anderen um? Kann ich sie so lassen, wie sie sind, oder will ich sie verändern?

Betrachte ich sie nur durch die Brille meiner Gefühle? Stülpe ich ihnen meine Gefühle über («Ich weiss, was du fühlst»)? Dränge ich ihnen meine Gefühle auf? Mache ich sie zu Hilfs-Bedürftigen, indem ich ihnen meine Hilfe aufdränge? Sehe ich sie realistisch oder träume ich mir ein Bild von ihnen zurecht?

Der Dispositor

Die Stellung des *Mondes* als Dispositor der Krebs-Sonne kann vor allem im Zeichen und in den Aspekten Hinweise geben auf die Frage: Kann die Sonne in einer reifen Form die Macht übernehmen oder müssen zuerst ihr zuwiderlaufende Gefühle und Bedürfnisse des Mondes auf dem Weg in die Eigenmächtigkeit akzeptiert und dann integriert werden?

Sonne in Löwe

Der Mensch mit Sonne in Löwe möchte die Ur-Energie des Zeichens Löwe seiner Umgebung zur Verfügung stellen, nämlich die Notwendigkeit, die Persönlichkeit, das Ich und die Energie des Herzens in seiner Umgebung zu verwirklichen und sie damit auf dem Weg zu sich selbst zu unterstützen. Er möchte zeigen, wie wichtig es ist, sich die Erlaubnis zu erteilen, sein Selbst ins Zentrum zu stellen, sich zu lieben – eine Grundvoraussetzung, um andere in Unabhängigkeit lieben zu können. Denn nur wer sich selbst anerkennt und wertschätzt, sich selbst positiv, ja liebend annimmt, kann diese Zuwendung als Geschenk weitergeben.

Macht

Grundsätzlich gilt: Die Reife oder Macht einer Sonne, gleichgültig in welchem Zeichen sie steht, zeigt sich darin, dass der Mensch fähig ist, durch sein So-Sein, seine Person, sein Ich sich selbst kontrollieren zu können und für sich und andere etwas zu bewirken.

Die Macht des Menschen mit einer Löwe-Sonne und damit seine Möglichkeit etwas zu bewirken, besteht aus Grosszügigkeit, Herzlichkeit, Wärme, Frohsinn, Optimismus. Lebt er in seiner Macht, strahlt er die ihm eigene Würde aus, und sie verleiht ihm die Fähigkeit Menschen führen und leiten zu können. Seine ausgesprochene Gestaltungsfreude macht ihn zum Motor für viele Projekte, die er mit Weitblick lenken kann. Sehr oft wird die Löwe-Energie auf der beruflichen Ebene der höheren Bildung oder den höheren Etagen zugeordnet, doch das ist viel zu einseitig. Ich kenne wunderbare Löwe-Menschen mit sehr geringer Bildung und Berufen im Niedriglohnsektor, die mit ihrer Herzlichkeit und ihrem Optimismus anderen Menschen den Funken Sonne in den Alltag bringen, der notwendig ist, diesen zu erhellen.

Ein Mensch in seiner reifen Löwe-Energie steht dem väterlichen Prinzip, dem Archetyp «Vater», frei und anerkennend und ohne Autoritätskonflikte gegenüber. Das kann der eigene Vater sein (wenn das Verhältnis nicht zu sehr beschädigt ist), das Vaterbild, das man in sich trägt, die eigene Vater-Rolle, der unterbewusste väterliche Anteil in der Frau oder ganz allgemein Autoritätspersonen.

Ohnmacht

Grundsätzlich gilt: Die Unreife oder Ohnmacht einer Sonne, gleichgültig in welchem Zeichen sie steht, zeigt sich darin, dass der Mensch sein Ich, seinen Willen, sein Streben und seine augenblicklichen Ziele nur schlecht oder gar nicht kontrollieren kann und diesen Kräften gleichsam ausgeliefert ist. Daher ist das, was er bewirkt, entweder nur von kurzer Dauer oder sowohl für ihn als auch für andere eher leidvoll.

Die ohnmächtige, unreife Form einer Sonne in Löwe zeigt sich vor allem in Selbstüberschätzung und Selbstbezogenheit bis hin zu einer Selbstverherrlichung. Dazu ist notwendig, dass man gesehen und beklatscht wird, man ist also abhängig von der Wertschätzung durch andere Menschen. Das *Agieren* ist hilflos, denn eigentlich *reagiert* man immer nur auf die Beurteilung seiner Person durch andere. Im Streben nach Bewunderung kann man auch zum gnadenlosen Selbstdarsteller werden, der beinahe hilflos von Luxusartikeln abhängig ist, die einen nicht selten sogar in Geldnöte bringen. Weil man so sehr von der Bewunderung anderer abhängig ist, kann man weder Kritik ertragen noch übt man in irgendeiner Form Selbstkritik. Auch berechtigte und konstruktive Kritik wirkt auf diese Menschen wie eine Zurückweisung ihrer Person. Davon ausgehend, erleben sie Selbstkritik so, als würden sie sich selbst in ihrem Ich zurückweisen.

Um in die Macht der Löwe-Sonne zu gelangen ...

... ist es notwendig, Teile der Energie des Gegenzeichens Wassermann zu integrieren. Zum einen, damit man im Streben nach Bewunderung und Gesehenwerden nicht das Gefühl dafür verliert, dass alle Menschen gleichwertig sind – für Löwe-Menschen eine nicht einfache Betrachtungsweise. Zum anderen, weil die reif gelebte Form des Zeichens Wassermanns keine Bewunderer braucht – es reicht, wenn man sich selbst gut findet. Von daher ist «der Wassermann» weitgehend unabhängig von der Wertschätzung anderer.

Im Zusammenspiel der beiden Energien kann sich dann eine reife Löwe-Sonne entwickeln, von grosser Art, aber nicht mit dem Gefühl, grossartig und grandios zu sein, und auch nicht, selbst bei Vorhandensein von Luxus, sich selber als «Mehr-Wert» sehend.

Ein Weg dorthin ...

... können Achtsamkeit und Mitgefühl mit sich und anderen sein. Achtsamkeit und Mitgefühl zeigen sich anhand der Fragen: Bin ich mitfühlend mir selber gegenüber? Wie gehe ich mit mir um? Kann ich mich so, wie ich im Augenblick bin, als gut und richtig anerkennen? Das ist die Ausgangsbasis, um sich verändern zu können. Oder verurteile ich mich und verhalte ich mich mir gegenüber gnadenlos?

Bin ich abhängig von der Bewunderung anderer, um mich gut zu fühlen? Stehe ich mir und meinem Tun selbstkritisch gegenüber? Kann ich konstruktive Kritik aushalten? Fühle ich mich ausgegrenzt, wenn ich nicht im Mittelpunkt stehe? Bin ich der Meinung, dass mir allein Ehre und Anerkennung gebührt? Gebe ich mehr Geld aus als ich habe? Gebe ich es sinnlos aus?

Grundsätzliche Fragen: Wie gehe ich mit anderen um? Kann ich sie so lassen, wie sie sind, oder will ich sie verändern?

Betrachte ich sie als meinen Hofstaat? Kann ich dankbar anerkennen, was sie für mich tun? Habe ich Konflikte mit Autoritätspersonen? Bewerte ich sie nach Äusserlichkeiten, nach ihrem materiellen Vermögen? Werde ich neidisch, eifersüchtig wenn sie im Mittelpunkt stehen? Werte ich sie dann ab? Fühle ich mich anderen überlegen, besser als sie? Muss ich überall die Chefin, der Chef sein?

Der Dispositor

Da die Dispositorin der Löwe-Sonne die *Sonne* selbst ist, entfällt eine entsprechende Interpretation.

Sonne in Jungfrau

Der Mensch mit Sonne in Jungfrau möchte seinem Umfeld die Ur-Energie des Zeichens Jungfrau, nämlich die Anpassung und die Einordnung an die Lebens- und Umweltbedingungen nahebringen. Das Begreifen, im Gefüge des grossen Ganzen einen eigenen, unverzichtbaren Platz zu haben, ihn mit Demut, aber ohne Unterordnung einzunehmen und dadurch nützlich zu werden. Der Gewinn davon ist Gesundheit im körperlichen, geistigen und sozialen Sinn. Das Zeichen Jungfrau wird oft missverstanden im Sinne von langweilig, demütig, perfektionistisch, ängstlich und kleinkariert. Doch meiner Meinung nach ist es eines der wichtigsten Zeichen im Tierkreis, denn es bringt uns mit seiner Nüchternheit und mit Pragmatismus ins Hier und Jetzt, in den Alltag und seine Bewältigung. Denn das Leben besteht zum grössten Teil aus Alltagssituationen, mit denen wir lernen müssen umzugehen, nicht in ihnen unterzugehen. Das im Buddhismus so oft zitierte Wort «Es ist so, wie es ist» ist für mich fest im Zeichen Jungfrau verankert.

Macht

Grundsätzlich gilt: Die Reife oder Macht einer Sonne, gleichgültig in welchem Zeichen sie steht, zeigt sich darin, dass der Mensch fähig ist, durch sein So-Sein, seine Person, sein Ich sich selbst kontrollieren zu können und für sich und andere etwas zu bewirken.

Die Macht einer Jungfrau-Sonne und ihre Möglichkeit, etwas zu bewirken, zeigt sich im Annehmen dessen, was ist und in einer nüchternen Betrachtung, was daran, wenn notwendig, verändert werden kann.

Dabei prüft der Mensch kritisch und systematisch, was nützlich und brauchbar ist, prüft, ob etwas Bestand hat, und weicht bei dieser Analyse selbstkritisch auch der eigenen Person nicht aus. Im Streben, sich selbst und die Umstände des Lebens zu perfektionieren, bemerkt er das, was verbesserungswürdig ist, und besitzt auch das Geschick, es zu verändern. Dabei reiht sich der Jungfrau-Mensch gerne *selbstbewusst* in der zweiten Reihe ein und arbeitet denen in der ersten Reihe zuverlässig und mit grosser Sorgfalt zu. Das aber nur, wenn er seine Sonne in einer gereiften Form lebt und damit in seiner Macht ist.

Ohnmacht

Grundsätzlich gilt: Die Unreife oder Ohnmacht einer Sonne, gleichgültig in welchem Zeichen sie steht, zeigt sich darin, dass der Mensch sein Ich, seinen Willen, sein Streben und seine augenblicklichen Ziele nur schlecht oder gar nicht kontrollieren kann und diesen Kräften gleichsam ausgeliefert ist. Daher ist das, was er bewirkt, entweder nur von kurzer Dauer oder sowohl für ihn als auch für andere eher leidvoll.

Die ohnmächtige Form zeigt sich meist in zu grossen Zweifeln an der Sache oder an sich selbst, zu langem Zaudern wegen einer Ängstlichkeit allem Neuen und Ungewohnten gegenüber. Das führt – nicht verwunderlich – vor allem zu Unzufriedenheit, Kritiksucht, Pedanterie, Kleinkariertheit und dem ewigen Nörgeln an sich, an anderen und am Leben selbst. Durch die Unsicherheit, nicht gut genug oder nicht perfekt genug zu sein, hört der Mensch dann «das Gras wachsen» und wird misstrauisch und zieht sich zurück, wird im schlimmsten Fall zur grauen Maus.

Eine weitere Form der unreif gelebten Jungfrau-Sonne zeigt sich im Misstrauen all demjenigen gegenüber, was nicht greifbar und beweisbar ist. Nur was gesehen und angefasst werden kann, hält diesem Misstrauen stand – was das Blickfeld wie mit Scheuklappen einengt.

Um in die Macht der Jungfrau-Sonne zu gelangen ...

... und nicht in misstrauischem Perfektionismus, Kritiksucht und starrem Pragmatismus sich selbst und anderen das Leben zu erschweren, braucht der Mensch mit Jungfrau-Sonne die Energie des Zeichens Fische. Das Vertrauen in sich und in etwas, das nicht greifbar ist und doch existiert, wird ihm dann die Möglichkeit geben, einen festen Platz in dieser Welt zu finden und einzunehmen. Und von dort aus flexibel und mutig das, was nicht (be-) greifbar ist, doch als Wirklichkeit zuzulassen.

Ein Weg dorthin ...

... können Achtsamkeit und Mitgefühl mit sich und anderen sein. Achtsamkeit und Mitgefühl zeigen sich anhand der Fragen: Bin ich mitfühlend mir selber gegenüber? Wie gehe ich mit mir um? Kann ich mich so, wie ich im Augenblick bin, als gut und richtig anerkennen? Das ist die Ausgangsbasis, um sich verändern zu können. Oder verurteile ich mich und verhalte ich mich mir gegenüber gnadenlos?

Fühle ich mich schlecht, wenn ich einen Fehler gemacht habe? Werte ich mich ab, wenn ich nicht perfekt funktioniere? Kann ich Unfertiges liegen lassen? Kann ich mir freigeben und mich vergnügen, auch wenn Arbeit deshalb liegen bleibt? Habe ich Angst zu versagen? Habe ich Angst, mich an Neues heranzuwagen? Gilt für mich nur das, was greifbar und beweisbar ist? Kann ich vertrauen? Bin ich zu angepasst, um nicht aufzufallen? Bin ich kleinlich mir gegenüber? Vergleiche ich mich stark mit anderen und werte mich dabei ab?

Grundsätzliche Fragen: Wie gehe ich mit anderen um? Kann ich sie so lassen, wie sie sind, oder will ich sie verändern?

Kritisiere ich an ihnen herum? Wie stark bewerte ich andere oder werte sie (auch in Gedanken) ab? Bremse ich ihre Aktivitäten durch meine Ängstlichkeit? Ärgere ich mich über sie, weil sie so schlampig sind? Drücke ich ihnen meine Vorstellungen von Ordnung auf? Betone ich ihre Fehler oder kann ich auch loben? Bin ich kleinlich ihnen gegenüber?

Der Dispositor

Merkur als Dispositor der Sonne in Jungfrau kann nur maximal 28 Grad von ihr entfernt sein und ist daher entweder im selben oder im benachbarten Zeichen zu finden. Im selben Zeichen arbeitet er der Sonne zu und stärkt ihre Macht, im benachbarten Zeichen befindet er sich in einem anderen Element, nämlich in Löwe (Feuer) oder in Waage (Luft). Nach der Elementenlehre fehlen der Erde (Jungfrau) sowohl die Leichtigkeit der Luft als auch die Fantasie und die Intuition des Wassers. Der Merkur «tickt» dann anders als die Sonne sich das vorstellt, und die unterschiedlichen Energien müssen die Zusammenarbeit erst erlernen. Steht der Merkur in einem besonders engen Orbis zur Sonne, dann gilt auch hier wieder die Regel: Je enger der Orbis, desto subjektiver das Denken – je weiter der Orbis, desto objektiver das Denken. Objektivität hilft der Sonne in ihrer Machtentfaltung, Subjektivität hält sie länger in der Unreife oder gar Ohnmacht.

Sonne in Waage

Der Mensch mit Sonne in Waage möchte die Ur-Energie des Zeichens Waage, die Wahlfreiheit und Entscheidungsfreiheit, nämlich zu werten und zu urteilen, ohne zu be-werten oder zu ver-urteilen, seinem Umfeld nahebringen. Damit kann im Menschen eine innere Freiheit und Ästhetik des Geistes, des Denkens entstehen, die sich im Äusseren in Schönheit, in Harmonie und in Zuwendung ausdrückt.

Macht

Grundsätzlich gilt: Die Reife oder Macht einer Sonne, gleichgültig in welchem Zeichen sie steht, zeigt sich darin, dass der Mensch fähig ist, durch sein So-Sein, seine Person, sein Ich sich selbst kontrollieren zu können und für sich und andere etwas zu bewirken.

Kann die Sonne in einer reifen Form ihre Wirk-Macht entfalten, dann besitzt der Mensch die Fähigkeit offen, kommunikativ und liebevoll sowohl auf sein Gegenüber als auch auf eine Situation, der er gegenübersteht, einzugehen, ohne den luftigen, leichten, freiheitlichen Raum dazwischen zu missachten. Er lebt ausgeglichen, mit sich und seiner Umwelt in Harmonie, mit anderen Menschen freiwillig verbunden, kann Gegensätze überbrücken, Getrenntes wieder verbinden und hat sowohl im materiellen wie auch im geistigen Bereich einen hohen Sinn für Schönheit und häufig auch künstlerisches Geschick.

Die Macht der Waage-Sonne zeigt sich auch in der Fähigkeit zu repräsentieren, in der Öffentlichkeit zu wirken und etwas zu bewirken und damit der Gleichberechtigung, dem Miteinander und dem liebevollen Umgang untereinander zu dienen.

Ohnmacht

Grundsätzlich gilt: Die Unreife oder Ohnmacht einer Sonne, gleichgültig in welchem Zeichen sie steht, zeigt sich darin, dass der Mensch sein Ich, seinen Willen, sein Streben und seine augenblicklichen Ziele nur schlecht oder gar nicht kontrollieren kann und diesen Kräften gleichsam ausgeliefert ist. Daher ist das, was er bewirkt, entweder nur von kurzer Dauer oder sowohl für ihn als auch für andere eher leidvoll.

Die ohnmächtige Form von Sonne in Waage äussert sich vor allem in Abgrenzungs- und Entscheidungsschwierigkeiten. Dann werden der Wunsch und das Streben nach Harmonie zur Sucht, zur Harmonie- und Gefallsucht. Und mit der Sucht nach etwas kommt die Angst, es nicht zu bekommen oder nicht behalten zu können. Aus dieser Angst heraus richtet sich der Mensch dann nicht mehr nach seinen eigenen Wünschen und Bedürfnissen, sondern versucht geschickt, herauszufinden, was denn die Wünsche der anderen sind, um sich ihnen anpassen zu können. Denn durch optimale Anpassung, so meint er, sei die Harmonie gesichert. So ist er freundlich, nett, zugewandt, immer bemüht, es den anderen recht zu machen – und verliert dabei sich selbst in den anderen. Er kann zu deren Wünschen, Vorschlägen, Meinungen und Bedürfnissen nicht mehr Nein sagen, kann sich ihnen gegenüber nicht mehr abgrenzen. Er will lieb sein, gefallen, innerlich wie äusserlich, um in harmonischer Verbindung mit seiner Umgebung zu bleiben.

Wie schon beim Zeichen Zwillinge erwähnt, brauchen Luft-Zeichen allgemein Luft (zum Atmen) zwischen sich und dem Objekt. Die Luft dazwischen ist für eine Waage-Sonne die Harmonie. Denn wenn sie in Harmonie mit den anderen ist, braucht sie sich ihnen nicht näher zuzuwenden, muss sich nicht tiefer einlassen, muss sich nicht mit ihnen, im Positiven wie im Negativen, auseinandersetzten. All das würde den Luftraum dazwischen sehr verengen.

Das ist wohl auch Ursache dafür, dass sie sich so schlecht entscheiden kann. Denn eine echte Entscheidung ist meist mit einem Entweder-oder verbunden. Und das Gefühl der Harmonie gerät für einen Menschen mit Waage-Sonne aus dem Gleichgewicht, wenn er sich für etwas mit einem Ja entscheidet und damit zu etwas anderem Nein sagt. Da dieser Prozess fast immer unbewusst abläuft, pendeln die Betreffenden ständig oder für lange Zeit zwischen den Alternativen hin und her.

Vor vielen Jahren hatte ich eine Homöopathie-Ärztin (mit Sonne und Merkur in Waage), die ich sehr schätzte. Doch nachdem sie wieder einmal nach einer beinahe zweistündigen Befragung ein Mittel für mich herausgefunden hatte und dann, ganz am Ende, sagte: «Es könnte aber doch auch ganz anders sein», musste ich mir – mit meiner ausgeprägten Steinbock-Natur – leider für die Zukunft jemand anderen suchen …

Um in die Macht der Waage-Sonne zu gelangen …

… braucht der Waage-Mensch die Energie vom Gegenzeichen Widder. Diese Energie ist entschlussfreudig, spontan und fähig, sich selbst nicht zu vergessen. Vereint mit der Energie der Waage wäre er dann in der Lage, liebevoll-zugewandt, kommunikativ, diplomatisch zu sein, jedoch sich ohne schlechtes Gewissen auch durchzusetzen und Nein zu sagen.

Ein Weg dorthin ...

... können Achtsamkeit und Mitgefühl mit sich und anderen sein. Achtsamkeit und Mitgefühl zeigen sich anhand der Fragen: Bin ich mitfühlend mir selber gegenüber? Wie gehe ich mit mir um? Kann ich mich so, wie ich im Augenblick bin, als gut und richtig anerkennen? Das ist die Ausgangsbasis, um sich verändern zu können. Oder verurteile ich mich und verhalte ich mich mir gegenüber gnadenlos?

In welchen Situationen meide ich um der Harmonie Willen ein ehrliches Gespräch? Wo und wann bin ich zu angepasst, und was würde geschehen, wenn ich es nicht wäre? Wo und wann vermeide ich, eigene Bedürfnisse anzumelden, um nicht eventuell die Zuneigung der anderen zu verlieren? Was würde geschehen, wenn ich mich entscheide und später feststelle, dass die Entscheidung falsch war? Was würde geschehen, wenn ich mich auf eine Entscheidung wirklich einlasse und sie nicht mehr verändere? Bin ich eitel und zu sehr auf Äusserlichkeiten bedacht? Lebe ich meinen künstlerischen Feinsinn für Ästhetik und Schönheit aus (ja, das ist auch mit einem schmalen Budget möglich)?

Grundsätzliche Fragen: Wie gehe ich mit anderen um? Kann ich sie so lassen, wie sie sind, oder will ich sie verändern?

Kann ich mich auf sie einlassen oder wird mir das sofort zu eng? Interessieren sie mich nur an der Oberfläche? Beurteile ich sie nur nach ihrem Äusseren? Will ich es ihnen immer recht machen und vergesse ich mich dabei? Kann ich ihnen zuhören? Oder warte ich nur, bis sie Luft holen, damit ich wieder reden kann?

Der Dispositor

Venus als Dispositorin der Sonne kann nie weiter als 48 Grad von ihr entfernt sein. Dadurch kann sie nur im selben, im benachbarten oder im übernächsten Zeichen stehen. Steht sie im selben oder im übernächsten Zeichen, dann arbeitet sie in jedem Fall der Macht der Sonne zu, denn im selben Zeichen singt sie das gleiche Lied wie die Sonne. Das übernächste Zeichen steht ja im Sextil zum Zeichen der Sonne und unterstützt von daher ebenfalls die Macht der Sonnen-Energie. Steht die Venus aber im benachbarten Zeichen, dann empfangen Sonne und Venus die Energie von sehr unterschiedlichen Elementen. Eine Sonne in Waage und eine Venus in Jungfrau oder in Skorpion müssen erst lernen, miteinander umzugehen, denn nach der Elementenlehre nehmen Erde (Jungfrau) und Wasser (Skorpion) der Luft den Raum zum Atmen. Dann taucht die Frage auf: Gibt die Sonne der Venus den Takt vor oder nimmt die Venus der Sonne die Zügel aus der Hand?

Steht die Venus in einem sehr engen Orbis zur Sonne, wird im Allgemeinen von einer «verbrannten Venus» gesprochen, in dem Sinne, dass die Venus von der Sonne überstrahlt wird und sie sich im Laufe des Lebens erst in ihrer eigenständigen Energie entwickeln muss. Geht es wie hier um die Macht der Sonnen-Energie, dann ist die Venus auch in einem sehr engen Orbis als positive Verstärkung der *reif gelebten* Sonne zu sehen: Sie trägt dann bei zur Beliebtheit des Menschen, zur guten Kontaktfähigkeit und ist eine gute Ratgeberin und unterstützt die Sonne, sich ihre Wünsche zu erfüllen, ohne dabei die anderen zu vergessen. Lebt der Mensch die Sonne aber in der unreifen, ohnmächtigen Form, dann fördert die Venus in einem sehr engen Orbis Harmoniesucht sowie Entscheidungs- und Abgrenzungsschwierigkeiten.

Sonne in Skorpion

Der Mensch mit Sonne in Skorpion möchte die Ur-Energie des Zeichens Skorpion seiner Umgebung nahebringen, nämlich dass *alles* einem ständigen Veränderungsprozess unterworfen ist, wir aber dadurch lernen können zu vertrauen, sowohl auf die uns innewohnende Stärke, um die Veränderung anzunehmen und zu meistern, als auch auf ein «göttliches Sicherheitsnetz». Eine Sicherheit und ein Vertrauen, wie Dietrich Bonhoeffer es meinte, als er schrieb: «Du kannst nicht tiefer fallen als in Gottes Hand.» Wobei ich hier unter «Gott» die ganze Bandbreite verstehen möchte, angefangen von der Natur über Göttinnen oder Götter bis hin zu einer kosmischen Kraft.

Macht

Grundsätzlich gilt: Die Reife oder Macht einer Sonne, gleichgültig in welchem Zeichen sie steht, zeigt sich darin, dass der Mensch fähig ist, durch sein So-Sein, seine Person, sein Ich sich selbst kontrollieren zu können und für sich und andere etwas zu bewirken.

Die Macht des Skorpion-Menschen, und damit auch seine Möglichkeit, etwas zu bewirken, besteht in der furchtlosen Hingabe an diese immerwährenden Stirb-und-werde-Prozesse. Furchtlos deshalb, weil bei jeder Veränderung kurz- oder auch längerfristig ein vorübergehender Kontrollverlust eintritt. Denn wir geben etwas Vertrautes auf (selbst wenn das Vertraute unangenehm ist, gibt es uns doch die Sicherheit, es zu kennen) und wählen etwas Neues, Unbekanntes, das (selbst wenn es angenehm ist) erst mal Unsicherheit bedeutet.

Die Macht der furchtlosen Hingabe bedeutet auch, in die eigenen Tiefen und eigenen Schattenseiten einzutauchen. Dadurch vor allem die eigene Machtlust zu erkennen und anzuerkennen, die sich sehr häufig darin äussert, lieber in den Tiefen und Schattenseiten anderer zu graben als sich den eigenen zuzuwenden. So ist Skorpion, wenn auch meist nicht sehr geliebt, das Zeichen, das uns in einen wirklichen Veränderungs- und Reifungsprozess unserer Persönlichkeit führt. Und das, obwohl Skorpion ein fixes Zeichen ist. Um es reif zu leben, muss hier die ständige Veränderung und Nichtfixierung begriffen werden.

In einer reif gelebten Form weiss der Mensch um seine emotionale Macht, die für andere beinahe etwas Zwingendes, aber nicht Bezwingendes hat. In guter Selbstkontrolle dieser mächtigen Kraft kann er andere durch Krisen führen, sie begleiten auf dem Weg in ihre psychischen Tiefen oder sie in einer beinahe selbst-aufopfernden Risikobereitschaft aus Gefahrensituationen retten.

Ohnmacht

Grundsätzlich gilt: Die Unreife oder Ohnmacht einer Sonne, gleichgültig in welchem Zeichen sie steht, zeigt sich darin, dass der Mensch sein Ich, seinen Willen, sein Streben und seine augenblicklichen Ziele nur schlecht oder gar nicht kontrollieren kann und diesen Kräften gleichsam ausgeliefert ist. Daher ist das, was er bewirkt, entweder nur von kurzer Dauer oder sowohl für ihn als auch für andere eher leidvoll.

In vielen Situationen wird die Skorpion-Sonne in der unreifen, ohnmächtigen Form gelebt. Am meisten findet sich dann ein übermächtiges Kontrollbedürfnis, in fast allen Bereichen, besonders aber im emotionalen Bereich, um den unvermeidlichen Veränderungen vorzubeugen. Denn Kontrolle gibt (vermeintliche) Sicherheit. Dann gräbt der Mensch in der Psyche der anderen, beobachtet jeden ihrer Schritte, sucht und bohrt nach ihren Schattenthemen, um alles an

Wissen über sie «herauszuholen», was es zu holen gibt, nur um ein wenig emotionale Sicherheit zu bekommen. Der Mensch haftet an seiner emotionalen Besitzgier und ist ohnmächtig seinem Kotrollbedürfnis ausgeliefert.

Seine Ohnmacht zeigt sich auch in Machtgier und Machtspielen. Sehr häufig haben Menschen mit einer Skorpion-Sonne schon in ihrer Kindheit, aber auch später Ohnmacht erleiden müssen: in Form von Abhängigkeiten, Verstrickungen und Machtmissbrauch jeglicher Art durch andere. Wie weiter oben genau beschrieben (→ *siehe Kapitel «Einige Gründe zur Ablehnung von Macht», Abschnitt «Aus Erfahrungen heraus» auf S. 16*), kann der Mensch dann auf drei Arten reagieren: Entweder jegliche Form von Eigenmacht meiden, also in der Ohnmacht und Opferrolle verharren, oder an anderen die eigene Macht missbrauchen (beides Ausdruck eines Ohne-Macht-Seins). Die dritte Art: Er kann die eigenen Machtwünsche entdecken und sie auf eine integere, starke Weise für sich und andere leben.

Um in die Macht der Skorpion-Sonne zu gelangen ...

... braucht der Mensch – da Skorpion das «tiefgründige» Wasser-Zeichen ist, wo er leicht verloren gehen kann – die Energie des Zeichens Stier, um mit Hilfe dieses erdigen Ankerpunktes nicht in den Tiefen der Gefühle, des Misstrauens oder in Verstrickungen unterzugehen. Vereint mit der Stier-Energie kann die Skorpion-Sonne dann beinahe furchtlos die Tiefen der Gefühle und das «Alles oder nichts» ausloten und ist doch erdig, pragmatisch und realitätsbezogen genug, um nicht darin zu versinken.

Ein Weg dorthin ...

... können Achtsamkeit und Mitgefühl mit sich und anderen sein. Achtsamkeit und Mitgefühl zeigen sich anhand der Fragen: Bin ich mitfühlend mir selber gegenüber? Wie gehe ich mit mir um? Kann ich mich so, wie ich im Augenblick bin, als gut und richtig anerkennen? Das ist die Ausgangsbasis, um sich verändern zu können. Oder verurteile ich mich und verhalte ich mich mir gegenüber gnadenlos?

In welchen Situationen verliere ich mich in der Tiefe meiner schwierigen, belastenden Gefühle? In welchen Situationen wähle ich die Opferrolle? Manipuliere ich damit, ein Opfer zu sein? Gehe ich rücksichtslos mit meiner Energie um? Lebe ich gnadenlos nach dem Prinzip «Alles oder nichts»? Gibt es für mich nur Schwarz oder Weiss? Bin ich bereit, auch mich zu öffnen, oder will ich das nur bei anderen erzwingen?

Grundsätzliche Fragen: Wie gehe ich mit anderen um? Kann ich sie so lassen, wie sie sind, oder will ich sie verändern?

Manipuliere ich sie? Kontrolliere ich sie, ihre Hosentaschen, Handys, Adressbücher? Misstraue ich ihnen? Kann ich nicht vergessen? Werfe ich ihnen Dinge vor, die längst vorbei sind? Mache ich sie zum Opfer meiner Machtlust, meines Machtgefühls? Versuche ich sie in Abhängigkeiten und Verstrickungen zu bringen? Versuche ich sie in Gefühle zu zwingen, die sie nicht haben? Kann ich sie nicht loslassen, nicht freilassen? Kann ich jemanden oder etwas nicht lassen?

Der Dispositor

Pluto als Dispositor der Sonne wird zusätzlich gedeutet, aber nur im Haus, in dem er steht. Im Zeichen wird er, wie alle drei geistigen Planeten, nur als Generationenaussage oder im karmischen Zusammenhang interpretiert. Da er selbst die Thematik von Macht und Ohnmacht, von zyklischem Geschehen und damit von Vergänglichkeit in sich trägt, ist bei einer mächtig gelebten Skorpion-Sonne das Haus, in dem Pluto sich befindet, sicher auch ein Schauplatz der Machtausübung und des Machtstrebens.

Bei einer ohnmächtig gelebten Skorpion-Sonne kann Plutos Haus der Lebensbereich der Ohnmacht oder des Machtmissbrauchs sein. Ebenfalls sind die Faktoren, die er in Aspekten berührt, Möglichkeiten, die skorpionischen Energien zum Ausdruck zu bringen oder – bei einer ohnmächtigen Sonne – ihnen ausgeliefert zu sein.

Da der alte Dispositor der Sonne in Skorpion der *Mars* ist, erstreckt sich ihre Macht bzw. Ohnmacht auch auf ihn, das Zeichen und das Haus, in denen er steht. So sollte für eine filigrane Interpretation immer auch Mars miteinbezogen werden, da es möglich ist, dass der Mensch durch Mars seine Macht bzw. Ohnmacht auslebt. Dies vor allem dann, wenn er noch nicht in seiner Persönlichkeit gereift ist. (Die persönlichen Planeten werden eigenständig gelebt: → *siehe Kapitel «Einige Gründe zur Ablehnung von Macht», Abschnitt «Aus Erfahrungen heraus» auf S. 16.*)

Sonne in Schütze

Der Mensch mit Sonne in Schütze möchte die Ur-Energie des Zeichens seinem Umfeld oder gar der Welt nahebringen, nämlich das Streben, jemanden, etwas oder sich selbst zu verbessern. Wahrnehmung und Wissen, Sinnfindung und religiöse oder philosophische Erkenntnisse, Horizonterweiterung in jeder Form verbessern das Verstehen von inneren und äusseren Zusammenhängen.

Macht

Grundsätzlich gilt: Die Reife oder Macht einer Sonne, gleichgültig in welchem Zeichen sie steht, zeigt sich darin, dass der Mensch fähig ist, durch sein So-Sein, seine Person, sein Ich sich selbst kontrollieren zu können und für sich und andere etwas zu bewirken.

Lebt der Mensch die Schütze-Sonne in ihrer Macht, erweitert er sein Wissen, findet einen eigenen Sinn in diesem Wissen, erfasst Zusammenhänge und erarbeitet sich dabei einen weiten Horizont. So trägt er dazu bei, das für die Allgemeinheit so elementare Gefühl von Sicherheit zu stärken («Wenn ich es schon nicht weiss, jemand anders – ein Lehrer, Wissenschaftler oder Priester – weiss es», das beruhigt). Durch sein eigenes Wissen, auf welchem Gebiet auch immer, mindert er zudem seine eigene Angst, und – sehr häufig – auch die anderer Menschen. Der Satz «Wissen ist Macht» könnte das Credo des Schütze-Menschen sein.

Er glaubt an sich und «das Göttliche» und vertraut auf beides. So kann er auch anderen glauben und vertrauen, wodurch ihm die Fähigkeit gegeben wird, mit Optimismus sich selbst und anderen Mut zuzusprechen und auch in schwierigen Situationen Hoffnung aufrechtzuerhalten. In der Macht der Schütze-Sonne beweist er Weltoffenheit und Toleranz, und mit seinem ausgesprochenen Gerechtigkeitsgefühl kann er vielen Menschen beistehen.

Er ist ein echter Anwalt der ungerecht Behandelten und hat einen offenen Geist für Andersdenkende und ein offenes Herz für (das) Fremde.

Ohnmacht

Grundsätzlich gilt: Die Unreife oder Ohnmacht einer Sonne, gleichgültig in welchem Zeichen sie steht, zeigt sich darin, dass der Mensch sein Ich, seinen Willen, sein Streben und seine augenblicklichen Ziele nur schlecht oder gar nicht kontrollieren kann und diesen Kräften gleichsam ausgeliefert ist. Daher ist das, was er bewirkt, entweder nur von kurzer Dauer oder sowohl für ihn als auch für andere eher leidvoll.

Ist der Mensch aber ohnmächtig seiner unreifen Schütze-Sonne «ausgeliefert», sind Übertreibung und Masslosigkeit in jeder Hinsicht seine Begleiter. Wie oben angeführt, ist die Ur-Energie des Zeichens jemanden oder etwas zu verbessern. Im ohnmächtigen Zustand will der Mensch *alles* verbessern. Er ist stets auf der Suche nach mehr Wissen, mehr Sinn, mehr Selbstoptimierung, mehr Erkenntnis, mehr «Input». Er strebt nach Weisheit, doch vergisst er, dass auch enormes Wissen nicht Weisheit ist. Denn Weisheit ist, sehr platt ausgedrückt, Wissen und *gelebte* Erfahrung. Nicht die Erfahrungen, die andere gemacht haben, sondern *eigene*. Er vergisst, dass jedes Wissen sich setzen, verarbeitet werden muss, um eine solide Basis zu erzeugen, auf der weiter gelernt werden kann.

Ich hatte vor langer Zeit einen ungeheuer eifrigen Privatschüler, Schütze durch und durch. Er saugte das Wissen ein, war fast unersättlich. Als Steinbock schlug ich ihm nach einem Jahr vor, wir sollten erst einmal eine Pause einlegen. Er hätte jetzt das gesamte Grundwissen, das müsse sich setzen und eingeübt werden, damit sein «astrologisches Haus», das er bauen und bewohnen wollte, ein solides Fundament hätte. Dann erst könnten die Stockwerke darauf aufgesetzt werden. Er schaute mich vollkommen entsetzt an und fragte, ob ich ihm das tiefere Wissen vorenthalten oder ihn gar ganz loswerden wolle. Er war geradezu beleidigt, dass ich meinte, er würde eine Pause brauchen.

Eine andere Variante der unreif gelebten Schütze-Sonne ist eine Selbstüberschätzung, was Können und Wissen anbelangt. «Jeder kann alles lernen», ist so ein typischer Gedanke – daher meint er, er könne und wisse alles (besser). So ist es möglich, dass er relativ früh auf der Ebene seiner Inkompetenz landet.

Auch auf der Suche nach Selbstverbesserung kann er in eine Sackgasse geraten, denn auch hier ist es kontraproduktiv, sich selbst ohne innezuhalten immer weiter voranzutreiben. Doch ist es für das Umfeld immer noch besser, er will *sich selbst* optimieren, als die anderen. Denn die andere Möglichkeit ist, dass der Mensch in der Ohnmacht der Schütze-Sonne ein aufgeblähtes Ego ohne Selbstreflexion lebt, was zu Pharisäertum («Mein Gott, ich danke dir, dass ich nicht so bin wie die anderen») oder Scheinheiligkeit («Ich bin so lieb, so zugewandt, so ohne Aggression») führen kann.

Für sein enges und weiteres Umfeld sind die Intoleranz, das Haften an eigenen (besseren) Vorstellungen und der Fanatismus wahrhaft schlimme Formen der Ohnmacht. Hier sind dann auch das Besserwisser- und Schwätzertum zu Hause.

Um in die Macht der Schütze-Sonne zu gelangen ...

... braucht der Mensch die Energie des Zeichens Zwillinge, damit er in dem Streben nach Vermehrung seines Wissens auch den alltäglichen Austausch und das «Kleingedruckte in den Informationen» kennen und vor allem schätzen lernt. Er rennt dann nicht mehr unentwegt der Verbesserung seiner selbst, von anderen oder von Umständen hinterher, sondern kann mit der Leichtigkeit und der gesunden Oberflächlichkeit des Zwillinge-Zeichens auch mal Luft holen, durchatmen, sich zurücklehnen und sein bisheriges Werk betrachten. Dadurch gelingt es ihm, das Wissen, die Meinung und die Vorstellungen der anderen den eigenen gleichwertig zur Seite zu stellen.

Ein Weg dorthin ...

... können Achtsamkeit und Mitgefühl mit sich und anderen sein. Achtsamkeit und Mitgefühl zeigen sich anhand der Fragen: Bin ich mitfühlend mir selber gegenüber? Wie gehe ich mit mir um? Kann ich mich so, wie ich im Augenblick bin, als gut und richtig anerkennen? Das ist die Ausgangsbasis, um sich verändern zu können. Oder verurteile ich mich und verhalte ich mich mir gegenüber gnadenlos?

Überschätze ich mich und mein Wissen? Meine ich, alles lernen zu können? Bin ich zufrieden mit mir, mit dem, was ich kann, weiss und bin? Tendiere ich zu Dogmatismus und Fanatismus? Bin ich selbstgerecht? Bin ich intolerant? Wem gegenüber? Wo und wann bin ich besserwisserisch?

Grundsätzliche Fragen: Wie gehe ich mit anderen um? Kann ich sie so lassen, wie sie sind, oder will ich sie verändern?

Tendiere ich dazu, andere überzeugen zu wollen? Beurteile, verurteile ich sie oder werte ich sie ab? Besuche ich eine Fortbildung nach der anderen und was würde geschehen, wenn ich mit meinem Wissen zufrieden wäre? Sehe ich die Vorstellungen der anderen als gleichberechtigt und gleichwertig meinen gegenüber an? Bin ich schulmeisterhaft? Weiss ich alles besser, auch wenn ich es vielleicht nicht ausspreche? Muss ich immer zuerst gegenargumentieren?

Der Dispositor

Jupiter als Dispositor der Sonne in Schütze wird zusätzlich in Haus und Zeichen gedeutet. Vor allem das Haus, aber auch das Zeichen, in dem er sich befindet, geben Hinweise darauf, auf welchem Gebiet und auf welche Weise der Mensch seine Macht zum Ausdruck bringen möchte. Bei einer unreif gelebten Schütze-Sonne sind Haus und Zeichen der Bereich, in dem sich Ohnmacht und Machtmissbrauch zeigen können.

Sonne in Steinbock

Der Mensch mit Sonne in Steinbock möchte die Ur-Energie des Zeichens seinem Umfeld zu Verfügung stellen. Die Möglichkeiten von Macht und Autorität aufzuzeigen, die Struktur, Formgebung, Disziplin, Beharrlichkeit und Klugheit in sich tragen. Damit einher geht auch die Aufforderung, sich einer wahrhaftigen Konfrontation mit den persönlichen und gesellschaftlichen Grenzen zu stellen. Auf diese Weise würden persönliche und allgemein gültige Regeln für das Miteinander eingebracht, die eine Einordnung in die Gesellschaft erleichtern.

Macht

Grundsätzlich gilt: Die Reife oder Macht einer Sonne, gleichgültig in welchem Zeichen sie steht, zeigt sich darin, dass der Mensch fähig ist, durch sein So-Sein, seine Person, sein Ich sich selbst kontrollieren zu können und für sich und andere etwas zu bewirken.

Lebt der Mensch die Steinbock-Sonne in ihrer Macht, dann strahlt er durch seine Klarheit, Konzentriertheit, seine Integrität, seine Ernsthaftigkeit und die ausgeprägten Führungsqualitäten eine Autorität aus, die von anderen meist ohne Zögern anerkannt wird. Er wagt sich weit oder auch hoch hinaus, erkennt aber die Grenzen seines Wissens und seiner Fähigkeiten an, sodass er vor Selbstüberschätzung verschont ist. Er handelt sehr überlegt, durchdenkt die Konsequenzen seines Handelns und bezieht in sein Denken immer selbst erworbene Erfahrungen mit ein. Da er eigentlich ein Einzelkämpfer und Einzelgänger ist, kann er Menschen ein Stück ihres Weges begleiten, ohne sie an sich zu binden (zum Beispiel der Meister den Lehrling). Oft ist er ein Mensch, der Vorbild für andere sein kann.

Ohnmacht

Grundsätzlich gilt: Die Unreife oder Ohnmacht einer Sonne, gleichgültig in welchem Zeichen sie steht, zeigt sich darin, dass der Mensch sein Ich, seinen Willen, sein Streben und seine augenblicklichen Ziele nur schlecht oder gar nicht kontrollieren kann und diesen Kräften gleichsam ausgeliefert ist. Daher ist das, was er bewirkt, entweder nur von kurzer Dauer oder sowohl für ihn als auch für andere eher leidvoll.

Lebt der Mensch seine Steinbock-Sonne ohnmächtig und unreif, dann wird aus Introvertiertheit und Ernsthaftigkeit ein Hang zu Missmut und grüblerischen Verstimmungen. Er zieht sich zu weit zurück, und es entsteht eine Distanziertheit, die es seinen Mitmenschen fast unmöglich macht, mit ihm in Kontakt zu bleiben. Sein «Ich brauche euch alle nicht, ich komme alleine zurecht» stösst viele Menschen (auch Nahestehende) zurück, die ihm Hilfe anbieten wollen. Eine andere Form der Ohnmacht drückt sich in Engherzigkeit, Sturheit und beinahe gnadenlosen Belehrungen und Schulmeisterei aus. Die Dinge sollen so laufen, wie er sich das vorstellt, basta.

Ein weiterer Punkt der ohnmächtigen Steinbock-Sonne ist ein zu starker Drang nach Ansehen und Autorität. Das führt zum einen zu einer grossen Enge, denn dieser Mensch richtet sich nach dem Satz «Was oder wie denken die anderen über mich?» Zum anderen führt es in Autoritätskonflikte bis hin zu Kämpfen um Autorität und Macht.

Um in die Macht der Steinbock-Sonne zu gelangen ...

... braucht der Mensch die Energie des Zeichens Krebs, um nicht sich selbst und anderen gegenüber gefühllos, stur und gnadenlos zu werden. Er lernt zu verstehen, dass Hilfe anzunehmen nicht eine Gefahr für sein Einzelgängertum ist, dass er sich dabei den anderen nicht ausliefern muss, und – vor allem – dass Schwäche zu zeigen nicht bedeutet, in Abhängigkeit zu geraten. So kann sich eine reife, autonome Steinbock-Energie entwickeln, in der das Geben und Annehmen von liebevoller Zuwendung nicht als Schwäche betrachtet wird.

Ein Weg dorthin ...

... können Achtsamkeit und Mitgefühl mit sich und anderen sein. Achtsamkeit und Mitgefühl zeigen sich anhand der Fragen: Bin ich mitfühlend mir selber gegenüber? Wie gehe ich mit mir um? Kann ich mich so, wie ich im Augenblick bin, als gut und richtig anerkennen? Das ist die Ausgangsbasis, um sich verändern zu können. Oder verurteile ich mich und verhalte ich mich mir gegenüber gnadenlos?

Ärgere ich mich über Gebühr, wenn die Dinge nicht so laufen, wie ich sie mir vorstelle? Muss ich unbedingt perfekt sein, darf ich mir keine Blösse geben? Denke ich immer nur: Was denken wohl die anderen? Kann ich mir auch Schwächen zugestehen? Kritisiere ich mich tagelang für ein Versagen? Kann ich Autoritäten anerkennen?

Grundsätzliche Fragen: Wie gehe ich mit anderen um? Kann ich sie so lassen, wie sie sind, oder will ich sie verändern?

Denke ich, nur mein Weg sei der richtige? Nörgle und kritisiere ich an anderen herum? Bin ich schulmeisterhaft? Tue ich zu viel, um von der Umgebung, um in der Gesellschaft anerkannt zu werden? Übernehme ich Verantwortung, für die ich nicht zuständig bin? Dränge ich anderen meine Hilfe auf, weil ich es besser weiss oder besser kann? Gehe ich schnell in den Machtkampf «Wer setzt sich hier durch?».

Der Dispositor

Saturn als Dispositor der Sonne in Steinbock sollte in Haus und Zeichen ebenfalls gedeutet werden. Es ist bekannt, dass der Ort und das Zeichen den Lebensbereich und die Art und Weise anzeigen, wo und wie der Mensch in seine Meisterschaft kommen kann.

Wie wir alle wissen, bringt Saturn fast immer zunächst eine Angst, Blockade, Hemmung, einfach ein Problem mit sich, an dem gearbeitet werden sollte, um in die Meisterschaft zu kommen. So muss möglicherweise (der Erfahrung nach aber meistens) zuerst begonnen werden, mit und an Saturn zu arbeiten, bevor die Steinbock-Sonne in ihrer Macht leuchten kann.

→ *Siehe auch Kapitel «Jupiter und Saturn – Machtvolle Co-Worker», Abschnitt «Saturn» auf S. 201.*

Sonne in Wassermann

Der Mensch mit Sonne in Wassermann möchte die Ur-Energie des Zeichens, nämlich Erneuerung, Rebellion, Re-Formation, Individuation und Freiheit seinem Umfeld zur Verfügung stellen. Gleichsam als Weckruf, als ein immerwährender Anstoss zur Veränderung, zur

Umgestaltung. Vielleicht möchte er durch seine besondere Eigen-Art zum Stein des Anstosses werden und dadurch ein geradezu revolutionäres Umdenken (eine Umgestaltung des Denkens, eine Umgestaltung fixer Vorstellungen) in den Köpfen der Allgemeinheit hervorrufen. Ein in jedem Zeitalter neues Denken, das allen Menschen gleiche Wertigkeit und gleiche Würde zugesteht. Vor allem aber ihnen die Möglichkeit einräumt, zu einer äusseren wie inneren Freiheit zu gelangen. Damit könnte auch ein neuer Umgang mit der Erde und ihren Ressourcen einleitet werden.

Macht

Grundsätzlich gilt: Die Reife oder Macht einer Sonne, gleichgültig in welchem Zeichen sie steht, zeigt sich darin, dass der Mensch fähig ist, durch sein So-Sein, seine Person, sein Ich sich selbst kontrollieren zu können und für sich und andere etwas zu bewirken.

Lebt der Wassermann-Mensch seine Sonne in der Macht, dann vereinigt er freiheitliches und fortschrittliches Denken mit einer ausgesprochen sozialen Gesinnung und kann dadurch ungewöhnliche Veränderungsprozesse anstossen. Er sieht, wenn etwas im Argen liegt und besitzt den Mut, sowohl dagegen zu rebellieren als auch notwendige Reformen einzuleiten. Das bringt ihn unter Umständen in eine herausragende Position, doch gelingt es ihm dabei, sich nicht als etwas Besonderes zu sehen, sondern die Gleichwertigkeit der anderen Menschen nicht aus dem Auge zu verlieren. Geduld ist nicht gerade seine grösste Fähigkeit, aber er weiss sie im Zaum zu halten, weil er sich nicht über weniger spontane und langsamere Menschen erhebt, sondern sie in ihrer Art als gleichwertig betrachtet. Eine reife Persönlichkeit mit Sonne in Wassermann erlebt sich als Individuum – als unteilbares Einzelwesen –, in manchen Situationen vielleicht auch als Primus inter Pares: als Erster unter Gleichen. Doch nimmt er diese Rolle gleichsam als Geschenk und nicht als herausragende Fähigkeit seiner Person. Weiterhin machen ihn seine oft ausgesprochen originellen Ideen und sein intuitives Erfassen von Situationen und Möglichkeiten zu einem innovativen Chef oder auch Mitarbeiter.

Ohnmacht

Grundsätzlich gilt: Die Unreife oder Ohnmacht einer Sonne, gleichgültig in welchem Zeichen sie steht, zeigt sich darin, dass der Mensch sein Ich, seinen Willen, sein Streben und seine augenblicklichen Ziele nur schlecht oder gar nicht kontrollieren kann und diesen Kräften gleichsam ausgeliefert ist. Daher ist das, was er bewirkt, entweder nur von kurzer Dauer oder sowohl für ihn als auch für andere eher leidvoll.

Ganz anders bei einem Menschen mit einer unreifen und ohnmächtigen Sonne in Wassermann. Denn wahrscheinlich ist seine grösste Schwierigkeit die kaum zu stillende Sehnsucht nach Besonderheit und Exzentrik. Dieses «Besonders sein müssen um jeden Preis» schliesst andere Menschen gleichsam aus, denn sie könnten auf diesem Gebiet zu Rivalen werden. Er definiert den Begriff Freiheit zu eng und engt ihn auf die persönliche Freiheit des Denkens und Handelns ein, was zu Widerspenstigkeit, Verweigerung, destruktiver Rebellion oder auch Unzuverlässigkeit führen kann. In seinem Freiheitsdrang wird er unverbindlich, unzuverlässig, sprunghaft und vielleicht sogar ein Sonderling, der alle gnadenlos abwertet, die nicht in das Schema seiner Gedanken oder seines Geistes passen. Auch ist es möglich, dass er tiefere Gefühle meidet, sich nicht in Gefühle einlassen will, aus Angst, darin gefangen zu sein, aus Angst, seine Freiheit zu verlieren. Ohnmacht bedeutet für ihn sehr häufig, abhängig zu sein oder in die Gefühle anderer Menschen verstrickt zu werden.

Ein sechsjähriges Wassermann-Kind, ohnmächtig gefangen in der ängstlichen Überbesorgtheit seiner Mutter, hat einmal gesagt: «Wer mich festhält, hat mich schon verloren.» Als Überlebensstrategie hat es sich in den sprichwörtlichen Wassermann-Elfenbeinturm zurückgezogen.

Ein anderer Ausdruck des Wunsches nach Exzentrik bzw. Freiheit ist auch die Rebellion um jeden Preis, ohne Beachtung der daraus folgenden Konsequenzen. Dies ist besonders häufig bei Kindern und Jugendlichen zu finden, die die Wassermann-Qualität zwangsweise noch in der unreifen Form leben. Eine andere Variante der ohnmächtigen Wassermann-Sonne kann eine ausgesprochen elitäre Denkweise und Haltung zeigen, durch die der Mensch im schlimmsten Fall buchstäblich die Bodenhaftung verliert.

Ein Beispiel:

Der *Vorstandsvorsitzende* eines grossen, weltweit agierenden Konzerns verlor *meiner Meinung nach* in einem elitären Höhenrausch vollkommen den Bezug zum Machbaren aus den Augen und hatte nur noch Sinn für immer riskantere Investitionen zur Expansion des Konzerns. Er wähnte sich, seinem Verhalten nach zu urteilen, in einer schier grenzenlosen Freiheit und in der Gewissheit, sich ohne Regeln und Gesetze in der Welt bewegen zu können. Was sich an der Basis abspielte, die ja eigentlich das Fundament auch eines Konzerns ist, war für ihn nicht mehr interessant, und er verlor vollkommen den Kontakt zu ihr. Aus seinem selbstgeschaffenen Elfenbeinturm heraus verlor er den Blick zum wirklichen Leben der Menschen und damit die Bodenhaftung. Zwar hatte er sehr grosse Macht, die ihm von aussen gegeben war.

Doch seine Sonne in Konjunktion mit Lilith, in Opposition zu Saturn und Pluto sowie im Quadrat zum absteigenden Mondknoten *(Fig. 12)* war ohnmächtig, nicht reif genug, den zur Macht verlockenden Energien von Saturn und Pluto zu widerstehen. Vielleicht war der Mann auch den mitgebrachten und nicht vollständig bearbeiteten Geschichten aus anderen Inkarnationen «ausgeliefert». Vielleicht konnte er auch noch nicht die Energie des Gegenzeichens Lö-

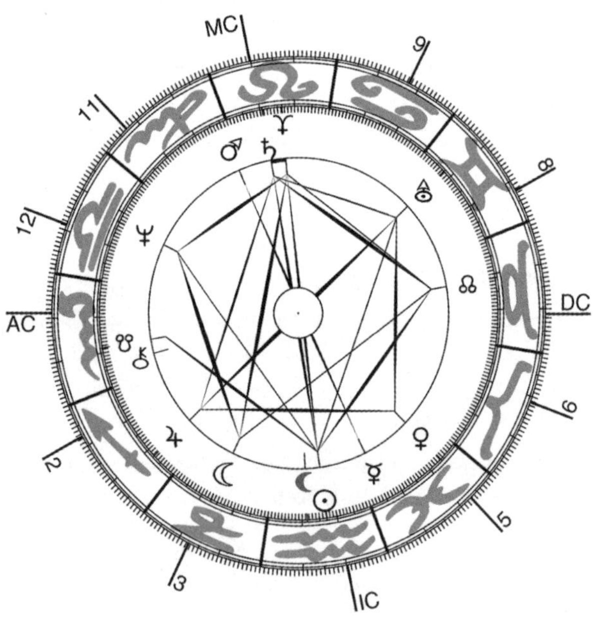

Fig. 12: Vorstandsvorsitzender (Placidus)

we in seine Sonne integrieren – also nicht nur rational und distanziert für sich und den Konzern zu sorgen, sondern als Mittelpunkt mit Herzenswärme auch dafür zu sorgen, dass es «den anderen» gut geht.

So kann eine ohnmächtige und unreif gelebte Wassermann-Sonne zum eiskalten Macher, zur abgehobenen Macherin werden.

Mir sehr wichtig: Ich kenne den Mann nicht persönlich, sondern nur durch Radio, Zeitungen, und Fernsehen. Ich habe ihn nicht gefragt nach seinen Erlebnissen, Erfahrungen und nach seinen Motiven, die seinem Verhalten zugrunde liegen. Deshalb kann ich nur ausschliesslich spekulativ über ihn und sein Horoskop sprechen und schreiben – und möglicherweise tue ich ihm, wie häufig wenn man spekuliert, Unrecht.

Um in die Macht der Wassermann-Sonne zu gelangen ...

... braucht der Mensch die Energie des Gegenzeichens Löwe, damit im Streben nach Besonderheit, Einzigartigkeit und Freiheit nicht das Gefühl für Zuwendung, Wärme, Herzlichkeit und Gemeinschaft verlorengeht. Dadurch kann er lernen, dass die Zugehörigkeit zu einer Gruppe von Menschen und das Eingebundensein in deren Leben nichts Bedrohliches, sondern etwas Wärmendes hat. So könnte sich eine reife Wassermann-Energie entwickeln, die die Besonderheit und Einzigartigkeit eines jeden Menschen achtet und sich ihnen angstfrei von Herzen zuwenden kann.

Ein Weg dorthin ...

... können Achtsamkeit und Mitgefühl mit sich und anderen sein. Achtsamkeit und Mitgefühl zeigen sich anhand der Fragen: Bin ich mitfühlend mir selber gegenüber? Wie gehe ich mit mir um? Kann ich mich so, wie ich im Augenblick bin, als gut und richtig anerkennen? Das ist die Ausgangsbasis, um sich verändern zu können. Oder verurteile ich mich und verhalte ich mich mir gegenüber gnadenlos?

Meide ich tiefere Gefühle, gleich welcher Art, weil ich Angst habe, mich darin zu verlieren? Kann ich gewisse Abhängigkeiten ertragen oder muss ich um jeden Preis unabhängig sein, auch auf Kosten von Beziehungen oder im beruflichen Bereich?

Fühle ich mich einsam, habe ich mich isoliert? Bin ich eigentlich gegen alles? Bin ich oft inkonsequent? Überprüfe ich meine Ideen auf

Machbarkeit? Oder bleibe ich theoretisch? Wo habe ich eventuell den Bezug zum «banalen» Alltag verloren?

Grundsätzliche Fragen: Wie gehe ich mit anderen um? Kann ich sie so lassen, wie sie sind, oder will ich sie verändern?

Bin ich für sie unberechenbar, inkonsequent? Überschätze ich mich selbst im Vergleich mit ihnen? Werte ich sie ab? Vielleicht aus einem Minderwertigkeitsgefühl heraus? Kann ich mich einordnen? Sind mir die anderen zu «gewöhnlich»? Wie komme ich mit Gruppen zurecht? Muss ich dort meine Besonderheit zeigen durch eine ewige Extrawurst? Sind mir Gruppen ein Gräuel, weil sie nicht meinem (vermeintlichen) Niveau entsprechen? Pflege ich Kontakte, Freundschaften, vielleicht zu Gleichgesinnten? Oder mag ich meinen Turm nicht verlassen, mich nicht «in die Niederungen» begeben?

Der Dispositor

Uranus als Dispositor der Sonne wird zusätzlich nur im Haus, in dem er steht, gedeutet. Im Zeichen wird er, wie alle drei geistigen Planeten, nur als Generationenaussage oder im karmischen Zusammenhang interpretiert. Da er selbst die Thematik Freiheit, Individualität, Erneuerung, Rebellion und Exzentrik in sich trägt, ist bei einer mächtig gelebten Wassermann-Sonne das Haus, in dem er sich befindet, sicher ein Schauplatz, wo der Mensch gerne seine Macht zur Geltung kommen lässt. Bei einer ohnmächtig gelebten Wassermann-Sonne kann sein Haus der Lebensbereich der Ohnmacht oder des Machtmissbrauchs sein. Die Faktoren, die er in Aspekten berührt, sind ebenfalls Möglichkeiten, die wassermännischen Energien zum Ausdruck zu bringen oder – bei einer ohnmächtigen Sonne – ihnen ausgeliefert zu sein.

Da der alte Dispositor einer Sonne in Wassermann der *Saturn* ist, erstreckt sich ihre Macht bzw. Ohnmacht auch auf ihn, das Zeichen und das Haus, in denen er steht. So sollte bei der Interpretation immer auch Saturn miteinbezogen werden, da es möglich ist, dass der Mensch durch Saturn seine Macht bzw. Ohnmacht auslebt, vor allem dann, wenn er noch nicht in seiner Persönlichkeit gereift ist. (Die persönlichen Planeten werden eigenständig gelebt: → *siehe Kapitel «Einige Gründe zur Ablehnung von Macht», Abschnitt «Aus Erfahrungen heraus» auf S. 16.*)

Bitte auch die Unterpunkte Saturn und Uranus zur genaueren Interpretation heranziehen.

Sonne in Fische

Der Mensch mit Sonne in Fische möchte die Ur-Energie des Zeichens der Allgemeinheit nahebringen, nämlich das Gefühl des Eins-Seins – nicht nur eins mit allem, was uns hier umgibt, sondern auch mit dem Kosmischen, dem Göttlichen. Er könnte in uns irdisch Verhafteten die Sehnsucht nach unserer wahren Heimat aufrechterhalten. Und uns trösten, dass es Mitgefühl und ein liebevolles Miteinander gibt, auch in «Fastenzeiten», in denen wir hungern nach Zuwendung und hungern nach einem Aufgehobensein in einer sozial eingestellten Gesellschaft.

Macht

Grundsätzlich gilt: Die Reife oder Macht einer Sonne, gleichgültig in welchem Zeichen sie steht, zeigt sich darin, dass der Mensch fähig ist, durch sein So-Sein, seine Person, sein Ich sich selbst kontrollieren zu können und für sich und andere etwas zu bewirken.

Der Mensch mit einer machtvollen Fische-Sonne fühlt sich verbunden mit Menschen, Tieren und Pflanzen und hat ein ausgeprägtes Einfühlungsvermögen in sein Gegenüber. Sehr häufig kann er sich aber auch in die Bedürfnisse von Tieren und Pflanzen einfühlen. Durch seine hohe Intuition und sein hohes Wahrnehmungsvermögen kann er andere Menschen in ihre psychischen, spirituellen und künstlerischen Bereiche führen. Durch sein ausgesprochen soziales Engagement für *alle* Lebewesen kann er ihnen hilfreich und heilend zur Verfügung stehen, auch wenn es ihm persönliche Opfer abverlangen sollte. Die reife Fische-Persönlichkeit ist zu sich selber durchgedrungen, hat gleichsam die «Nebelfrage» Wer bin ich? überwunden und ist zu einem Erwachsenen gereift, der Irdisches und Jenseitiges miteinander verbinden kann. Jedoch ohne jemals den Bezug zur Realität zu verlieren. Er hat gelernt, nicht nur andere, sondern auch sich selbst und seine Körperlichkeit anzunehmen und zu lieben.

Ohnmacht

Grundsätzlich gilt: Die Unreife oder Ohnmacht einer Sonne, gleichgültig in welchem Zeichen sie steht, zeigt sich darin, dass der Mensch sein Ich, seinen Willen, sein Streben und seine augenblicklichen Ziele nur schlecht oder gar nicht kontrollieren kann und diesen Kräften gleichsam ausgeliefert ist. Daher ist das, was er bewirkt, entweder nur von kurzer Dauer oder sowohl für ihn als auch für andere eher leidvoll.

Die wohl grösste Schwierigkeit eines Menschen mit einer ohnmächtigen Fische-Sonne ist die Schwierigkeit *sich* und *seine* Bedürfnisse zu spüren und sich von den Bedürfnissen und Energien *anderer* abzugrenzen. Durch sein grenzenloses Einfühlungsvermögen schwingt er oder schwimmt er mit den Energien seiner Umgebung mit und verwechselt konturlose Angepasstheit mit liebevoller Zuwendung. Er kann nicht Nein sagen. Der Mensch ist noch nicht durch die «Nebelfrage» zu sich selbst durchgedrungen und neigt, um sich in seiner hohen Verführbarkeit und Verfügbarkeit zu schützen, zu Weltflucht, zu Flucht in Fantasien oder auch in Unaufrichtigkeit. Er fühlt sich schnell gekränkt und verletzt, zieht sich beleidigt zurück, leidet dann aber an der selbst gewählten Isolation. Durch seine hohe Opferbereitschaft und geringe Abgrenzungsfähigkeit wird er extrem leicht selbst zum Opfer, wird ausgenutzt und gerät in Abhängigkeiten. Auch Ängste oder Suchtverhalten aller Art, Drogen, Arbeitssucht, Beziehungssucht usw. gehören ebenso zur ohnmächtigen Form der Fische-Sonne wie eine Abneigung dem Körper und dem Körperlichen gegenüber.

Um in die Macht der Fische-Sonne zu gelangen …

… braucht der Mensch die Energie des Gegenzeichens Jungfrau, um trotz der Sehnsucht nach Stille, Liebe, Auflösung und der wahren Heimat seinen Ankerplatz hier auf der Erde zu finden und sich im Körper wohlzufühlen. Den Zeichen Fische und Jungfrau ist gemeinsam die demütige Einstellung einem grösseren Ganzen gegenüber. Doch der Unterschied ist, dass Fische eine hingebungsvolle, spirituelle, mehr feinstoffliche Demut in sich trägt, während Jungfrau in Demut den vom Kosmos zugedachten Platz hier in dieser irdischen Welt einnimmt. In der Ganzheit dieser Zeichenachse ist es das, was die machtvolle, reife Fische-Energie auszeichnet: gut verankert hier auf der Erde den Himmel über sich als Wirklichkeit zu erfahren.

Ein Weg dorthin …

… können Achtsamkeit und Mitgefühl mit sich und anderen sein. Achtsamkeit und Mitgefühl zeigen sich anhand der Fragen: Bin ich mitfühlend mir selber gegenüber? Wie gehe ich mit mir um? Kann ich mich so, wie ich im Augenblick bin, als gut und richtig anerkennen? Das ist die Ausgangsbasis, um sich verändern zu können. Oder verurteile ich mich und verhalte ich mich mir gegenüber gnadenlos?

Nehme ich mich und meine Bedürfnisse wahr? Wo und wann kann ich nicht Nein sagen? Aus welchem Grund kann ich nicht Nein sagen? Meine ich dadurch die Zuwendung der anderen zu verlieren? Erzeugt Unangepasstheit in mir Schuldgefühle? Träume ich mich in eine bessere Welt? Wage ich es, immer wieder einen Ort der Stille für mich ganz allein aufzusuchen? Wo wird bei mir Sehnsucht zur Sucht? Empfinde ich Körperlichkeit als zu banal, zu grobstofflich, zu wenig «heilig»? Spüre ich meinen Körper, mag ich ihn?

Grundsätzliche Fragen: Wie gehe ich mit anderen um? Kann ich sie so lassen, wie sie sind, oder will ich sie verändern?

Stelle ich mich zu sehr auf sie ein? Wo und wann bin ich zu angepasst? Wo und wann kann ich mich ihnen gegenüber nicht durchsetzen? Habe ich eine zu hohe Opferbereitschaft? Bin ich irgendwo schon Opfer? Will ich und wie kann ich aus dieser Rolle aussteigen? Bin ich zu schnell beleidigt, fühle ich mich zu leicht verletzt? Wo und wann und durch wen? Wo und wann halte ich mich nicht an die Wahrheit, um die Zuneigung anderer nicht zu verlieren? Um nicht verletzt zu werden? In welchen Bereichen bin ich vielleicht fremdbestimmt? Bin ich schon erwachsen oder will ich vielleicht nicht erwachsen werden? Bei wem und in welchen Bereichen will ich nicht erwachsen werden?

Der Dispositor

Neptun als Dispositor der Sonne wird zusätzlich gedeutet, aber nur im Haus, in dem er steht. Im Zeichen wird er, wie alle drei geistigen Planeten, nur als Generationenaussage oder im karmischen Zusammenhang interpretiert. Da er selbst die Thematik Grenzenlosigkeit, All-eins-Sein, höhere Oktave der Liebe, Nebelschwaden und Sehn-Süchte aller Art in sich trägt, ist bei einer mächtig gelebten Fische-Sonne das Haus, in dem er sich befindet, sicher ein Schauplatz, wo der Mensch gerne seine Macht zur Geltung kommen lässt.

Bei einer ohnmächtig gelebten Fische-Sonne kann Neptuns Haus der Lebensbereich der Ohnmacht oder des Machtmissbrauchs sein.

Die Faktoren, die Neptun im Aspekt berührt, sind ebenfalls Möglichkeiten, die Fische-Energien zum Ausdruck zu bringen oder – bei einer ohnmächtigen Sonne – ihnen ausgeliefert zu sein.

Da der alte Dispositor einer Sonne in Fische der *Jupiter* ist, erstreckt sich ihre Macht bzw. Ohnmacht auch auf ihn, das Zeichen und das Haus, in denen er steht. So sollte bei der Interpretation immer auch Jupiter miteinbezogen werden, da es möglich ist, dass der Mensch durch Jupiter seine Macht bzw. Ohnmacht auslebt, vor allem dann, wenn er noch nicht in seiner Persönlichkeit gereift ist. (Die persönlichen Planeten werden eigenständig gelebt: → *siehe Kapitel «Einige Gründe zur Ablehnung von Macht», Abschnitt «Aus Erfahrungen heraus» auf S. 16.*)

Bitte auch die Unterpunkte Jupiter und Neptun zur genaueren Interpretation heranziehen.

Mond – die Macht der Gefühle, der Bedürfnisse und der irdischen Liebe

Allgemeines

Gefühl und Emotion

Das Urprinzip Mond symbolisiert die Seele, Gefühle, Emotionen, das Gemüt bzw. die seelische Grundstimmung, die Bedürfnisse, das Unterbewusste und das Unbewusste. Ebenso die Bindungs- und Kontaktfähigkeit als Voraussetzung der Beziehungsfähigkeit und der Liebe, das sich Wandelnde, das Kind, die Mutter, das Prinzip Mütterlichkeit, das Vergangene und damit auch die Kindheit, die kollektive Psyche. Aber auch das Volk, die Heimat, Fantasie und die Träume (frei nach Gertrud I. Hürlimann).

Wird die Sonne als Zentrum unseres Ichs, als Zentrum unserer Persönlichkeit betrachtet, dann ist der Mond im Grunde für die Sonne die Möglichkeit, in Kontakt mit sich selbst und anderen Menschen zu kommen. Denn er ist das Zentrum unseres Gemüts, unserer Gefühle und Emotionen. Er ist der Faktor, mit dem wir über Gefühle und Emotionen in Beziehung zu uns selbst und anderen Menschen treten.

Ich möchte hier die Gelegenheit wahrnehmen, den Unterschied zwischen Gefühl und Emotion zu verdeutlichen. Auch wenn sie beide meist synonym gebraucht werden, gibt es wichtige Unterschiede:

Der Diplompsychologe Rainer Poulet macht in einem Internetbeitrag folgende Unterscheidung, die ich sinngemäss wiedergebe: «*Gefühl heisst im Englischen feeling, Emotion heisst emotion. Das ‹e› von emotion steht für das lateinische ‹ex = hinaus›. Es wird also etwas von innen nach aussen bewegt, etwas vom Inneren ausgedrückt. Dagegen bezeichnen Gefühl und feeling einen eher passiv-empfangenden Vorgang.*»

Weiter schreibt er: «*Mit Gefühl bezeichnen wir die angeborene Fähigkeit zu fühlen. Der Vorgang ist unmittelbar und der Wahrnehmung ähnlich. Wir fühlen von Anfang an, ob wir etwas mögen oder nicht, ohne darüber nachdenken zu müssen.*

Wir fühlen Hunger, Wärme, Kälte, Lust, Verlassenheit, Geborgenheit, Zufriedenheit Schmerz usw., und das bereits als Neugeborene. Diese Gefuhle sind offensichtlich bei allen Menschen sehr ähnlich. Niemand mag zum Beispiel Hunger oder Schmerz, jeder mag Geborgenheit oder Zufriedenheit. Das wird unser ganzes Leben lang so bleiben. Dieses ‹Seelenvermögen› ist die Voraussetzung dafür, dass überhaupt eine Verständigung zwischen Menschen möglich ist, auch wenn sie sonst nichts gemeinsam haben.

Emotionen hingegen sind Produkte unseres Fühlens, die durch ***mentale*** *Vorgänge, das heisst Gedanken, Erwartungen, Meinungen, Einstellungen, Vorstellungen, Wünsche und Absichten verursacht werden. Sie unterliegen damit, wie auch alle mentalen Vorgänge, einer gewissen Relativität. Gedanken, Meinungen, Erwartungen, Vorstellungen können falsch sein oder Täuschungen unterliegen.*

In solch einem Fall sind die durch sie ausgelösten Gefühle ebenfalls falsch, das heisst dem eigentlichen Sachverhalt nicht angemessen. Unsere Fähigkeit zu fühlen unterscheidet kaum, ob wir etwas tatsächlich erleben oder uns nur mental vorstellen. Darauf beruht die Möglichkeit, sowohl ein erwünschtes Verhalten mental zu trainieren als auch die verheerende Wirkung von unrealistischen Gedanken, etwa bei Ängsten, Zwängen und Depressionen. Dies sind bekanntlich die häufigsten psychischen Störungen in unserer Gesellschaft.»

(Quelle: www.jameda.de – «‹Gefühl› und ‹Emotion›: Wo liegt der Unterschied?»)

Meiner persönlichen Meinung nach entstehen Gefühle durch unbewusste «Mechanismen» feinstofflicher Art, fast instinktiv, die einen Auslöser haben: zum Beispiel in einer unterschwelligen Wahrnehmung, das heisst, einer Wahrnehmung unterhalb der Bewusstseinsschwelle. Damit wird Gefühl *für mich* zu einem Überlebens-Mittel.

Unterschwellig empfängt etwas in uns das Signal: Gefahr! Dadurch wird unbewusst sofort eine Überlebensreaktion ausgelöst. Wobei noch völlig unklar ist, was die eigentliche Gefahr ist. Das kann eine Schlange sein, ein umstürzender Baum, es kann ein Mensch, es kann eine Lawine sein. Wir stehen, und das *Gefühl* signalisiert: Gefahr! Dann erst kommt es im *Denken* an, und wir haben Angst. Das ist dann die *Emotion.* Und aus dieser Emotion «Angst» heraus entsteht dann ein Affekt, wie es in der Psychologie genannt wird, nämlich eine Reaktion: Flucht, Angriff oder ein Totstellreflex.

Nun gibt es zwei Möglichkeiten: Gefahr → Angst → Handlungsimpuls ohne nachzudenken. Ohne nachzudenken bleibe ich zum Beispiel stehen und erstarre, wenn die gefährliche Schlange vor mir liegt. Die andere Möglichkeit ist: Gefahr → Angst → und die Frage: Was tue ich? Das ist dann nicht impulsives, sondern geplantes Handeln.

Häufig handeln wir in einer Kombination von beidem. Um beim Beispiel der Schlange zu bleiben, erstarren wir, um sie nicht weiter zu reizen (Impuls), und überlegen dann, wie wir uns aus der Gefahrenzone zurückziehen können (Plan).

Ich habe das Beispiel mit einer gefährlichen Schlange gewählt, um den Mechanismus, der in uns abläuft, klar herauszuarbeiten. Doch können wir das im Prinzip auf *jede* Situation im Leben anwenden, denn wir können nicht *nicht* fühlen. Wir können nicht *nicht* empfinden, so wie wir auch nicht *nicht* kommunizieren können, wie schon Paul Watzlawick, der österreichische Kommunikationsforscher, formulierte.

Durch die achtsame Frage «Was fühle ich?» können Gefühle ins mentale oder körperliche Bewusstsein geholt werden. Dadurch wird eine Emotion ausgelöst, die wiederum zu einem Affekt, also zu einem Handlungsimpuls (spontan/unüberlegt) oder zu einer Handlung (überlegt, geplant) führen kann.

Wichtig dabei: Gefühle können wir nicht kontrollieren, Emotionen schon.

In der Grundausbildung der Astrologie wird gelehrt, dass zum Beispiel ein Merkur in Steinbock zwischen Richtig und Falsch, ein Merkur in Schütze zwischen Gerecht und Ungerecht oder Gut und Böse entscheidet. So könnte man auch sagen, ein Mond *fühlt,* ob etwas richtig oder falsch bzw. gut oder böse ist, je nach Zeichen, in dem er steht.

Gemüt

Das Gemüt – auch vom Mond symbolisiert – ist die seelische Grundstimmung, gleichsam die Färbung der Seele, die sie in dieses Leben mitbringt. Wir *nähern* uns ihr *an,* wenn wir sowohl das Zeichen am IC in seiner Tiefe ausloten, seine Ur-Energie, als auch den Mond im Zeichen und mit seinen Hauptaspekten betrachten. Ich schreibe deshalb von annähern, weil Bindungs- und Kontaktfähigkeit als Grundlagen des Gemüts abhängig sind von einem gelungenen «Bonding», einer gelungenen Erstbindung an die Mutter nach der Geburt. Konnte dieses Bonding, aus welchen Gründen auch immer, nicht stattfinden, kann die seelische Grundstimmung sehr wahrscheinlich nicht in ihrer vollen Stärke zum Ausdruck kommen. «Übersetzen» wir Bonding ins Astrologische, dann sprechen wir vom Mond in seiner Symbolik für Bindung, Kontaktfähigkeit, Mutter und Kind.

Gemütszustände

Weiter spricht man von Gemütszuständen, die Auslöser sind für unsere Emotionalität, vor allem für Stimmungen und Gefühle, die wiederum Affekte, also Reaktionen, auslösen. Eine reife, machtvolle Mond-Persönlichkeit zeigt sich auch darin, dass sie ihren Stimmungen, Gefühlen, Emotionen und Affekten nicht ausgeliefert ist, sondern diese wahrnehmen, beobachten und weitgehend kontrollieren kann.

So kann eigentlich gesagt werden, dass das Zentrum unserer Persönlichkeit, die Sonne, nicht unabhängig vom Urprinzip des Mondes ist, sondern sehr häufig sogar von ihm gesteuert wird. Astrologisch ist daher wichtig, dass Sonne und Mond *immer* zusammen gedeutet werden müssen, gleichgültig, ob ihre Zeichenenergien «zusammenarbeiten» oder widersprüchlich sind, ob Sonne und Mond einen Aspekt bilden oder nicht. Die Interpretation nur eines der beiden Lichter *für sich allein* nimmt weder die Sonne noch den Mond als Ganzes wahr.

Bedürfnis und Sehnsucht

Eine weitere Facette der Mond-Energie wird durch unsere Bedürfnisse aufgezeigt. Der Mond symbolisiert das, was wir ersehnen, vor allem aber das, was wir unbedingt brauchen, dessen wir bedürftig sind. Die Astrologin Verena Bachmann hat vor vielen Jahren einmal in einem Seminar ein Beispiel dazu gebracht, das ich immer wieder gerne anführe: Der Mond steht für das, was wir existenziell brauchen, die Venus für das, was wir uns wünschen. Wenn wir am Verhungern sind, dann essen wir alles, was überhaupt essbar ist, gleichgültig ob es uns schmeckt oder nicht: Wir brauchen es, um zu überleben. Das ist Mond.

Wenn wir zu einem feinen Abendessen eingeladen sind, dann wählen wir eine Vorspeise, wir wählen ein Gericht und einen passenden Wein dazu und freuen uns auf das Lieblingsdessert, das wir auf der Speisekarte gefunden haben. Und wenn das Abendessen dann aus irgendeinem Grund ausfällt, dann ist das zwar schade, aber wir kaufen uns an der Ecke beim Bäcker stattdessen eine Breze. Das ist Venus.

Die Bedürfnisse des Mondes sind existenziell, eigentlich unverzichtbar, die Wünsche der Venus sind «nice to have», aber man kann darauf verzichten, ohne Schaden zu nehmen.

Der Mensch, der seine Mond-Energie reif und machtvoll leben kann, kennt seine Bedürfnisse, kann sie sich entweder selbst erfüllen oder andere darum bitten, ihn bei deren Erfüllung zu unterstützen, ihm dabei zu helfen. Gleichzeitig ist er in der Lage, auf die Bedürfnisse der anderen zu achten und auf sie einzugehen, ohne dabei seine eigenen dauerhaft zurückzustellen.

Bedürfnis und Sehnsucht haben viel miteinander zu tun – beide werden durch den Mond symbolisiert. Wenn wir einen Bedarf haben, wenn wir etwas brauchen, es aber nicht bekommen können, dann beginnen wir uns danach zu sehnen. Es entsteht eine Sehnsucht nach der Erfüllung. Dies kann ganz irdisch und existenziell sein: In einer Hungersnot wird das Bedürfnis zu essen zu einer Sehnsucht nach Brot, im Gefängnis wird das Bedürfnis nach freier Bewegung zu einer Sehnsucht nach Befreiung. Es kann aber auch emotional sein: Das Bedürfnis von einem Menschen geliebt zu werden wird zur Sehnsucht, vielleicht auch zur Suche nach Liebe, zur Sucht nach Liebe. So, wie im Gefängnis die Sehnsucht nach Befreiung zur Suche nach Befreiung und zur Sucht nach Befreiung werden kann, die dann vielleicht zu einem Ausbruchsversuch führt. Oder wie das Bedürfnis nach Ruhe, Stille, Zuwendung und Einigkeit zur Sehnsucht nach einer heilenden, besseren Welt werden kann, die auf der Suche danach in einer Sucht nach Drogen endet.

An diesen Beispielen lässt sich sehr gut die machtvolle und die ohnmächtige Form der Mond-Energie in Bezug auf Bedürfnis und Sehnsucht betrachten. *Machtvoll* gelebt, wird ein Bedürfnis erkannt und seine Erfüllung angestrebt; es entsteht keine existenzielle Sehnsucht. *Ohnmächtig* gelebt, wird ein Bedürfnis entweder nicht erkannt oder seine Erfüllung wird nicht angestrebt – vielleicht weil es Prägungen aus der Kindheit gibt, die dies verhindern. Eine andere ohnmächtige Form zeigt sich darin, dass der Mensch von *anderen* die Erfüllung seiner Bedürfnisse erwartet, *ohne* dass er sie ihnen mitteilt oder sie darum bittet. Dieses Verhalten zeigt zugleich eine andere ohnmächtige Form auf, nämlich das Verharren in der Kind-Haltung, das «Nicht erwachsen werden wollen». Andere sollen bitte, wie früher meine Mutter, für meine Bedürfnisse zuständig sein, sie erkennen und befriedigen.

Ist aber ein Bedürfnis erkannt und kann nicht erfüllt werden, so entsteht eine Sehnsucht nach Erfüllung – dann zeigt sich die ohnmächtige Form der Mond-Energie in der Suche nach Erfüllung durch Süchte aller Art.

Der mächtige Umgang zeigt sich sowohl in einer soliden Frustrationstoleranz als auch darin, dass die Erfüllung des Bedürfnisses nicht aufgegeben und nicht aus den Augen verloren wird. Eine andere Möglichkeit, mächtig damit umzugehen, kann sein, sich die Erfüllung des Bedürfnisses oder der Sehnsucht ganz bewusst durch eine verwandte Möglichkeit zu ersetzen. Der Gefangene zum Beispiel könnte sich aus der Gefängnisbibliothek Bücher über Natur, Wildnis, Abenteuer oder vielleicht auch Reiseberichte holen. Oder eine Frau, deren Kinderwunsch nicht in Erfüllung geht, hütet als Tagesmutter die Kinder anderer Frauen. Hier wird die Ohnmacht eines nicht zu erfüllenden Bedürfnisses zur Selbstermächtigung, indem das Bedürfnis erkannt und bewusst eine mehr oder weniger erfüllende Ausweichmöglichkeit gesucht und gefunden wird.

Ein weiterer Gedanke zu Bedürfnissen

Da der Mond auch ein Symbol für Nahrung ist, trägt er immer das Bedürfnis, das Sehnen in sich, gefüttert, gestillt, gesättigt zu werden, sei es auf physische, mentale oder emotionale Weise. Das heisst, eine unreif, ohnmächtig gelebte Mond-Energie – gleichgültig aus welchem Zeichen sie kommt – trägt in sich den beinahe unstillbaren Wunsch nach *mehr*. Mehr Liebe, mehr Zuwendung, mehr Wissen, mehr Genuss, mehr Freude, mehr Tiefe, mehr Auseinandersetzung ...

Unstillbar so lange, bis der Mensch ein *Genug* findet, das ihm nicht von aussen gesetzt wird, sondern aus ihm selbst heraus erwächst. Entweder weil für den Mond die richtige Nahrung gefunden wurde, er sich also genährt fühlt (je nach Zeichen, Haus und Aspekten), oder weil es Sonne oder auch Merkur (die Persönlichkeit oder der Verstand) gelingt, eine Grenze zu setzen. Man könnte auch sagen, wenn es gelingt, dass der Mensch in die Eigenmächtigkeit und Eigenverantwortlichkeit geht und nicht einen anderen Menschen als Saturn-Vertreter *von aussen* benötigt, sondern seinen Saturn, der ja das Mass bestimmt, *in sich* trägt.

Beziehungsfähigkeit

Der Mond gilt, wie auch die Venus, als ein Symbol für unsere Beziehungsfähigkeit und für die irdische Liebe. Die Liebe der Mond-Energie drückt sich in Nähe, Geborgensein und Geborgenheit geben, Fürsorge, kindlicher oder elterlicher Liebe und dem Bedürfnis zu schützen, zu helfen und beizustehen aus, während Beziehungen und Liebe der Venus-Energie auch einen erotischen Bezug haben können.

Noch ein paar Nebengedanken an dieser Stelle: Wir können nur eine gesunde Beziehung zu anderen Menschen aufbauen, wenn wir eine gesunde Beziehung zu uns selbst haben. Ich kann nur mitfühlend mit anderen sein, wenn ich auch Mitgefühl mit mir selber habe, denn sonst werde ich zum Opfer. Ich kann nur andere lieben, wenn ich mich selbst liebe, sagte schon der Mann aus Nazareth.

So ist es absolut wichtig bei der sogenannten «irdischen Liebe», die von Mond und Venus symbolisiert wird, in Beziehung zu sich selbst zu treten, im besten Falle *bevor* ich in eine partnerschaftliche Beziehung mit anderen trete. Und hierbei kann die Astrologie sehr gut helfen. Denn wenn Mond und Venus in Zeichen stehen, die miteinander harmonisieren, dann verstärkt es unser Gefühl für uns selbst, wir fühlen uns dann gut. Stehen sie in antagonistischen Zeichen, dann fühlen wir uns häufig, als hätten wir zwei Seelen in unserer Brust. Das Ergebnis ist, dass meistens eine der beiden Planetenenergien ins Unterbewusstsein geschoben wird und dort in einem ohnmächtigen Dämmerzustand verharrt. Sie kann zwar «an der Oberfläche» nichts bewirken, ist aber keinesfalls untätig – sie rumort im «Untergrund». Wir als Astrologinnen können unsere Klienten (und uns selbst) darauf aufmerksam machen und Hilfestellung leisten, der unterbewussten Energie ins Licht zu verhelfen.

Die machtvolle Energie der Mond-Liebe zeigt sich, wie oben schon erwähnt, in einer guten Bindungs- und Kontaktfähigkeit, ohne einzuengen, festzuhalten oder das Wachstum der behüteten Person zu behindern. Der Mensch ist hilfsbereit, wenn er um Hilfe gebeten wird, drängt seine Hilfe nicht auf und ist auch nicht beleidigt oder verletzt, wenn sein Hilfsangebot abgelehnt wird.

Es darf nicht vergessen werden, dass ungebetene oder aufgedrängte Hilfe bewusst oder unbewusst von der Vorstellung ausgeht, der andere sei hilflos, er könne sich nicht helfen. Auch glaubt der Helfende bei aufgedrängter Hilfe meistens, er könne es besser als der vermeintlich Hilflose. Wenn wir sehr genau sind, ist das Machtmissbrauch, also eine ohnmächtige Form der Liebesenergie.

Unbewusstes und Unterbewusstes

Das Unbewusste wie auch das Unterbewusste und auch unsere Vergangenheit werden ebenfalls vom Mond repräsentiert. Hier ist der Mensch häufig der ohnmächtigen Variante geradezu ausgeliefert, denn wenn ihm etwas nicht bewusst ist, kann er damit auch nicht machtvoll umgehen oder etwas bewirken. So ist die Erforschung dieses unbewussten Bereichs der Mond-Energie, ebenso wie der *tief liegende, seelische* Bereich des 4. Hauses, eine Aufgabe, die uns auf dem Weg zu einer reifen Persönlichkeit begegnet.

Zu diesem tief liegenden seelischen Bereich gehören auch unsere Vergangenheit und damit auch unsere Kindheit (frühere Inkarnationen und kollektive psychische Erfahrungen möchte ich jetzt nicht miteinbeziehen).

Um in unserer Persönlichkeit zu reifen – astrologisch also alle unsere persönlichen Planeten eigenmächtig leben zu können –, ist es hilfreich, sich folgende Fragen zu stellen und ehrlich (vor sich selbst) zu beantworten:

- Welches sind die prägenden Erfahrungen in meinem Leben?
- Werde ich von ihnen gelebt oder habe ich schon einen anderen Umgang damit gefunden?
- Nehme ich meine Gefühle wahr?
- Welche Emotionen treiben mich an? Werde ich von ihnen gelebt oder kontrolliere ich sie?
- Warum handle ich so, wie ich handle?
- Welche Motivationen bestimmen mein Verhalten?

Kind und Mütterlichkeit

Als letzte Punkte möchte ich noch zum einen die Mond-Energie als Symbol für das Mütterliche, das sich im Mond *sowohl der Frau als auch des Mannes* zeigt, zum anderen die Mond-Energie als Symbol für das Kind erwähnen.

Machtvoll gelebte Mutter- oder Vaterliebe stützt, schützt und liebt das Kind, ohne es festzuhalten, wenn es erwachsen wird, und ohne Anspruch, eine Vergeltung vom erwachsenen Kind dafür zu erhalten. Der junge Mensch lebt seine Mond-Energie machtvoll, wenn er sich aus den mütterlich-versorgenden Energien von Mutter und Vater lösen kann und bereit ist, aus dem Kindes- und Jugendalter hinein in ein eigenständiges Leben zu wachsen. Erwachsen zu werden.

Der Mond im Zeichen repräsentiert auch unser inneres Mutterbild, das, was wir uns an mütterlicher Energie wünschen oder ersehnen. Die Aspekte, die der Mond bildet, zeigen häufig, wie wir unsere Mutter erleben oder erlebt haben. So ist besonders das Zeichen, in dem unser Mond steht, ein Auftrag an uns, mit zunehmender Reife unserer Persönlichkeit dort hineinzuwachsen, um entweder das fortzusetzen, was uns unsere Mutter geben konnte, oder es uns selbst zu geben, wenn dies nicht möglich war.

Mond: Macht und Ohnmacht in den Zeichen

Mond in Widder

Macht

Grundsätzlich gilt: Die Macht eines Mondes, gleichgültig in welchem Zeichen er steht, zeigt sich darin, dass der Mensch achtsam mit seinen eigenen Bedürfnissen, Gefühlen und Emotionen umgeht und ebenso mit denen anderer. Ausserdem ist er imstande, seine Emotionen zu kontrollieren.

Wird die Energie eines Widder-Mondes machtvoll ausgedrückt, dann kann der Mensch sein starkes Bedürfnis nach Unabhängigkeit und Selbstverantwortung leben, ohne dabei andere in ihrer Lebensform einzuschränken oder über sie hinwegzuwalzen. Er übernimmt Verantwortung für sein Handeln und für seine oft spontanen, eigenwilligen und heftigen Gefühle, durch die sein Handeln ja nicht selten gesteuert wird. Er fühlt, was er will, und damit vereinigen sich in dieser Konstellation die Gefühle des Mondes und der Wille von Mars. Das führt oft dazu, seine Bedürfnisse rücksichtslos durchsetzen zu wollen, doch der Mensch in einer reifen Widder-Mond-Energie achtet darauf, die Bedürfnisse der anderen miteinzubeziehen. So kann er sowohl für sich als auch für andere Grosses bewirken, indem er mutig Neues angeht und seine Umgebung motiviert.

Sein starkes Bedürfnis, ja seine Sehnsucht, sich nicht ganz in Gefühle einzulassen, sondern frei zu bleiben, nicht eingebunden zu werden, kann er anderen so vermitteln, dass er sie dabei nicht verletzt. Denn häufig verstehen Partner oder Partnerinnen den Menschen mit Mond in Widder nicht in seinem beinahe unbändigen Bedürfnis frei von Gefühlsbindungen zu sein, und versuchen, etwas aus ihm herauszulocken, was er nicht kann und was er nicht will. Da Mond in Widder stets konfliktbereit ist und auch sehr heftig werden kann, hat sich der Mensch mit der reifen, machtvollen Energie dabei unter Kontrolle und versucht zu erklären, statt zu streiten und den anderen zu kränken.

Ohnmacht

Grundsätzlich gilt: Die Ohnmacht eines Mondes, gleichgültig in welchem Zeichen er steht, zeigt sich darin, dass der Mensch seinen Bedürfnissen, seinem Sehnen und seinen Emotionen ausgeliefert ist, sie nicht kennt und/oder sich gegenüber den Bedürfnissen und Gefühlen anderer nicht abgrenzen kann oder deren Bedürfnisse missachtet.

Die ohnmächtig gelebte Form der Widder-Energie drückt sich vor allem in einer unterdrückten Wut und beinahe ständiger Gereiztheit aus. In diesem Fall kann er, ausser Leid für sich und andere, nichts bewirken. Der Mensch fühlt sich nicht richtig wahrgenommen, ist frustriert und streitsüchtig. Er stellt seine Bedürfnisse und seine Gefühle immer an die erste Stelle und versucht sie rücksichtslos durchzusetzen. Er nimmt auch wenig Rücksicht auf sich und seine Befindlichkeit und fordert von anderen, dass sie ebenso rücksichtslos mit sich selbst umgehen (zum Beispiel beim Sport).

Ein Beispiel: Ein wirklich umgänglicher, charmanter Mann mit Sonne und Merkur in Waage und einem Krebs-Aszendenten *(Fig. 13)* wurde in seiner Freizeit regelmässig zum Ultra-Sport-Fan, der wirklich das auch noch Letzte von sich forderte. Doch auch seine Frau und schon sehr früh seinen Sohn hetzte er rücksichtslos zum Klettern

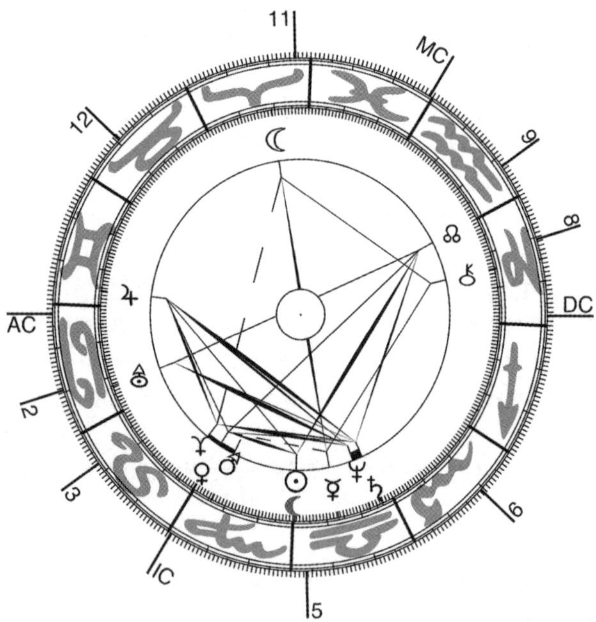

Fig. 13: Mann mit Widder-Mond (Placidus)

auf die Berge, im Winter die schwarzen Pisten hinunter und später auf dem Mountainbike in teilweise für Frau und Sohn wirklich beängstigende Situationen. Mit seinem Mond in Widder in Opposition zu Merkur in Haus 5 fühlte er sich, wie er selber sagte, dem Gedanken an Sport geradezu ausgeliefert. In einem Gespräch über Chiron in Haus 7 in Steinbock, der im Quadrat zu Merkur und Mond steht, erzählte er, dass allein die Vorstellung, sich in Beziehungen schwach zu zeigen und seine Bedürfnisse nicht durchzusetzen, bei ihm ein Gefühl der Wut und des Sich-durchsetzen-müssens auslösen würde. Dies war, wie sich später herausstellte, ein Schutz gegen die starke Verletzbarkeit in Beziehungen durch Chiron im 7. Haus.

Auch bei seiner Venus in Löwe in Konjunktion mit Pluto kann ein ähnliches Thema anklingen, nämlich die Sorge, sich in Beziehungen nicht durchsetzen zu können oder abhängig zu werden, die dann manchmal mit einem übertriebenen Macht-Wunsch, die Beziehung zu dominieren, einhergeht. Darauf angesprochen, ob sein Motto auch sein könnte: «Gelobt sei, was hart macht», fühlte er sich «total erkannt», sodass Saturn im Freizeit-Haus 5 im Quadrat zum absteigenden Mondknoten sicher auch zu der Härte im Sportlichen beiträgt.

Ein weiteres Kriterium eines ohnmächtigen Widder-Mondes ist ein Gefühl zu kurz zu kommen oder zurückgesetzt zu werden, das sich vor allem im Kindes- und Jugendalter zeigt. Aber auch Erwachsene fühlen sich häufig sofort angegriffen und gehen zum Gegenangriff über, ohne dass sie wirklich gemeint sind. Die Ursache dafür kann sein, dass sie einfach nicht zuhören können oder wollen und die Welt nur subjektiv aus dem Bauch heraus wahrzunehmen gewillt sind. Dass daher auch wenig Interesse oder Neigung zu Selbstkritik besteht, ist leicht vorstellbar.

Gar nicht selten kann der Mensch sich auch gefühlsmässig nicht einlassen, aus der grossen Angst heraus, seine Freiheit und Unabhängigkeit zu verlieren. Das kann dann dazu führen, dass er sich aus Beziehungen immer dann löst, wenn sie beginnen verbindlich zu werden.

Um in die Macht des Widder-Mondes zu gelangen ...

... braucht der Mensch die Energie des Gegenzeichens Waage. Es ist ein friedliches Zeichen, dass es möglich macht, mit diplomatischem Geschick die eigenen Wünsche und Bedürfnisse durchzusetzen.

Durch diese Energie wird es dem Widder-Mond möglich, das, was er will, wonach er sich sehnt, durchzusetzen, ohne dabei die Rück-Sicht auf andere zu vergessen. Da der Widder-Mond auch die Gefühle zum Ich symbolisiert und der Waage-Mond die Gefühle zum Du, kann die Energie des Waage-Zeichens dazu beitragen, dass der Mensch sich aus dem subjektiven Gefühl «Ich» dem mehr objektiven Gefühl des «Du auch» annähern kann.

Ein Weg dorthin ...

... können Achtsamkeit und Mitgefühl mit sich und anderen sein. Achtsamkeit und Mitgefühl zeigen sich anhand der Fragen: Bin ich mitfühlend mir selber gegenüber? Wie gehe ich mit mir um?

Was fühle ich? Werte ich Gefühle – meine eigenen und die der anderen – ab? In welchen Situationen unterdrücke ich Gefühle, um nicht schwach zu erscheinen? In welchen Situationen bin ich spontanen Gefühlsreaktionen ausgeliefert? Wann muss ich streiten, schimpfen, nörgeln, damit es mir besser geht?

Grundsätzliche Fragen mit Mond: Wie gehe ich mit anderen um? Kann ich sie so lassen, wie sie sind, oder will ich sie verändern? Kann ich Mitgefühl für sie aufbringen?

Wie ist mein Beziehungsverhalten? Sollen sie mit ihren Gefühlen genauso umgehen, wie ich mit meinen Gefühlen umgehe? Interessieren mich ihre Gefühle oder Bedürfnisse überhaupt? Empfinde ich Gespräche über Beziehungsverhalten, Gefühle, Emotionen und Bedürfnisse in Beziehungen als «Gefühlsduselei»? Habe ich meine Gefühle an meine Partnerin, an meinen Partner ausgelagert und bekämpfe ich sie dort? Projiziere ich meine Gefühle in andere hinein?

Der Dispositor

Mars als Dispositor des Widder-Mondes muss in jedem Fall in die Interpretation miteinbezogen werden, da die Frage im Raum steht, ob er die heftigen Wünsche, Bedürfnisse und das heftige Verlangen nach Durchsetzung für den Widder-Mond überhaupt zufriedenstellend umsetzen kann. Doch bitte beachten, denn das ist wichtig: Sehr häufig kann ein langsamerer, bedächtiger Mars die spontanen, manchmal unüberlegten Gefühle und Bedürfnisse eines Widder-Mondes in der Umsetzung so bremsen, dass es möglich ist, in der Zwischenzeit zu denken oder sich in Geduld zu üben.

Mond in Stier

Macht

Grundsätzlich gilt: Die Macht eines Mondes, gleichgültig in welchem Zeichen er steht, zeigt sich darin, dass der Mensch achtsam mit seinen eigenen Bedürfnissen, Gefühlen und Emotionen umgeht und ebenso mit denen anderer. Ausserdem ist er imstande, seine Emotionen zu kontrollieren.

Ein wesentliches Bedürfnis von Mond in Stier ist das Haben und damit das Erwerben und das Bewahren. Kann der Mensch mit diesen drei Wünschen sinnvoll, massvoll und ohne zu übertreiben umgehen, so kann er im materiellen Bereich für sich und andere viel bewirken. Er wird nicht gierig nach immer mehr streben, sondern das, was er hat, schätzen und geniessen – allein oder mit anderen zusammen. Dadurch wird er zum Vorbild, wie mit Haben und Nichthaben sowie mit Erwerb, Erhalt und Loslassen umzugehen ist. Durch seine zuverlässigen, beständigen und gutmütigen Emotionen kann er anderen das Gefühl von Sicherheit vermitteln und ihnen vorleben, wie man mit ruhiger Gelassenheit an Probleme herangehen kann. Er zeigt in Beziehungen ein gutes Bindungsverhalten, ohne dabei dem Gegenüber den Raum oder die Luft zu nehmen. Zuletzt noch – und das ist selbst für den reifen, machtvollen Mond in Stier eine Aufgabe – weiss er, dass alles sich immer verändert und klammert weder an Besitz, noch an Vergangenem noch an nicht mehr vorhandenen Emotionen.

Ohnmacht

Grundsätzlich gilt: Die Ohnmacht eines Mondes, gleichgültig in welchem Zeichen er steht, zeigt sich darin, dass der Mensch seinen Bedürfnissen, seinem Sehnen und seinen Emotionen ausgeliefert ist, sie nicht kennt und/oder sich gegenüber den Bedürfnissen und Gefühlen anderer nicht abgrenzen kann oder deren Bedürfnisse missachtet.

Zwei Lebensaufgaben mit Mond in Stier können als sicher angesehen werden: zum einen der Umgang mit Gier, Begierde und Habenwollen und zum anderen das Begreifen, dass Veränderung zum Leben eines jeden Menschen gehört. So zeigt das ohnmächtige, unreife Verhalten eine schwer zu stillende Gier nach immer mehr, sei es im materiellen oder auch im emotionalen Bereich. Dadurch bewirkt der Mensch aber nur Leid bei sich und/oder anderen. Er weigert sich ängstlich und mutlos, Veränderungen anzuerkennen, wird unbeweglich und bleibt in alten Verhaltensmustern festgefahren. Dies kann einerseits durch eine Angst vor einem vorübergehenden Kontrollverlust – der bei Veränderungen häufig auftritt – ausgelöst werden, andererseits aber genauso oft durch ein Verharren in Bequemlichkeit und Bewegungsunlust (körperlich, mental, seelisch). Häufig zeigt sich die ohnmächtige Form auch in einem sturen Verhalten in seinem angestammten Revier, bei dem, was schon immer so war, das dann mit grollenden Gefühlen verteidigt wird. Habenwollen und Begierde können auch ein ungezügeltes Essverhalten hervorrufen, wodurch der Hang zur Bequemlichkeit noch zunehmen kann.

Um in die Macht des Stier-Mondes zu gelangen ...

... kann hier die Energie des Gegenzeichens Skorpion *wirklich nur dann* herangezogen werden, wenn der Mensch die Ur-Energie von Skorpion begriffen, verinnerlicht hat und wenigstens einigermassen angstfrei damit umgehen kann. Nämlich mit dem Prozess der ständigen Veränderung, dem Zyklus von Festhalten und Lassen sowie mit all den kleineren oder grösseren Stirb-und-werde-Prozessen, die das Leben für uns bereithält.

Im Allgemeinen aber, wenn die Persönlichkeit noch nicht gereift ist, wird die Energie des Skorpion-Zeichens sicher genauso anhaftend und angstvoll den Veränderungen gegenüber erfahren wie die Energie eines Stier-Mondes. Mit dem Unterschied, dass Stier eher in materieller, Skorpion eher in emotionaler Unbeweglichkeit verharrt.

Um die Gier nach Besitzen- und Festhaltenwollen zu verändern und damit in seine Stier-Mond-Macht zu gelangen, braucht der Mensch existenzielle Sicherheit. Sie bedeutet für ihn sowohl materiellen als auch emotionalen Besitz: Er muss genug zum Leben haben, und er braucht einen Menschen, der ihn liebt. In den allermeisten Fällen ist es notwendig, dass der «hungrige» Stier-Mond beginnt, sich seinen eigenen Gefühlen, seiner eigenen Person, seinen eigenen Bedürfnissen zuzuwenden und so auf eine langsame Art und Weise lernen kann, sich selbst zu mögen und zu lieben. Dadurch wird er nicht nur unabhängig von den Gefühlen anderer Menschen seiner Person gegenüber, sondern muss auch nicht Besitz um sich herum anhäufen, um etwas zu haben, das er liebt.

Eine weitere Hilfe ist, zu begreifen, dass ein Mensch mit Mond in Stier eine eigene natürliche innere Uhr in sich trägt. Stier-Mond-Menschen brauchen für alles ihre eigene Zeit, nach dem Motto: «Es dauert so lange, wie es dauert». Versuchen sie sich dem Tempo ihres Umfeldes anzugleichen, geraten sie unter Stress, nähren die Unzufriedenheit mit und die Unsicherheit in sich selbst und brauchen zum Ausgleich wieder etwas, das ihnen Sicherheit gibt, materiell oder emotional.

Fühlt der Mensch sich in Sicherheit und hat er sein Revier abgesteckt mit «Das besitze ich» und mit «Das kann ich», ist er – in seinem eigenen Tempo – auch bereit für Veränderungen.

Ein Weg dorthin ...

... können Achtsamkeit und Mitgefühl mit sich und anderen sein. Achtsamkeit und Mitgefühl zeigen sich anhand der Fragen: Bin ich mitfühlend mir selber gegenüber? Wie gehe ich mit mir um?

Mag ich mich oder mag ich nur das, was ich habe? Fühle ich mich nur sicher, wenn ich mehr habe, als ich brauche? In welchem Bereich bin ich unersättlich (das kann dem Haus entsprechen, in dem der Mond steht – aber auch etwas sein, das im Horoskop nicht zu finden ist)? Wann werde ich bequem, faul? Habe ich dann Angst, etwas zu verändern, etwas zu lassen, etwas freizulassen?

Gleiche ich mich dem schnelleren Tempo anderer an oder lebe ich nach meiner inneren Uhr?

Grundsätzliche Fragen mit Mond: Wie gehe ich mit anderen um? Kann ich sie so lassen, wie sie sind, oder will ich sie verändern? Kann ich Mitgefühl für sie aufbringen?

Wie ist mein Beziehungsverhalten? Habe ich das Gefühl, andere wollen mir etwas wegnehmen? Bin ich neidisch, eifersüchtig, gönne ich ihnen nichts, wenn ich es nicht auch selber habe? Habe ich Angst um mein Revier? Sehe ich andere als meinen emotionalen Besitz? Nutze ich andere um der Bequemlichkeit willen aus?

Der Dispositor

Die Interpretation der Dispositorin *Venus* ist hier extrem wichtig, denn steht der Mond für Bedürfnisse, unser Sehnen, für Gefühle und Emotionen, symbolisiert die Venus unsere Wünsche, unsere Gefühle für andere, für das, was wir lieben. Es muss also geprüft werden, ob wir unterschiedliche Bedürfnisse, Wünsche und Gefühle in uns tragen, die sich unter Umständen, wenn sie unterbewusst sind, gegenseitig behindern. Wären sie bewusst, könnte ein Weg gefunden werden, beides zu leben.

→ *Siehe auch Kapitel «Mond – die Macht der Gefühle, der Bedürfnisse und der irdischen Liebe», Abschnitt «Allgemeines» auf S. 104.*

Mond in Zwillinge

Macht

Grundsätzlich gilt: Die Macht eines Mondes, gleichgültig in welchem Zeichen er steht, zeigt sich darin, dass der Mensch achtsam mit seinen eigenen Bedürfnissen, Gefühlen und Emotionen umgeht und ebenso mit denen anderer. Ausserdem ist er imstande, seine Emotionen zu kontrollieren.

Das Hauptbedürfnis eines Menschen mit Mond in Zwillinge ist wohl, mit anderen Menschen zu kommunizieren, sich mit ihnen auszutauschen, zu diskutieren, von ihnen Neues zu erfahren, das heisst, mit ihnen auf einer sprachlichen Ebene verbunden zu sein. Dabei zeigt sich die Macht des Mondes, dass er intellektuell leicht ansprechbar und am Du interessiert ist, gut zuhören kann (obwohl er selbst sehr gerne redet) und die Möglichkeit hat, eigene oder die Probleme anderer auf eine leichte, geschickte Art und Weise anzugehen und zu lösen. Er hat die Fähigkeit sich emotional nicht zu tief einzulassen und damit sowohl zum Problem als auch zum Gegenüber eine gesunde Distanz zu halten, durch die sachliche und klare Erörterungen möglich sind.

Da der Zwillinge-Mond emotional immer etwas Luft, etwas Raum zwischen sich und anderen braucht, besteht die Möglichkeit, mit ihm eine heitere, lockere Beziehung mehr intellektueller Art zu führen, ohne die Sorge, vereinnahmt zu werden. Doch wird der «luftige Mond» in seiner reifen, machtvollen Form gelebt, dann ist der Mensch durchaus fähig sich verbindlich einzulassen, vor allem dann, wenn er nicht gegen eine Vereinnahmung von Seiten des Gegenübers kämpfen muss. Da sein Bedürfnis sich mitzuteilen und über seine Mitteilungen wahrgenommen zu werden sehr gross ist, zeigt sich die machtvolle Seite auch darin, dass er dieses Bedürfnis im Austausch mit anderen kontrollieren und zum Beispiel auch zuhören kann.

Ohnmacht

Grundsätzlich gilt: Die Ohnmacht eines Mondes, gleichgültig in welchem Zeichen er steht, zeigt sich darin, dass der Mensch seinen Bedürfnissen, seinem Sehnen und seinen Emotionen ausgeliefert ist, sie nicht kennt und/oder sich gegenüber den Bedürfnissen und Gefühlen anderer nicht abgrenzen kann oder deren Bedürfnisse missachtet.

Die Ohnmacht eines jeden Mondes kann sich in einem «Genug ist nicht genug» zeigen, beim Mond in Zwillinge ist es zum Beispiel die Gier nach Informationen, die Gier, überall dabei sein zu wollen, Abwechslung, Oberflächlichkeit, Austausch. Ich konnte immer wieder feststellen, dass sich der Wunsch nach Kommunikation und Reden bei einem Zwillinge-Mond mindestens genauso heftig zeigt wie bei einem Zwillinge-Merkur. Selbst wenn Merkur in einem völlig anderen Zeichen steht, haben Menschen mit einem ohnmächtigen Mond in Zwillinge den oft ungezügelten Drang zu reden, sich mitzuteilen, fast immer verbunden mit der Unfähigkeit, wirklich zuzuhören. Interessanterweise fühlen sich die Gesprächspartner nach einiger Zeit energetisch ausgelaugt und müde, ihre Energie wird «vom hungrigen Mond» praktisch aufgefressen.

In der Folge des Überall-dabei-sein-Wollens kann es geschehen, dass der Mensch sich in der Vielfalt verliert, zerfasert und den Zugang zu sich und seinen Gefühlen völlig verliert. Menschen mit Mond in Luft-Zeichen sind alle derselben Gefahr ausgesetzt: Um nicht zu sehr in emotionale Gewässer abzudriften, versuchen sie meist, jedes Gefühl sofort im Verstand zu begreifen. Das ist ihre Eigenart, und wenn sie fähig werden, ihre Gefühle und Emotionen trotzdem zu spüren, ist es *ihr* Weg, diese zu bearbeiten oder zu verarbeiten.

In der ohnmächtigen Form aber nimmt der Betreffende seine Gefühle entweder nicht wahr oder schiebt sie sofort in den Verstand, um nicht mit ihnen konfrontiert zu werden. Die Angst, sich auf seine Gefühle einzulassen, ist hier zu gross.

Um in die Macht des Zwillinge-Mondes zu gelangen ...

... kann hier die Energie des Gegenzeichens Schütze *nur dann* herangezogen werden, wenn der Mensch eine der Ur-Energien dieses Zeichens begriffen und verinnerlicht hat, nämlich dass es nicht um Quantität, sondern um Qualität des Wissens, der Information und der Kommunikation geht und das alles, was uns begegnet, einen Sinn in sich trägt.

Auf diese Weise ist es nicht nur möglich, die Neu-Gier in ein sinnvolles Neugierigsein zu wandeln, sondern auch das Bedürfnis nach möglichst vielen und vielfältigen, teils oberflächlichen Kontakten durch eine sinnvolle Auswahl einzuschränken und ihnen mehr Tiefe zu verleihen. Das Sich-Einlassen in etwas Verbindliches, sei es eine Beziehung, ein Gefühl, eine Emotion, könnte damit beginnen, die augenblickliche Situation so weit bzw. so tief wahrzunehmen, dass die Emotion, die sie hervorruft, benannt werden kann. Zum Beispiel: «Immer wenn ich eine bestimmte Kollegin, einen bestimmten Kollegen treffe, rede ich viel zu viel, viel zu schnell und oft auch Blödsinniges. *Meine dazugehörige Emotion ist Unsicherheit*». Dann nämlich weiss der Betreffende, dass er nicht sein Reden einbremsen, sondern sich seiner Unsicherheit widmen sollte.

Eine andere Übung könnte sein, bei mehreren verlockenden Freizeitangeboten mit Freunden am Wochenende sich schon am Donnerstag für *eines* definitiv zu entscheiden. Dann aber – trotz ständigen Zweifelns, ob es auch das richtige sei – dabeizubleiben und nicht zu versuchen, «auf mehreren Hochzeiten zu tanzen». Und das ganze Wochenende über, wann immer der Gedanke auftaucht: «Ich hätte mich anders entscheiden sollen», zu versuchen, die dabei aufsteigende *Emotion* zu interpretieren: Habe ich Angst, woanders etwas zu versäumen? Bin ich traurig, bin ich ärgerlich, habe ich Sorge, dass die Angebote, gegen die ich mich entschieden habe, schöner sein könnten? Habe ich Sorge, die Freunde würden mich *nicht* vermissen? Fürchte ich, das Neuste nicht zu erfahren? Macht es mich ängstlich, keine Kontrolle zu haben über das, was dort gesprochen wird? Befürchte ich, ausgeschlossen zu werden? usw.

Der Sinn der Übung ist, *nicht* die Gedanken zu den anderen Angeboten wandern zu lassen oder über das, was man im Augenblick tut, zu hadern, sondern mit seinen Gefühlen und Emotionen – und seien sie auch unangenehm – in Kontakt zu bleiben. Denn das ist jedes Mal wieder ein Verbindlichwerden, ein Einlassen auf sich selbst und seine Empfindungen. Der Mensch verzettelt sich dann nicht in Gedanken wie «Was hätte sein können?», sondern bleibt in seinen Gefühlen und seinen Gedanken bei sich selbst.

Ein Weg dorthin ...

... können Achtsamkeit und Mitgefühl mit sich und anderen sein. Achtsamkeit und Mitgefühl zeigen sich anhand der Fragen: Bin ich mitfühlend mir selber gegenüber? Wie gehe ich mit mir um?

Mitgefühl mit sich selbst zu haben – mit sich zu fühlen –, fällt einem Luft-Mond wahrscheinlich nicht ganz leicht, doch Achtsamkeit und Aufmerksamkeit sich selber gegenüber könnten ihm, da es ein mentaler Akt ist, nicht allzu schwerfallen. Hilfreich könnten Fragen sein wie: Wie fühlt sich das und das an? Welche Gefühle lehne ich ab? Bei welchen Gefühlen oder auch Gedanken wechsle ich das Thema? Wenn ich eine Entscheidung treffe, welche Emotionen steigen dann bei mir auf? Von welchen körperlichen Empfindungen sind diese begleitet?

Grundsätzliche Fragen mit Mond: Wie gehe ich mit anderen um? Kann ich sie so lassen, wie sie sind, oder will ich sie verändern?

Kann ich mit ihnen *fühlen* oder muss ich sofort *reden*? Verunsichern mich die Emotionen anderer? Rede ich dann, um ihnen nicht ausgeliefert zu sein? Wie ist mein Beziehungsverhalten? Kann ich mich im Gespräch auf eine einzelne Person einlassen oder nur solange sie mir zuhört? Bin ich immer skeptisch, ironisch oder gar zynisch? Halte ich dadurch andere auf Distanz?

Der Dispositor

Merkur als Dispositor des Mondes wird hier zusätzlich gedeutet, in Zeichen, Haus und mit Aspekten. Steht er selbst in einem Luft- oder in einem Feuer-Zeichen, kann er den Mond hier auf dessen Weg in die Macht sehr wahrscheinlich nicht besonders gut unterstützen, da die Energien sich ähnlich sind. Steht er andererseits in einem Erd- oder Wasser-Zeichen, ist es möglich, dass er den Mond hilfreich beeinflusst.

Mond in Krebs

Macht

Grundsätzlich gilt: Die Macht eines Mondes, gleichgültig in welchem Zeichen er steht, zeigt sich darin, dass der Mensch achtsam mit seinen eigenen Bedürfnissen, Gefühlen und Emotionen umgeht und ebenso mit denen anderer. Ausserdem ist er imstande, seine Emotionen zu kontrollieren.

Eine der schwierigsten Lernaufgaben für Menschen mit Mond in Krebs ist wohl, eigenständig und erwachsen zu werden, das heisst für sich, seine Bedürfnisse, Gefühle, Emotionen und sein eigenes Wohlergehen wirklich Verantwortung zu übernehmen und dies nicht anderen Personen zu überlassen. So zeigt sich die Macht dieses Mondes am Reinsten, wenn der Mensch in der Lage ist, das gleiche Mass an Liebe, Zuwendung, Fürsorge und Geborgenheit sich selbst zu geben, wie er es anderen Menschen zukommen lassen kann. Durch das starke Einfühlungsvermögen und das grosse Bedürfnis andere physisch oder emotional zu «füttern», sie in jeder Form zu unterstützen, besteht die Gefahr, sie von sich abhängig zu machen, in einem kindhaften Zustand zu halten und die Ablösung zu verhindern.

Wird die Mond-Energie machtvoll und reif gelebt, dann wird der Mensch das Wachsen des anderen in seine Eigenständigkeit, sei es ein Kind oder auch ein Erwachsener, liebevoll begleiten und fördern. Dies trifft sowohl auf Eltern, Kindergärtner, Lehrerinnen, Therapeuten, Chefinnen, Ärzte zu, aber auch auf alle anderen, die mit Menschen zu tun haben, welche in vorübergehender Abhängigkeit von ihnen stehen. Dann kann der Mensch mit Mond in Krebs Grosses und Wichtiges bewirken, denn er kann den Menschen eine dauerhafte oder vorübergehende Familie, Heimat geben, in der sie sich hin zu sich selbst entfalten und gesunden können.

Eine machtvolle Wirkung kann im Kunstbereich zum Ausdruck kommen, denn durch die Seelentiefe und die hohe Empfindsamkeit des Krebs-Mondes können Fantasien, Träume und Bilder wunderbar aus dem Inneren nach aussen gebracht und künstlerisch umgesetzt werden.

Ohnmacht

Grundsätzlich gilt: Die Ohnmacht eines Mondes, gleichgültig in welchem Zeichen er steht, zeigt sich darin, dass der Mensch seinen Bedürfnissen, seinem Sehnen und seinen Emotionen ausgeliefert ist, sie nicht kennt und/oder sich gegenüber den Bedürfnissen und Gefühlen anderer nicht abgrenzen kann oder deren Bedürfnisse missachtet.

Die Ohnmacht eines Mondes in Krebs zeigt sich in erster Linie darin, dass der Mensch sich danach sehnt, innerlich nicht erwachsen zu werden, Kind bleiben zu dürfen in der Obhut eines anderen Menschen, der ihn vor allem in seinen Bedürfnissen und emotional nährt. Dabei, und das ist wichtig, kann er in einigen Lebensbereichen, zum Beispiel im Beruf, durchaus erwachsen seine Frau oder seinen Mann stehen. Doch im emotionalen Bereich bleibt er launisch, stimmungsabhängig und zuwendungsbedürftig und macht andere dafür verantwortlich, wie es ihm geht. Er ist abhängig davon, geliebt zu werden, und versucht – häufig auch durch Schwäche oder «Nichtkönnen» – seine Umgebung in der Pflicht festzuhalten, für ihn zu sorgen.

Die andere Seite der unreifen, ohnmächtigen Form zeigt sich – wie schon oben erwähnt – darin, andere Menschen in Abhängigkeit und vermeintlicher Hilfsbedürftigkeit zu halten. In beiden Fällen ist die eigentliche Tragik, dass ein ohnmächtiger Mond in Krebs sein Verhalten für Liebe hält. Und um nicht lieblos zu erscheinen, passt er sich entweder extrem an oder drängt anderen seine Liebe auf.

Beispiel:

Ich erinnere mich an eine Mutter, die ihren 16-jährigen (!) Sohn den ganzen Winter über mit einer mentholgetränkten Watteeinlage unter dem Hemd zur Schule schickte, um ihn vor Erkältungen zu schützen, und die ihn zweimal wöchentlich abends noch selbst badete.

Betrachten wir das Horoskop der Mutter *(Fig. 14, nächste Seite)*, dann sehen wir, dass sie eigentlich nicht sehr wasserbetont ist, Feuer und Luft überwiegen. Doch auffallend sind ein IC in Skorpion in Konjunktion mit Neptun und aufsteigendem Mondknoten im Sextil zum Hausherrscher Pluto sowie ein Sonne/Mond-Duett (beide stehen in ihren eigenen Zeichen). Was die Mutter als Kind mit einem IC in Skorpion gebraucht hätte, wäre ein fester, emotionaler Pakt gewesen, in dem sie ihre intensiven Gefühle und ihre starke Empfindsamkeit in der Sicherheit des Familienverbandes hätte ausleben können. Dies würde auch dem Bedürfnis und der Sehnsucht von Mond in Krebs entsprechen. In der Familie musste sie aber nur Machtkämpfe zwischen den Eltern erleben, in denen sie ohnmächtig versuchte, es sowohl dem Vater als auch der Mutter recht zu machen (Mond Opposition Sonne als Elternbilder).

Als dann ihr Sohn geboren wurde, schloss sie gleichsam den ersehnten Pakt mit ihm und konnte ihm so all ihre Mütterlichkeit und ihre Liebe zuwenden (auch der Ehemann wurde von ihr ähnlich wie ein Kind versorgt). Da das Duett Sonne/Mond – wie auch unaspektierte Planeten – Sippenthemen in sich trägt, kann davon ausgegangen werden, dass sie innerhalb der Sippe keine Vorbilder für einen reifen Umgang mit einer Sonne in Steinbock und einem Mond in Krebs gefunden hatte.

Im Gespräch auf ihr Verhalten dem Sohn gegenüber angesprochen, sagte sie interessanterweise, sie hätte ihn in einem früheren Leben einmal verlassen, das wüsste sie schon seit der Schwangerschaft und das sollte in diesem Leben niemals passieren. Mir fielen dabei sofort Uranus im Quadrat zum absteigenden Mondknoten in Opposition zu Venus/Chiron in Wassermann am DC auf.

Der Sohn wurde über Jahre hinweg in der Schule extrem gemobbt und «rettete sich» dann zum Entsetzen seiner Mutter, indem er sich sofort, als er 18 Jahre alt wurde, zum Militär bei der Marine (!) meldete. In wiederholten Beratungen kann er jetzt vor sich selbst zugeben, wie sehr er unter dieser «gewaltsamen Trennung» von seiner Mutter litt und immer noch leidet. Als ich ihn fragte, warum er sich von seiner Mutter mit 16 Jahren noch so behandeln liess, antwortete er: «Ich

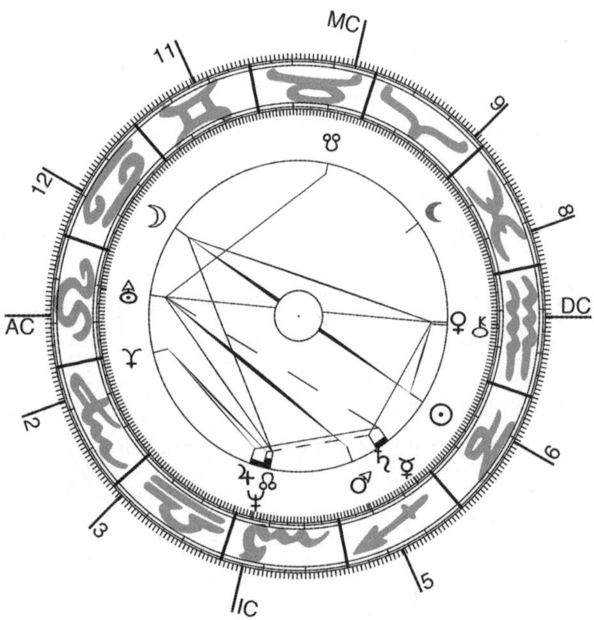

Fig. 14: Überfürsorgliche Mutter (Placidus)

liebte sie doch so und spürte, dass sie das brauchte, und ich konnte es ihr nicht antun, sie nicht mehr zu lieben.»

Sein Horoskop *(Fig. 15)* wiederum fällt durch kein Feuer und wenig Luft auf, die Betonung liegt auf Wasser bzw. Erde. Seine Mond/Mars-Konjunktion in Krebs in Haus 8 im Trigon zu Jupiter in Skorpion in Haus 12 und im Trigon zu Saturn in Fische in Haus 4 bestätigt eigentlich seine Aussage, warum er sich die überfürsorgliche Behandlung seiner Mutter so lange gefallen liess. Auch die Skorpion-Truppe am AC lässt darauf schliessen, dass er sich nur schwer lösen kann – und wenn, dann nur mit Gewalt, mit Macht. Der absteigende Mondknoten in Stier am DC spricht ebenso für ein Verharren in Beziehungen, solange es irgendwie möglich ist.

Venus, stark gestellt im eigenen Zeichen Waage, empfängt zwei sehr unterschiedliche Energien durch das Quadrat von Uranus/Neptun. Zum einen: sei pflegeleicht, angepasst, lieb und achte auf die Gefühle der anderen (Neptun), zum anderen: sei frei und nichts wie weg hier (Uranus).

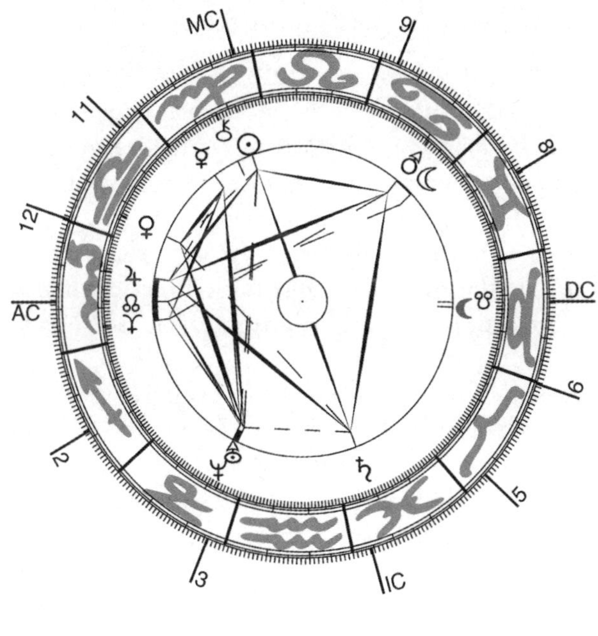

Fig. 15: Sohn (Placidus)

AC in Skorpion und Pluto in Haus 1 im Sextil zu Merkur befähigen ihn aber auch, nach dem Motto «Alles oder nichts» (Pluto) einmal gründlich Durchdachtes (Merkur in Jungfrau) machtvoll umzusetzen. Am Tag nach seinem 18. Geburtstag verliess er das Elternhaus, seine Transite hierzu sind spannend: Neptun Trigon Mond, Pluto Trigon Sonne, Uranus Quadrat Mars und Saturn Konjunktion Venus. Vier seiner persönlichen Planeten wurden von den Energien «Auflösung», «tief greifende Veränderung», «Befreiung» und «Umsetzung, Verwirklichung» gleichsam angeschoben.

Wir sehen an diesem Beispiel, dass die Emotion Liebe, die sowohl beim Mond als auch beim Zeichen Krebs stark im Vordergrund steht, genau betrachtet werden muss, wenn der Mond noch in der ohnmächtigen Form gelebt wird. «Ich liebe dich» kann da häufig heissen «Ich brauche dich».

Die Ohnmacht des Krebs-Mondes kann sich weiterhin in einem extremen Ausgeliefertsein an Gefühle und Emotionen zeigen. Er kann sich weder seinen eigenen noch den Emotionen anderer gegenüber abgrenzen. Auch besteht die Gefahr, dass er anderen seine Emotionen gleichsam aufpressen möchte und eine Nähe ohne jegliche Distanz sucht. Auch emotionale Erpressung ist möglich.

Um in die Macht des Krebs-Mondes zu gelangen ...

... ist die stützende Energie des Gegenzeichens Steinbock vonnöten. Sie begrenzt die überflutenden Wasser des Mondes und gibt ihnen eine Form, die dem Menschen eine gewisse Sicherheit gibt, seine Emotionen kontrollieren zu können. Sie bringt «erwachsene Liebe» mit, die Verantwortlichkeit für das eigene Wohlergehen, die eigene Geborgenheit und die eigene Fürsorge fordert. Die Steinbock-Energie will nicht kindhaft und schutzbedürftig bleiben, sondern erwachsen und eigenständig sein.

Der Mensch kann dadurch lernen, dass Nähe (Krebs) und Distanz (Steinbock) sich nicht ausschliessen, sondern ergänzen und beide zur irdischen Liebe gehören. So kann er sich weitgehend angstfrei aus Abhängigkeiten lösen bzw. andere freilassen, ohne deren Verhalten ständig auf Liebe hin überprüfen zu müssen.

Ein Weg dorthin ...

... können Achtsamkeit und Mitgefühl mit sich und anderen sein. Achtsamkeit und Mitgefühl zeigen sich anhand der Fragen: Bin ich mitfühlend mir selber gegenüber? Wie gehe ich mit mir um?

Kenne ich meine Bedürfnisse und Emotionen? Kann ich dafür sorgen, dass meine Bedürfnisse erfüllt werden? Oder möchte ich immer nur lieb und angepasst sein? Kann ich Nein sagen? Bei welchen Gelegenheiten gebe ich mich schwächer, hilfloser als ich bin? Wo oder wann bin ich angepasst, um mir die Liebe der anderen zu erhalten? Wo und wem gegenüber mache ich mich abhängig? Bei welchen Gelegenheiten bin ich meinen Gefühlen/Emotionen ausgeliefert? Bin ich zu schnell beleidigt?

Grundsätzliche Fragen mit Mond: Wie gehe ich mit anderen um? Kann ich sie so lassen, wie sie sind, oder will ich sie verändern? Kann ich Mitgefühl für sie aufbringen?

Wie ist mein Beziehungsverhalten? Mache ich andere von mir abhängig, damit sie bei mir bleiben? Erwarte ich von anderen, dass sie genauso emotional sind wie ich? Meine ich, ihre Gefühle und Emotionen zu kennen? Bin ich stimmungsabhängig oder launisch und verderbe anderen damit die Leichtigkeit in Beziehungen? Denke ich immer, die anderen müssten dafür sorgen, dass es mir gut geht? Mache ich sie dafür verantwortlich, wenn es mir schlecht geht?

Der Dispositor

Da der Dispositor des Krebs-Mondes der *Mond* selbst ist, entfällt eine Interpretation.

Mond in Löwe

Macht

Grundsätzlich gilt: Die Macht eines Mondes, gleichgültig in welchem Zeichen er steht, zeigt sich darin, dass der Mensch achtsam mit seinen eigenen Bedürfnissen, Gefühlen und Emotionen umgeht und ebenso mit denen anderer. Ausserdem ist er imstande, seine Emotionen zu kontrollieren.

Der Mensch mit Mond in Löwe hat das grosse Bedürfnis wahrgenommen, anerkannt und für das, was er ist und tut, gelobt zu werden. Durch seine wohlwollende, warmherzige und optimistische Grundstimmung gelingt ihm das meist. Schnell wird er zum Mittelpunkt der

Familie oder einer Gruppe und sorgt dann – wenn er seinen Mond in einer reifen, machtvollen Form lebt – von dieser Position aus, dass es auch seiner Umgebung genauso gut geht wie ihm. Er schart «die Seinen» um sich und ist bereit, sie wie ein Löwe zu verteidigen. Er fördert grossherzig und versucht niemanden in Abhängigkeit zu bringen, solange die anderen seine Selbstdarstellung und seine Rolle anerkennen. Das, was er hat, verteilt er grosszügig, und von Herzen lässt er andere an seinem Wohlergehen teilnehmen.

Die machtvolle Form des Löwe-Mondes zeigt sich auch sowohl im Umgang mit Kritik von anderen als auch in einer gesunden Selbstkritik. Dieser Mensch ist nicht sofort verletzt und beleidigt, wenn andere mehr wahrgenommen werden als er oder Anerkennung etwas auf sich warten lässt. Obwohl eine starke Sehnsucht nach Luxus der unterschiedlichsten Art besteht, kann die machtvoll gelebte Energie auch wirklich bescheiden sein. Er kann über sich selbst und seinen Hang zum Drama lächeln oder gar lachen.

Ohnmacht

Grundsätzlich gilt: Die Ohnmacht eines Mondes, gleichgültig in welchem Zeichen er steht, zeigt sich darin, dass der Mensch seinen Bedürfnissen, seinem Sehnen und seinen Emotionen ausgeliefert ist, sie nicht kennt und/oder sich gegenüber den Bedürfnissen und Gefühlen anderer nicht abgrenzen kann oder deren Bedürfnisse missachtet.

In der unreifen, ohnmächtigen Form krankt der Mensch an einem unbeständigen Selbstwertgefühl. Manchmal überschätzt er sich und seine Rolle bis hin zu Unbescheidenheit und Selbstherrlichkeit, manchmal verletzt ihn die geringste, auch berechtigte Kritik. Kritik oder wenn er nicht «der Grösste» sein kann, können ihn in eine deprimierte Stimmung versetzen. Dann muss sich der andere sehr bemühen, ihn wieder daraus hervorzuholen, denn seine dramatische Art, sich in Szene zu setzen, holt ihn dann ein.

Sein lebenshungriger Mond kann ihn geradezu zwingen, überall dabei sein zu müssen, und zwar im Mittelpunkt, selbst wenn sein Verhalten dabei ziemlich schräg rüberkommt. Weil sich ein Löwe-Mond sowieso gerne verwöhnen lässt, kann dies in der unreifen Form bis zur Faulheit und zur Ausnutzung anderer führen.

Nicht selten findet sich auch ein Sehnen nach Besonderheit und Luxus so stark, dass es zu finanziellen Schwierigkeiten führt.

Um in die Macht des Löwe-Mondes zu gelangen ...

... kann auch hier die Energie des Gegenzeichens Wassermann *nur bedingt* herangezogen werden. Denn nur wenn die Ur-Energie dieses Zeichens in einer reifen Form begriffen und gelebt wird, kann sie hilfreich sein. Nur dann nämlich zeigt sich die Wassermann-Energie als individuelle und besondere Persönlichkeit und kann dies *allen anderen Individuen auch zugestehen,* weil sie begriffen hat, dass alle Menschen gleichwertig, von gleichem Wert, jedoch von verschiedener (besonderer, eigener) Art sind. Wird aber diese Wassermann-Energie unreif gelebt, dann bestärkt und vergrössert sie nur das Bedürfnis des Löwe-Mondes, etwas Besonderes zu sein und den Mittelpunkt nur für sich zu beanspruchen.

Mein Vorschlag ist ein anderer: Der Mensch mit Löwe-Qualitäten – gleichgültig ob durch den AC oder einen persönlichen Planeten oder Jupiter – braucht immer Publikum, andere Menschen um sich herum, die ihn wahrnehmen, akzeptieren und ihm applaudieren. Er kann sich noch so grossartig fühlen: Fehlt ihm die Beachtung und die Akzeptanz seiner Umgebung, schmälert das sein Selbstwertgefühl enorm. Wenn er also ehrlich mit sich ist, ist er in gewissem Sinne abhängig von den anderen, braucht sie, um zum Mittelpunkt zu werden. Diese Überlegung aber ist eine Möglichkeit, langsam vom Ich zum Wir zu gelangen. Indem er entweder die anderen in sein Zentrum mit hineinnimmt oder aus seinem Zentrum hinaus zu den anderen geht, spürt er, dass die anderen ebenso wichtig sind wie er.

Ein Weg dorthin ...

... können Achtsamkeit und Mitgefühl mit sich und anderen sein. Achtsamkeit und Mitgefühl zeigen sich anhand der Fragen: Bin ich mitfühlend mir selber gegenüber? Wie gehe ich mit mir um?

Ist mein Selbstwertgefühl abhängig von den Reaktionen anderer? Muss ich aus allem immer sofort ein Drama machen? Fühle ich mich gleich verletzt, wenn ich berechtigt kritisiert werde? Schmerzt es mich sehr, wenn ich nicht im Mittelpunkt stehe? Ist mein Bedürfnis zu zeigen, wer ich bin, mit grossem finanziellen Aufwand verbunden? Muss ich immer überall dabei sein, um nicht übersehen zu werden? Bin ich zu stolz? Auf wen, auf was? Bin ich unbescheiden?

Grundsätzliche Fragen mit Mond: Wie gehe ich mit anderen um? Kann ich sie so lassen, wie sie sind, oder will ich sie verändern? Kann ich Mitgefühl für sie aufbringen?

Wie ist mein Beziehungsverhalten? Muss sich in Beziehungen immer die Königin / der König sein oder kann ich auch zurückstecken? Lenke ich die Aufmerksamkeit immer sofort auf mich? Kann ich andere loben? Bin ich neidisch, eifersüchtig? Nehme ich das Verhalten anderer schnell zum Anlass, dramatisch zu reagieren?

Der Dispositor

Die *Sonne* als Dispositorin von Mond in Löwe sollte auf jeden Fall in Zeichen, Haus und Aspekten mit interpretiert werden. Wichtig dabei ist auch, ob Sonne und Mond von den Elementen und von den Häusern her zusammenpassen, unabhängig davon, ob sie einen Aspekt miteinander bilden oder nicht. Stehen sie in Zeichen oder Häusern, die sich miteinander verknüpfen lassen, kann das beruhigend auf das Bedürfnis und auf das Sehnen des Mondes nach Anerkennung und Selbstbestätigung sein. Sind ihre Positionen eher schwierig zu vereinen, kann sich der Mond «alleingelassen» fühlen und muss von daher noch mehr – meist emotional – auffallen, damit der die Aufmerksamkeit des Gegenübers spürt.

Mond in Jungfrau

Macht

Grundsätzlich gilt: Die Macht eines Mondes, gleichgültig in welchem Zeichen er steht, zeigt sich darin, dass der Mensch achtsam mit seinen eigenen Bedürfnissen, Gefühlen und Emotionen umgeht und ebenso mit denen anderer. Ausserdem ist er imstande, seine Emotionen zu kontrollieren.

Ein grosses Bedürfnis des Jungfrau-Mondes ist sicher, gewissenhaft, sorgfältig, zuverlässig und für andere hilfreich und nutzbringend zu sein. Der Mensch fühlt sich dann in seiner Macht, wenn er das, was das Leben für ihn im Alltäglichen bereithält, sei es beruflich oder privat, meistern kann, wenn er das Gefühl hat, dort, wo er ist, «richtig» zu sein. Er muss sich nicht in den Vordergrund drängen, doch hat er sein ziemlich starkes Sicherheitsbedürfnis so weit unter Kontrolle, dass er nicht aus Angst vor Versagen zur berühmten grauen Maus im Hintergrund wird. Sein zögerliches Verhalten, etwas Neues zu beginnen, das noch nicht genau beobachtet oder «durchfühlt» ist, hindert ihn nicht, die Situation realistisch zu sehen und anzupacken.

Ebenso ist es ihm möglich Kritik und Selbstkritik so weit im Zaum zu halten, dass er nicht zum Dauer-Nörgler oder zum intoleranten Mitmenschen wird. Sein Gefühlsleben und sein Gemüt hält er am liebsten ordentlich und übersichtlich. So besteht die Gefahr, dass er chaotische Gefühle, gleich welcher Art, verdrängt oder gar nicht erst zulässt, indem er in dieser Hinsicht gefährliche Situationen schon im Vorfeld meidet. Ein Mensch mit einem reifen, machtvoll gelebten Jungfrau-Mond hat gelernt, derart chaotische Gefühle oder Emotionen auszuhalten und nicht davonzulaufen, sondern sie im Nachhinein für sich zu ordnen.

Ohnmacht

Grundsätzlich gilt: Die Ohnmacht eines Mondes, gleichgültig in welchem Zeichen er steht, zeigt sich darin, dass der Mensch seinen Bedürfnissen, seinem Sehnen und seinen Emotionen ausgeliefert ist, sie nicht kennt und/oder sich gegenüber den Bedürfnissen und Gefühlen anderer nicht abgrenzen kann oder deren Bedürfnisse missachtet.

Bei einem unreif oder ohnmächtig gelebten Jungfrau-Mond nimmt das Bedürfnis gebraucht zu werden oder nützlich zu sein überhand, und der Mensch lebt vollkommen angepasst: an das, was er vorfindet, und an das, was die anderen (vermeintlich) von ihm erwarten. Seine ohnehin ihm nicht ganz leicht zugänglichen Gefühle und Emotionen beachtet er dabei nicht, immer ängstlich besorgt, es ja den anderen recht zu machen. Wie die meisten Menschen mit einem Erd-Mond, hat er ein sehr gutes Zeitgefühl und eine innere, individuelle Uhr, die häufig langsamer tickt, da alles sorgfältig beobachtet und gefühlt werden muss. Passt er sich dem Zeitgefühl der anderen an, fühlt er sich oft überfordert.

Menschen, die es seiner Ansicht nach besser haben als er und seiner Ansicht nach das Leben zu leicht nehmen, werden misstrauisch beobachtet, negativ beurteilt oder gar abgewertet. Ängstlich um Perfektion, Ordnung, Sauberkeit und Gesundheit besorgt, versucht er, seinen Alltag und seine Gefühle zu kontrollieren und sich am Gewohnten festzuhalten. Weil das auch bei ihm mit der Zeit Frust hervorruft, besteht die Möglichkeit, dass er andere und sich selbst gnadenlos kritisiert, verbessert, benörgelt und extrem intolerant wird. Das kann mit der Zeit durchaus zu einer Deprimiertheit führen.

Um in die Macht des Jungfrau-Mondes zu gelangen ...

... ist die Energie des Gegenzeichens Fische meist hilfreich. Vor allem das beinahe sprichwörtliche Gottvertrauen dieses Zeichens und die Hoffnung bzw. das innere Wissen, dass das Chaos sich irgendwie und irgendwann ordnen wird, verleihen dem Menschen mehr Spontanität, Überblick und Grosszügigkeit. Auch das Gefühl nicht alles kontrollieren zu müssen und trotzdem nicht unterzugehen könnte wachsen.

Ein Weg dorthin ...

... können Achtsamkeit und Mitgefühl mit sich und anderen sein. Achtsamkeit und Mitgefühl zeigen sich anhand der Fragen: Bin ich mitfühlend mir selber gegenüber? Wie gehe ich mit mir um?

Kritisiere ich mich ständig oder werte mich ab? Bin ich ständig im Vergleich mit anderen? Geht es mir nur gut, wenn alles sauber, perfekt und an seinem Platz ist? Bin ich zu ängstlich besorgt um meine Gesundheit, um gesunde Ernährung und Hygiene? Nimmt mir das den Spass, sorglos etwas zu unternehmen?

Grundsätzliche Fragen mit Mond: Wie gehe ich mit anderen um? Kann ich sie so lassen, wie sie sind, oder will ich sie verändern? Kann ich Mitgefühl für sie aufbringen?

Wie ist mein Beziehungsverhalten? Habe ich an ihnen ständig etwas zu kritisieren oder auszusetzen? Ist es mir ein Bedürfnis, ihnen meine Vorstellung von gesundem und geordnetem Leben aufzudrängen? Werte ich sie ab? Bin ich ängstlich und/oder misstrauisch ihnen gegenüber? Bin ich ein Spassverderber? Bleibe ich zu viel für mich, weil ich an allem etwas auszusetzen habe?

Der Dispositor

Die Interpretation von *Merkur* als Dispositor des Jungfrau-Mondes ist meiner Erfahrung nach nicht sehr ergiebig. Höchstens ist vielleicht zu sagen, dass er in einem Erd-Zeichen verstärkend, in einem Luft- oder Feuer-Zeichen herausfordernd wirkt. Aber auch das war für mich nicht eindeutig festzustellen.

Mond in Waage

Macht

Grundsätzlich gilt: Die Macht eines Mondes, gleichgültig in welchem Zeichen er steht, zeigt sich darin, dass der Mensch achtsam mit seinen eigenen Bedürfnissen, Gefühlen und Emotionen umgeht und ebenso mit denen anderer. Ausserdem ist er imstande, seine Emotionen zu kontrollieren.

Die Macht des Menschen mit Mond in Waage hat wohl als Grundlage sein Bedürfnis nach Unbeschwertheit, Friedfertigkeit, Zuwendung, und Austausch mit anderen. So kann er mit seiner ausgesprochen du-bezogenen, diplomatischen und ausgleichenden Grundstimmung in seinem Umfeld für ein Miteinander statt eines Gegeneinanders sorgen. Sein Wunsch nach Ästhetik und einer stilvollen Umgebung kann bewirken, dass andere sich bei ihm wohlfühlen und versuchen, es auf ihre Art ihm gleich zu tun. Durch seine Fähigkeit sich wirklich auf Menschen zu *beziehen,* Anteil zu nehmen, anstatt nebeneinanderher zu leben, und sich *trotzdem* emotional nicht zu tief einzulassen, kann er die Kultur des sozialen Umgangs miteinander stark positiv beeinflussen.

Wird der Mond in einer reifen, machtvollen Form gelebt, dann kann sich der Mensch anpassen und trotzdem abgrenzen. Er kann sich entscheiden – also Ja zu etwas sagen –, ohne hinterher zu zweifeln und sich zu sorgen, dass er durch seine Entscheidung «aus der Harmonie» gefallen ist.

Ohnmacht

Grundsätzlich gilt: Die Ohnmacht eines Mondes, gleichgültig in welchem Zeichen er steht, zeigt sich darin, dass der Mensch seinen Bedürfnissen, seinem Sehnen und seinen Emotionen ausgeliefert ist, sie nicht kennt und/oder sich gegenüber den Bedürfnissen und Gefühlen anderer nicht abgrenzen kann oder deren Bedürfnisse missachtet.

Die ohnmächtige Form des Waage-Mondes zeigt sich stark in seiner Entscheidungsschwäche – Hajo Banzhaf nannte ihn den «ewig Unentschiedenen». Dem zugrunde liegt wohl eine extreme Sehnsucht nach dem Gefühl von Harmonie und innerem wie äusserem Frieden. Entscheidet sich der Mensch nun für etwas, dann sagt er zur einen Alternative Ja und zur anderen Nein. Dies aber läuft beim ohnmächtigen Mond dem Gefühl zuwider: Er fühlt sich nicht wohl, Zweifel kommen auf, ob die Entscheidung richtig war. Ist dieses Gefühl sehr stark ausgeprägt, wird er mit der Zeit Entscheidungen vermeiden.

Auch in einer anderen Weise zeigt sich die Entscheidungsschwäche: Im Gefühlsbereich bzw. im Emotionalen kann er sich nicht entscheiden: Fühlt er sich wohl oder nicht? Mag er etwas oder nicht? Liebt er jemanden oder nicht? So entstehen in diesem eigentlich heiteren und gelassenen Gemüt starke Schwankungen, und er wird auch für andere in diesem Bereich unzuverlässig.

Ebenfalls aus der Sehnsucht nach Harmonie und innerem wie äusserem Frieden entspringt seine mangelnde Konfliktbereitschaft. Er passt sich «um des lieben Friedens willen» lieber an, als dass er seine Wünsche und Bedürfnisse äussert oder sie gar durchsetzt. Diese Furcht in Konflikte zu geraten hindern ihn oft daran, seine Bedürfnisse wirklich kennenzulernen oder seine Gefühle wirklich wahrzunehmen.

Um in die Macht des Waage-Mondes zu gelangen ...

... ist hier die Energie des Gegenzeichens Widder (meist) hilfreich. Die Energie des Widder-Zeichens heisst unter anderem «Ich», die Energie des Waage-Zeichens «Du». Begegnen sich die beiden Energien, kann der Mond in Waage mehr zu sich finden, klarer seine Bedürfnisse formulieren und konkreter und stabiler in der Entscheidungsfindung werden. Der Mensch fühlt, dass ein Konflikt zwar vorübergehend den äusseren Frieden stört, doch dabei nicht unbedingt den inneren Frieden stören muss. Im Gegenteil, nach einem klärenden Konflikt erweitern sich meist der innere Frieden und die Harmonie, also ein Miteinander statt ein Gegeneinander kann sich ausbreiten.

Ein Weg dorthin ...

... können Achtsamkeit und Mitgefühl mit sich und anderen sein. Achtsamkeit und Mitgefühl zeigen sich anhand der Fragen: Bin ich mitfühlend mir selber gegenüber? Wie gehe ich mit mir um?

Wo und wann passe ich mich um der Harmonie Willen an? Wo und wann sage ich: Entscheide du? Wo und wann verdränge ich Emotionen wie Ärger, Traurigkeit, Streitlust? Flüchte ich mich in Äusserlichkeiten, um mich nicht in eine tiefere Beziehung einzulassen? Habe ich den Drang zu fliehen, wenn eine Beziehung verbindlicher wird?

Grundsätzliche Fragen mit Mond: Wie gehe ich mit anderen um? Kann ich sie so lassen, wie sie sind, oder will ich sie verändern? Kann ich Mitgefühl für sie aufbringen?

Wie ist mein Beziehungsverhalten? Glaube ich, zu lieben heisst zu allem Ja zu sagen? Habe ich Angst, wenn ich Nein sage, den anderen zu verlieren? Muss ich dauernd im Austausch mit anderen sein? Meide ich den Kontakt zu meinen Gefühlen und ist deshalb meine Suche nach Beziehungen vielleicht schon eine Sucht? Sage ich meinem Gegenüber nur Höflichkeiten und Oberflächliches, um seine und meine Gefühle nicht zu verletzen? Will ich es *allen* recht machen?

Der Dispositor

Die Interpretation der Dispositorin *Venus* ist hier extrem wichtig, denn steht der Mond für Bedürfnisse, unser Sehnen, für Gefühle und Emotionen, so symbolisiert Venus unsere Wünsche und unsere Gefühle für andere, für das, was wir lieben. Es muss also geklärt werden, ob wir unterschiedliche Bedürfnisse, Wünsche und Gefühle in uns tragen, die sich unter Umständen, wenn sie unterbewusst sind, gegenseitig behindern.

→ *Siehe auch Kapitel «Mond – die Macht der Gefühle, der Bedürfnisse und der irdischen Liebe», Abschnitt «Allgemeines» auf S. 104.*

Mond in Skorpion

Macht

Grundsätzlich gilt: Die Macht eines Mondes, gleichgültig in welchem Zeichen er steht, zeigt sich darin, dass der Mensch achtsam mit seinen eigenen Bedürfnissen, Gefühlen und Emotionen umgeht und ebenso mit denen anderer. Ausserdem ist er imstande, seine Emotionen zu kontrollieren.

In seiner grössten Macht steht der Mensch mit Mond in Skorpion wohl dann, wenn er sich seiner starken, manchmal zwingenden Gefühle und Emotionen bewusst ist und sie unter Kontrolle hat. Dann kann er, indem er andere furchtlos in die Tiefe ihrer Persönlichkeit führt, viel bewirken und zu Veränderungen beitragen. Er muss sich seines Bedürfnisses nach Macht bewusst sein, auch seiner Lust, andere von sich und seinen Emotionen abhängig zu machen. Und diese Lust sollte nur kontrolliert fliessen, denn die Grenze zwischen Macht *für* andere und Macht *über* andere auszuüben ist hier sehr schmal, und je nach Stimmungslage ist es sehr verführerisch, sie zu überschreiten. Je besser der Mensch sich selbst, seine Triebe, Gelüste und Schattenseiten kennt, *sie nicht verdrängt, sondern vor sich selbst offen bekennt,* desto eher kann er den Versuchungen seines Mondes widerstehen und mit der Zeit geradezu zum Heiler werden. Doch bedarf es bei dieser Mond-Stellung eines beinahe ständigen Reflektierens der Bedürfnisse und Begierden, um nicht selbst von ihnen abhängig zu werden bzw. andere in Abhängigkeiten zu bringen.

Ohnmacht

Grundsätzlich gilt: Die Ohnmacht eines Mondes, gleichgültig in welchem Zeichen er steht, zeigt sich darin, dass der Mensch seinen Bedürfnissen, seinem Sehnen und seinen Emotionen ausgeliefert ist, sie nicht kennt und/oder sich gegenüber den Bedürfnissen und Gefühlen anderer nicht abgrenzen kann oder deren Bedürfnisse missachtet.

Die unreife oder ohnmächtige Form des Mondes in Skorpion besteht aus einer Sucht nach Macht, aus der Suche, sich und/oder andere in Abhängigkeiten zu bringen, aus Eifersucht, Neid, aus Rachsucht und aus Beleidigt- und Nachtragendsein. Um andere extrem an sich zu binden, besteht der Hang, sich ihrer Person geradezu zu bemächtigen, von ihr Besitz zu ergreifen und sie zu zwingen, ähnlich leidenschaftlich zu fühlen wie man selbst. Der hohe Grad an Misstrauen dem anderen gegenüber führt zu einem extremen Kontrollbedürfnis, unter dem der Mensch mit Mond in Skorpion zum Teil selbst leidet. Denn Kontrolle bedeutet für ihn Macht, das gibt ihm ein Gefühl von Sicherheit, und gleichzeitig fühlt er, dass zu viel Kontrolle weder richtig noch liebevoll ist. Trotzdem bohrt er häufig geradezu in den anderen hinein, um ihm das letzte seiner Gefühle oder Geheimnisse zu entreissen, und zerstört dabei die Beziehungen, die er so leidenschaftlich sucht und braucht. Nicht zuletzt daraus entsteht dann die sprichwörtliche Angst des Skorpion-Mondes vor Verlusten aller Art, vor Veränderung und Neubeginn, vor Einsamkeit und vor den Tiefen des noch nicht erforschten eigenen Ichs.

Um in die Macht des Skorpion-Mondes zu gelangen …

… ist die Energie des Gegenzeichens Stier *nicht wirklich* hilfreich. Stattdessen ist es notwendig – um die Not zu wenden –, sich wirklich ernsthaft seiner eigenen tiefen Psyche zuzuwenden und dabei eine professionelle therapeutische Hilfe nicht auszuschliessen. Es ist notwendig, den Grund der Problematik nicht immer beim anderen zu suchen und ihn nicht immer verantwortlich für die eigenen leidenschaftlichen Gefühle zu machen, sondern sich liebevoll und mitfühlend sich selbst zuzuwenden. Notwendig ist auch, sein starkes Bedürfnis nach Macht zu erkennen, zu erspüren und es nicht zu unterdrücken oder zu verleugnen. Dabei ist es wichtig, sich einem einigermassen neutralen Bild von Macht zuzuwenden. Tauchen dabei stark ohnmächtige Situationen aus der Kindheit auf, die heute noch prägend sind, dann wäre auch hier professionelle Hilfe zu empfehlen.

Ein Weg dorthin ...

... können Achtsamkeit und Mitgefühl mit sich und anderen sein. Achtsamkeit und Mitgefühl zeigen sich anhand der Fragen: Bin ich mitfühlend mir selber gegenüber? Wie gehe ich mit mir um?

Mag ich mich nicht, weil ich so bin, wie ich bin? Wie denke ich über Macht? Lehne ich sie ab? Was ist es, was ich an der Macht ablehne? Was ist es, was mich an Macht fasziniert? Muss ich alles kontrollieren, um sicher zu sein? Wo und wann kontrolliere ich? Wo und wann habe ich Angst? Brauche ich professionelle Hilfe? Oder fühle ich mich dann machtlos? Bestrafe ich mich vielleicht selbst?

Grundsätzliche Fragen mit Mond: Wie gehe ich mit anderen um? Kann ich sie so lassen, wie sie sind, oder will ich sie verändern? Kann ich Mitgefühl für sie aufbringen?

Denke ich immer, der andere müsste sich verändern, dann würde es mir gut gehen? Wie ist mein Beziehungsverhalten? Will ich andere an mich binden? Will ich sie kontrollieren? Bin ich ihnen gegenüber misstrauisch? Dringe ich zu sehr in sie ein? Meine ich, ihre Gefühle und Gedanken besser zu kennen als sie selbst? Vergleiche ich mich dauernd mit anderen? Fühle ich mich anderen gegenüber ohnmächtig? Vermute ich immer eher das Schlechte als das Gute? Will ich Menschen, die ich liebe, gleichsam «mit Haut und Haaren», *ganz* haben? Sehe ich Menschen als meinen Besitz an?

Der Dispositor

Pluto als Dispositor des Skorpion-Mondes wird zusätzlich gedeutet, aber nur im Haus, in dem er steht. Im Zeichen wird er, wie alle drei geistigen Planeten, nur als Generationenaussage oder im karmischen

Zusammenhang interpretiert. Da er selbst die Thematik von Macht und Ohnmacht, von zyklischem Geschehen und damit von Vergänglichkeit in sich trägt, ist bei einem mächtig gelebten Skorpion-Mond das Haus, in dem sich Pluto befindet, sicher *zusätzlich* ein Schauplatz der Machtausübung und des Machtstrebens.

Bei einem ohnmächtig gelebten Skorpion-Mond kann das Haus, in dem Pluto steht, *zusätzlich* zum Haus, in dem der Mond steht, der Lebensbereich der Ohnmacht oder des Machtmissbrauchs sein.

Da der alte Dispositor des Mondes in Skorpion der *Mars* ist, können sich seine Macht- bzw. Ohnmachtsgefühle auch auf diesen erstrecken, auf das Zeichen und das Haus, in denen er steht. So sollte bei der Interpretation immer auch Mars miteinbezogen werden, da es möglich ist, dass der Mensch durch Mars seine Macht- bzw. Ohnmachtsgefühle auslebt, vor allem dann, wenn er noch nicht in seiner Persönlichkeit gereift ist. (Die persönlichen Planeten werden eigenständig gelebt: → *siehe Kapitel «Einige Gründe zur Ablehnung von Macht», Abschnitt «Aus Erfahrungen heraus» auf S. 16.*)

Bitte auch die Unterpunkte Mars und Pluto zur genaueren Interpretation heranziehen

Mond in Schütze

Macht

Grundsätzlich gilt: Die Macht eines Mondes, gleichgültig in welchem Zeichen er steht, zeigt sich darin, dass der Mensch achtsam mit seinen eigenen Bedürfnissen, Gefühlen und Emotionen umgeht und ebenso mit denen anderer. Ausserdem ist er imstande, seine Emotionen zu kontrollieren.

Machtvoll gelebt, kann der Mensch mit Mond in Schütze durch seine positive Lebenseinstellung, seine Weltoffenheit, sein Gerechtigkeitsgefühl und das starke Bedürfnis alles, was er gelernt und erfahren hat, anderen zur Verfügung zu stellen, in seiner Umgebung und darüber hinaus vieles bewirken. Wenn andere schon die Hoffnung aufgegeben haben, kann er ihnen das Gefühl vermitteln, das Licht am Ende des Tunnels zu sehen, und er kann ihnen auch helfen, es zu erreichen. Durch seine Unabhängigkeit ist er den Menschen zugewandt, doch macht er sie nicht von sich abhängig, weil er sein grosses Freiheitsbedürfnis und Bedürfnis nach Eigenständigkeit auch anderen zugesteht.

Gefährdet ist er durch zu spontane Begeisterung und überschäumende Gefühle, doch die reife Persönlichkeit kann dann über sich selbst lächeln und das Zuviel an Begeisterung zurücknehmen. Nicht ganz einfach ist auch sein starkes Sehnen nach Beliebtheit, denn – zusammen mit dem Bedürfnis etwas zu verbessern – kann es sein, dass er anderen seine Hilfe überstülpt. Doch in der machtvollen Form kennt der Mensch sich auch in dieser Beziehung und kann sich und sein Bedürfnis kontrollieren. Ebenfalls in der machtvollen Form ist er im Laufe des Lebens auch zu einem guten Verlierer geworden.

Ohnmacht

Grundsätzlich gilt: Die Ohnmacht eines Mondes, gleichgültig in welchem Zeichen er steht, zeigt sich darin, dass der Mensch seinen Bedürfnissen, seinem Sehnen und seinen Emotionen ausgeliefert ist, sie nicht kennt und/oder sich gegenüber den Bedürfnissen und Gefühlen anderer nicht abgrenzen kann oder deren Bedürfnisse missachtet.

Anders ist es bei der unreifen, ohnmächtigen Form. Das Sehnen nach Anerkennung und Bewunderung nimmt dann überhand und lässt den Menschen zum übergriffigen Verbesserer und Besserwisser werden. Er drängt anderen geradezu seine Hilfe auf und ist entweder beleidigt, wenn sie nicht angenommen wird, oder wendet sich arrogant ab. Die Sehnsucht nach Beliebtheit macht ihn nämlich extrem kritikempfindlich, und ein Nein zu seinem Hilfsangebot fühlt sich für ihn an wie eine Ablehnung seiner Person. Um beliebt zu sein oder zu bleiben, kann er emotional unaufrichtig werden, entweder indem er sich «besser» gibt gegenüber anderen oder – auch das kommt nicht selten vor – indem er sich selbst belügt. Es kann sein, dass ihn Selbstgefälligkeit und Selbstgerechtigkeit umtreiben und er ein Verlieren oder Scheitern für sich nicht anerkennen kann. Häufig sucht er dann die Ursache bei anderen, um eigene Fehler nicht zugeben zu müssen.

Eine andere Form dieser Ohnmacht kann sich in einer andauernden Sinnsuche oder in einem Gefühl der Sinnlosigkeit zeigen.

Um in die Macht des Schütze-Mondes zu gelangen …

… kann die Energie des Gegenzeichens Zwillinge hilfreich sein. Der Mensch kann sich die Erlaubnis geben, nicht immer nur die grossen, hehren, edlen, idealistischen, sinnvollen Bedürfnisse und Emotionen leben zu müssen. Er darf sich auch den leichten, alltäglichen, im positiven Sinne oberflächlichen, wechselnden Bedürfnissen und Wünschen hingeben, die morgen schon anders sein können als heute. Das lässt ihn aus den «hohen Gefilden» herunterkommen zur Erde und trägt dazu bei, dass er Andersdenkende und Andersfühlende nicht mit sich vergleicht und dabei abwertet.

Ein Weg dorthin ...

... können Achtsamkeit und Mitgefühl mit sich und anderen sein. Achtsamkeit und Mitgefühl zeigen sich anhand der Fragen: Bin ich mitfühlend mir selber gegenüber? Wie gehe ich mit mir um?

Muss ich immer besser sein als die anderen? Muss ich mich ständig verbessern? Muss alles, was ich tue oder denke, immer sinnvoll sein? Finde ich schnell, dass alles sinnlos ist, wenn ich scheitere? Bin ich zu kritikempfindlich? Bin ich besserwisserisch? Lasse ich mich zu schnell von etwas begeistern? Wende ich mich schnell ab, wenn die Begeisterung nachlässt?

Grundsätzliche Fragen mit Mond: Wie gehe ich mit anderen um? Kann ich sie so lassen, wie sie sind, oder will ich sie verändern? Kann ich Mitgefühl für sie aufbringen?

Dränge ich anderen meine Hilfe auf, weil ich meine, es besser zu können? Meine ich zu wissen, was andere fühlen, ohne nachzufragen, ob es stimmt? Heuchle ich – vor mir und anderen – Gefühle und Emotionen, um beliebt zu bleiben? Werte ich andere ab? Bin ich ein schlechter Verlierer und dann vielleicht ein Spielverderber?

Der Dispositor

Jupiter als Dispositor des Mondes wird zusätzlich in Haus und Zeichen gedeutet. Vor allem das Haus, aber auch das Zeichen, in denen er sich befindet, geben Hinweise darauf, auf welchem Gebiet und auf welche Weise der Mensch sein Bedürfnis nach Macht zum Ausdruck bringen möchte.

Bei einem unreif gelebten Schütze-Mond sind Haus und Zeichen zusätzlich Bereiche, in denen sich Ohnmacht und Machtmissbrauch zeigen können.

Mond in Steinbock

Macht

Grundsätzlich gilt: Die Macht eines Mondes, gleichgültig in welchem Zeichen er steht, zeigt sich darin, dass der Mensch achtsam mit seinen eigenen Bedürfnissen, Gefühlen und Emotionen umgeht und ebenso mit denen anderer. Ausserdem ist er imstande, seine Emotionen zu kontrollieren.

Die Macht des Menschen mit Mond in Steinbock liegt sicher in seiner Zuverlässigkeit, seinem Pflichtbewusstsein und in seinem Bedürfnis Verantwortung für etwas oder jemanden zu übernehmen und dadurch Sicherheit zu schaffen. Seine Macht liegt auch darin, sehr gut mit sich allein sein zu können und eine Zufriedenheit mit sich selbst und in sich selbst zu finden. Dies wird von anderen häufig als Distanziertheit und vielleicht als ablehnende Haltung gesehen, doch ist es eine Stärke, aus der heraus der Mensch auch ohne die Zustimmung anderer handeln und für sein Tun Verantwortung übernehmen kann. Dies lässt ihn autark und weitgehend unabhängig vom Wohlwollen anderer sein. Wird der Mond reif gelebt, kennt der Mensch seine Bedürfnisse und kann sie auch formulieren, genauso wie er seine Gefühle und Emotionen zulässt und nicht verdrängt. Es besteht allerdings die Gefahr, dass seine ernste Grundstimmung sich mit deprimierenden Phasen abwechselt.

Ohnmacht

Grundsätzlich gilt: Die Ohnmacht eines Mondes, gleichgültig in welchem Zeichen er steht, zeigt sich darin, dass der Mensch seinen Bedürfnissen, seinem Sehnen und seinen Emotionen ausgeliefert ist, sie nicht kennt und/oder sich gegenüber den Bedürfnissen und Gefühlen anderer nicht abgrenzen kann oder deren Bedürfnisse missachtet.

Die Ohnmacht eines Menschen mit Mond in Steinbock zeigt sich vor allem darin, dass er beinahe gnadenlos über seine und die Gefühle anderer hinwegwalzt, sich ein Übermass an Bürden und Verpflichtungen auferlegt und beinahe süchtig nach Arbeit werden kann. Er hat ein starkes Bedürfnis, wichtig und wertvoll zu sein – eigentlich geliebt zu werden –, und setzt sich dadurch unter den extremen Druck, alles perfekt und anderen recht machen zu wollen. Da er dabei in keiner Weise auf seine anderen Bedürfnisse oder Emotionen achtet, kann es sein, dass er in eine innere Starre verfällt, die nur ein «Vorwärts, da muss ich durch» kennt. In einer schwierigen Form der Ohnmacht kann der Mensch misstrauisch, pessimistisch, nörglerisch und kritiksüchtig werden. Häufig leidet er auch unter diffusen Schuldgefühlen, die er mit sich trägt, seitdem er sich einmal nicht perfekt verhalten hat. Oder – das ist die kompliziertere Variante – er trägt Schuldgefühle, die nicht die seinen sind, für andere, ohne es zu wissen.

Um in die Macht des Steinbock-Mondes zu gelangen ...

... kann die Energie des Gegenzeichens Krebs sehr hilfreich sein. Der Mensch lehnt die Energie des Zeichens Krebs zwar meist instinktiv ab, weil ihm der Gefühlsreichtum suspekt erscheint und zu grosse Nähe von ihm fordert. Trotzdem ist es gut, wenn er sich mit dieser Energie etwas anfreunden kann, stimmt sie ihn doch weicher, gnädiger und etwas zugewandter sich selbst und anderen gegenüber.

Ein Weg dorthin ...

... können Achtsamkeit und Mitgefühl mit sich und anderen sein. Achtsamkeit und Mitgefühl zeigen sich anhand der Fragen: Bin ich mitfühlend mir selber gegenüber? Wie gehe ich mit mir um?

Wie fühle ich mich? Welche Bedürfnisse tauchen bei mir auf? Diese Fragen sind für einen unreifen, ohnmächtigen Mond in Steinbock wirklich wesentlich, denn der Weg zu sich selbst und zu seinen Gefühlen zu finden ist zwar nicht leicht für ihn, doch meist eine der zentralen Aufgaben in seinem Leben.

Hat der Mensch dann gelernt, achtsam und mitfühlend mit sich umzugehen, tauchen zwei weitere Fragen auf: Was würde geschehen, wenn er etwas Verantwortung abgeben würde? Was würde geschehen, wenn er sich selber wichtiger nehmen würde?

Grundsätzliche Fragen mit Mond: Wie gehe ich mit anderen um? Kann ich sie so lassen, wie sie sind, oder will ich sie verändern? Kann ich Mitgefühl für sie aufbringen?

Übernehme ich Verantwortungen, die eigentlich in ihren Bereich gehören? Fordere ich gnadenlos von ihnen dasselbe wie von mir? Verweigere ich auch meinen Nächsten einen Blick in mein Inneres? Grenze ich mich emotional so stark ab, dass der andere verletzt ist? Wo und wann bin ich stur und bockig und baue Mauern um mich herum auf? Kann es sein, dass ich die Gefühle der anderen nicht wahrnehme oder nicht wahrnehmen will?

Der Dispositor

Saturn als Dispositor des Mondes sollte in Haus und Zeichen ebenfalls gedeutet werden. Es ist bekannt, dass der Ort und das Zeichen den Lebensbereich und die Art und Weise anzeigen, wo und wie der Mensch in seine Meisterschaft kommen kann.

Wie wir alle wissen, bringt Saturn fast immer zunächst eine Angst, Blockade, Hemmung, einfach ein Problem mit, an dem gearbeitet werden sollte, um in die Meisterschaft zu kommen. So muss möglicherweise (der Erfahrung nach aber meistens) zuerst begonnen werden, mit und an Saturn zu arbeiten, bevor der Steinbock-Mond in seine Macht kommen kann.

→ *Siehe auch Kapitel «Jupiter und Saturn – Machtvolle Co-Worker», Abschnitt «Saturn» auf S. 201.*

Mond in Wassermann

Macht

Grundsätzlich gilt: Die Macht eines Mondes, gleichgültig in welchem Zeichen er steht, zeigt sich darin, dass der Mensch achtsam mit seinen eigenen Bedürfnissen, Gefühlen und Emotionen umgeht und ebenso mit denen anderer. Ausserdem ist er imstande, seine Emotionen zu kontrollieren.

Die Macht des Menschen mit Mond in Wassermann zeigt sich sehr deutlich in seinem empfindsamen Gefühl für Gleichwertigkeit, Freiheit und Freiwilligkeit und dem Bedürfnis zu reformieren und umzugestalten, was einer Veränderung bedarf. Die typisch wassermännische Gefahr «Wir sind alle gleich, aber ich bin ein bisschen gleicher» kennt er bei sich und kann es ertragen, mit anderen gleichgesetzt zu werden. Er hat ebenso gelernt, sich wirklich auf diese Welt einzulassen, wie auch die Tatsache anzuerkennen, dass auch das, was nicht freiwillig zu tun ist, trotzdem erledigt werden muss. So muss er nicht sinnlos rebellieren, wenn das Leben ihn (vermeintlich) zu etwas zwingt, das seinen Vorstellungen zuwiderläuft. Reif gelebt, kann man sich auf einen Menschen mit Wassermann-Mond auch verlassen.

Ohnmacht

Grundsätzlich gilt: Die Ohnmacht eines Mondes, gleichgültig in welchem Zeichen er steht, zeigt sich darin, dass der Mensch seinen Bedürfnissen, seinem Sehnen und seinen Emotionen ausgeliefert ist, sie nicht kennt und/oder sich gegenüber den Bedürfnissen und Gefühlen anderer nicht abgrenzen kann oder deren Bedürfnisse missachtet.

In der ohnmächtigen Form des Wassermann-Mondes stehen das Bedürfnis, ja die Sehnsucht nach Freiheit, Individualität, Besonderheit und das Gefühl sich in keiner Weise zu etwas nötigen zu lassen – auch wenn es not-wendig wäre –, so stark an erster Stelle, dass der Mensch dies als fast zwanghaft erlebt. Er will, ja er darf sich keinesfalls festlegen, anpassen, dauerhafte Beziehungen eingehen, etwas fest zusagen oder jemanden sein Wort geben – dies alles würde sein Freiheitsgefühl einschränken. So ist er unzuverlässig, teilweise wort- und vertragsbrüchig und schwebt mehr über den Dingen, als dass er sich auf jemanden oder etwas einlässt. Das kann allerdings dazu führen, dass andere ihn immer mehr meiden und er einsam und ohne tiefere emotionale Kontakte leben muss. Darunter wiederum leidet er aber und flüchtet sich deshalb häufig in das beinahe schon trotzige Gefühl «Ich brauche euch sowieso alle nicht, dann kann ich wenigstens machen, was ich will».

Um in die Macht des Wassermann-Mondes zu gelangen ...

... kann die Energie des Gegenzeichens Löwe hilfreich sein. Denn es ist eine herzliche Energie der Zuneigung, die dem kühlen Wassermann-Mond das Gefühl vermitteln kann, doch andere Menschen zu brauchen und sie gerne um sich zu haben, um sich in ihrer Mitte zu wärmen. Er könnte dabei lernen, dass man sich, auch ohne den Applaus anderer, selbst gut und perfekt finden kann, dass es aber ein sehr viel tieferes Gefühl der Freude erzeugt, wenn das Lob und die Anerkennung anderer Menschen einem zufliesst.

Ein Weg dorthin ...

... können Achtsamkeit und Mitgefühl mit sich und anderen sein. Achtsamkeit und Mitgefühl zeigen sich anhand der Fragen: Bin ich mitfühlend mir selber gegenüber? Wie gehe ich mit mir um?

Wie fühle ich mich? Hält sich mein Bedürfnis nach Besonderheit in Grenzen oder bin ich schon ein bisschen schräg? Wo und wann muss ich mich in meine Besonderheit zurückziehen? Was verstehe ich unter Freiheit, was unter Freiwilligkeit?

Grundsätzliche Fragen mit Mond: Wie gehe ich mit anderen um? Kann ich sie so lassen, wie sie sind, oder will ich sie verändern? Kann ich Mitgefühl für sie aufbringen?

Kann ich mich emotional auf sie einlassen? Interessieren mich ihre Gefühle? Kann ich mich anpassen, und wie geht es mir dann? Kann ich Verabredungen treffen, die ich dann auch einhalte?

Laufe ich vor tieferen Gefühlen und zu grosser Nähe fort?

Der Dispositor

Uranus als Dispositor des Mondes wird zusätzlich gedeutet, aber nur im Haus, in dem er steht. Im Zeichen wird er, wie alle drei geistigen Planeten, nur als Generationenaussage oder im karmischen Zusammenhang interpretiert. Da er selbst die Thematik Freiheit, Individualität, Erneuerung, Rebellion und Exzentrik in sich trägt, ist bei einem mächtig gelebten Wassermann-Mond das Haus, in dem er sich befindet, sicher zusätzlich ein Schauplatz, an dem der Mensch gerne seine Macht zur Geltung kommen lässt.

Bei einem ohnmächtig gelebten Wassermann-Mond kann sein Haus auch der Lebensbereich der Ohnmacht oder des Machtmissbrauchs sein.

Den alten Dispositor eines Wassermann-Mondes, *Saturn,* habe ich für die oben genannten Themen bis jetzt noch nicht als relevant erlebt.

Mond in Fische

Macht

Grundsätzlich gilt: Die Macht eines Mondes, gleichgültig in welchem Zeichen er steht, zeigt sich darin, dass der Mensch achtsam mit seinen eigenen Bedürfnissen, Gefühlen und Emotionen umgeht und ebenso mit denen anderer. Ausserdem ist er imstande, seine Emotionen zu kontrollieren.

Die Macht eines Menschen mit Mond in Fische zeigt sich in seiner grossen Bereitschaft und Sehnsucht sich hinzugeben, sich ganz auf etwas oder jemanden einzulassen, etwas wirklich seelisch zu durchdringen und mit seiner eigenen, liebevollen Energie zu mischen. Das gilt keinesfalls nur für den partnerschaftlichen Bereich, sondern eigentlich für jedes Lebewesen, jede Aufgabe, jede Situation, in die er gestellt wird. Sein beinahe grenzenloses Mitgefühl, seine Intuition und Sensitivität prägen seinen Wirkungsbereich. Doch nur unter *einer* Voraussetzung ist er wirklich mächtig: Wenn er gelernt hat, auf dieser Welt anzukommen und sich abzugrenzen. Denn seine grosse Sehnsucht nach «Zuhause», das für ihn nicht in dieser Welt liegt, gibt ihm einerseits das Vermögen, die Verbindung von Hier nach Dort herzustellen und aufrechtzuerhalten, andererseits birgt sie aber die Gefahr, sich nicht ganz auf diese Welt einzulassen. Mächtig und reif wird der Mond gelebt, wenn der Mensch seinen Standpunkt in dieser Welt gefunden und eine innere Haltung ihr gegenüber entwickelt hat.

Ohnmacht

Grundsätzlich gilt: Die Ohnmacht eines Mondes, gleichgültig in welchem Zeichen er steht, zeigt sich darin, dass der Mensch seinen Bedürfnissen, seinem Sehnen und seinen Emotionen ausgeliefert ist, sie nicht kennt und/oder sich gegenüber den Bedürfnissen und Gefühlen anderer nicht abgrenzen kann oder deren Bedürfnisse missachtet.

Die Ohnmacht des Menschen mit Mond in Fische zeigt sich am ehesten, wenn sein Mitgefühl in Mitleid kippt und er zum Opfer seiner Liebesfähigkeit und Hingabebereitschaft wird. Denn dann kann er sich nicht abgrenzen, kann er nicht Mitgefühl mit sich selbst entwickeln und verstrickt sich in Gefühle, Emotionen und Verhaltensweisen, aus denen er sich schlecht lösen kann. Das beinahe Tragische an der sehr tief liegenden, meist nicht bewussten Motivation dieses Menschen ist, dass er «fühldenkt», im Sinne von: «Wenn ich ganz lieb bin, darf ich wieder ‹nach Hause›, fällt die Tür nach der heilen (jenseitigen) Welt nicht zu». So wird er selbst zum Opfer seiner verführerischen Erlösungssehnsucht, passt sich an, auch wenn es für ihn wirklich nicht passend ist, oder gerät in Abhängigkeiten von Menschen oder Süchten. Sehr häufig höre ich von Menschen mit einem ohnmächtigen Fische-Mond: «Ich will ja niemand verletzen!» Dass sie sich dabei pausenlos selber verletzen: ihre Gefühle, ihre Bedürfnisse, häufig auch die Erfüllung ihrer Sehnsucht, ist ihnen fremd. In Beziehungen können sie übersensibel, dünnhäutig reagieren, sind sofort verletzt, gekränkt oder beleidigt und versuchen vielleicht auch, im anderen Schuldgefühle zu erzeugen.

Um in die Macht des Fische-Mondes zu gelangen …

… ist die Energie des Gegenzeichens Jungfrau unbedingt erforderlich. Die Energie dieses Zeichens erlaubt es dem Menschen, einen Platz hier in dieser Welt zu finden, diese anzunehmen, wie sie ist, und gleichzeitig für andere da zu sein, für sie nützlich zu sein, wenn er gebraucht wird. So kann das Mitgefühl des Fische-Mondes und der Wunsch für andere da zu sein verbunden werden mit der Standfestigkeit in dieser Welt.

Als Strategie, diese beiden unterschiedlichen Energien zu verbinden, habe ich in Beratungen den Menschen angeboten, sich hier in dieser Welt einen Ort der Stille zu suchen, an dem sie sich mit dem eigentlichen Zuhause verbinden können, an dem sie für Augenblicke dieser Welt entfliehen können. Gerne angenommen werden die Vorschläge, sich eine Zeitlang in leere Kirchen zu setzen, sich in der Natur einen Ort zu suchen, vielleicht zu Hause bei Musik zum Träumen, vielleicht in der Meditation, vielleicht auch in einem Schaumbad. Das alles sind Möglichkeiten, sowohl gut verankert in dieser Welt zu sein als auch immer wieder für einige Zeit die Verbindung mit dem Sehnsuchtsort zu erfühlen.

Ein Weg dorthin …

… können Achtsamkeit und Mitgefühl mit sich und anderen sein. Achtsamkeit und Mitgefühl zeigen sich anhand der Fragen: Bin ich mitfühlend mir selber gegenüber? Wie gehe ich mit mir um?

Wie fühle ich mich? Wo bin *ich*? Kann *ich mich* wahrnehmen? Wann kann *ich* nicht Nein sagen? Kann ich *meine* Gefühle, Emotionen von den Gefühlen anderer unterscheiden? Kenne ich *meine* Bedürfnisse?

Alle *Ich*- und *Mein*-Fragen sind wesentliche Fragen für den ohnmächtigen Fische-Mond.

Grundsätzliche Frage mit Mond: Wie gehe ich mit anderen um?

Bringe ich zu viel Mitgefühl für sie auf? Leide ich mit ihnen mit? Bin ich verstrickt in die Gefühle und Emotionen der anderen, die ich so deutlich spüre? Erlaube ich mir, mich ihnen gegenüber abzugrenzen? Ist mir ihr Wohlergehen wichtiger als meines? Wo ist mein Ich in Beziehungen? Richte ich mich nur nach den Wünschen und Bedürfnissen der anderen? Passe ich mich an, um sie nicht zu verletzen? Habe ich die Vorstellung eine ideale Mutter sein zu müssen?

Der Dispositor

Neptun als Dispositor des Mondes wird zusätzlich gedeutet, aber nur im Haus, in dem er steht. Im Zeichen wird er, wie alle drei geistigen Planeten, nur als Generationenaussage oder im karmischen Zusammenhang interpretiert. Da er selbst die Thematik Grenzenlosigkeit, All-eins-Sein, höhere Oktave der Liebe, Nebelschwaden und Sehn-Süchte aller Art in sich trägt, ist bei einem mächtig gelebten Fische-Mond das Haus, in dem er sich befindet, sicher ein Schauplatz, an dem der Mensch gerne etwas bewirken möchte.

Bei einem ohnmächtig gelebten Fische-Mond kann das Haus, in dem Neptun steht, der Lebensbereich der Ohnmacht sein.

Da der alte Dispositor eines Fische-Mondes der *Jupiter* ist, erstreckt sich seine Macht auch auf ihn, das Zeichen und das Haus, in denen er steht. So sollte bei der Interpretation immer auch Jupiter miteinbezogen werden, da es möglich ist, dass durch Jupiter die Macht ausgelebt wird.

Bitte auch die Punkte Jupiter und Neptun zur genaueren Interpretation heranziehen.

Merkur – die Macht des Verstandes, der Gedanken, der Vorstellungen und Erinnerungen

Allgemeines

«Merkur ist der Mittler zwischen dem Bewussten und dem Unbewussten, weil seine Denkkraft zur Erkenntnis und zum Verständnis der Bilder des Unbewussten – wie etwa der Träume – verhilft», schreibt Hajo Banzhaf in seinem Buch SCHLÜSSELWORTE ZUR ASTROLOGIE (Kailash, 1996). Merkur herrscht von alters her über das männliche Zeichen Zwillinge und das weibliche Zeichen Jungfrau. Damit verbindet er das allgemein als männlich bezeichnete Denken, das rationale Erkennen und das erworbene Wissen, mit dem allgemein als weiblich bezeichneten Denken, das empfangende, instinktive, empathische Erkennen, das Erschauen und das intuitive Wissen. Somit «herrscht» er auch über die rechte (weibliche) und die linke (männliche) Gehirnhälfte.

Ganz abgesehen von den vielfältigen astrologischen Interpretationen, die Merkur zugeschrieben werden, ist seine Verbindung zwischen Bewusstem und Unbewusstem, zwischen Ratio und Emotio sein wesentliches Merkmal im Kontext von Macht und Ohnmacht.

Wie im Kapitel «Mond – die Macht der Gefühle, der Bedürfnisse und der irdischen Liebe» unter «Allgemeines – Gefühl und Emotion» (S. 104) schon beschrieben, sind Emotionen Produkte unseres Fühlens, die durch *mentale* Vorgänge, das heisst Gedanken, Erwartungen, Meinungen, Einstellungen, Vorstellungen, Wünsche und Absichten, bedingt sind. Dies ist ein rationaler Vorgang. Beide Male wirkt Merkur. Vereinfacht gesagt, wird ein Gefühl von Merkur wahrgenommen und gleich von ihm bearbeitet oder verarbeitet. Denn Merkur, unser Verstand, fischt aus unserem Unbewussten oder Unterbewussten und/ oder aus unseren Erfahrungen der Vergangenheit etwas heraus, transportiert es in die gegenwärtige Situation und macht dann auch noch aus seinem Fang eine Geschichte in die Zukunft. Im Ergebnis entscheiden wir dann, ob wir etwas tun oder nichts tun können, ob wir uns mächtig oder ohnmächtig fühlen. Dies geschieht blitzschnell. Bevor uns der Vorgang überhaupt bewusst wird, haben unsere Gedanken und Vorstellungen schon über unser Gefühl, mächtig oder ohnmächtig zu sein, entschieden.

Ja, nicht nur das: Unser Verstand ist, streng genommen, die Ursache all unserer Emotionen. Er entscheidet, was uns gefällt und was nicht, was wir haben wollen und was nicht. Daraus können sowohl heilsame Emotionen wie etwa Liebe, Zuwendung, Freude, Vertrauen entstehen oder belastende Emotionen wie etwa Eifersucht, Misstrauen, Neid, Wut oder auch Angst.

Wir sind ohnmächtig unserem Verstand ausgesetzt, wenn wir uns das nicht bewusst machen (Merkur) und nicht unsere Gedanken, Vorstellungen, Erwartungen (ebenfalls Merkur) wenigstens versuchen zu kontrollieren. Merkur führt uns also einerseits an der Nase herum, weil wir seinen Gedanken ausgeliefert sind, andererseits ist er aber auch derjenige, der hilft, uns dessen bewusst zu werden.

Wir können also die Macht unseres Merkurs – gleichgültig in welchem Zeichen – nutzen, wenn wir uns unserer Prägungen (Vergangenheit), unserer Gedanken und Vorstellungen (Gegenwart) und unserer Erwartungen, Hoffnungen oder Befürchtungen (Zukunft) bewusst sind. Sind wir das nicht, leben wir unseren Merkur – um es ehrlich und konsequent auszudrücken – ohnmächtig.

Können wir uns nicht richtig ausdrücken, fühlen wir uns dumm, fühlen wir uns in Konflikten sprachlos, meinen wir zu wenig zu wissen, sind unsere Worte verletzend, vergreifen wir uns im Ton, meinen wir alles besser zu wissen, dann leben wir unseren Merkur ohnmächtig und unreif. Denn unsere Erfahrungen aus der Vergangenheit, unsere Einbildungen und Bewertungen aus der Gegenwart und unsere Wünsche und Vorstellungen für die Zukunft haben uns fest im Griff.

Merkur steuert unsere Gedanken, er entschuldigt oder beschuldigt uns, analysiert das Verhalten anderer und wartet auf deren Veränderungen, um uns von uns selbst abzulenken.

Keiner der anderen Planeten kann ohne Verbindung mit Merkur gelebt werden, auch nicht der emotionale Mond, denn der Verstand lässt uns nicht in Ruhe. Jeder, der einmal versucht hat, in die Stille zu kommen oder vielleicht zu meditieren, weiss, wie sehr wir ihm, dem Verstand, ausgeliefert sind. Und ausgeliefert sein heisst eigentlich ohnmächtig sein.

Um in die Macht von Merkur zu gelangen ...

... brauchen wir Achtsamkeit und Aufmerksamkeit für das, was wir denken, wie wir denken, in welcher Haltung unser Geist sich befindet – will er etwas haben oder lehnt er etwas ab? Wir müssen achtsam sein, ob wir uns mit unseren Gedanken mehr in der Vergangenheit, in der Gegenwart oder in der Zukunft befinden.

Um die Merkur-Energie mächtig zu leben, müssen wir den Entschluss fassen (Merkur/Mars), nicht alles, jeden Menschen, jede Situation sofort zu bewerten, sondern zunächst zu *beobachten,* und zwar in einem möglichst neutralen Zustand. Das gelingt, wenn wir uns bewusst werden (Merkur), dass der Verstand stets versucht, unsere Emotionen und das daraus folgende Verhalten zu färben.

Ohnmächtig gelebt wird Merkur auch jedes Mal dann, wenn wir im Vergleich mit anderen sind. Wir vergleichen und bewerten, meist ohne näheres Wissen zu haben über das, was wir bewerten oder was wir vergleichen.

Macht und Ohnmacht zeigen sich also mehr auf der psychologischen als auf der astrologischen Schiene. Doch die Astrologie kann helfen, in die Macht von Merkur zu kommen, und zwar dann, wenn wir *unser* Denken und *unseren* Verstand nicht mit dem *anderer* vergleichen. Wenn wir ihn als *zu uns gehörig* annehmen, und zwar so, wie unser Merkur im Horoskop in seiner Eigenart, die ja sein Potenzial (seine Macht) ist, steht.

Es ist bekannt, dass Merkur, je weiter er von der Sonne entfernt ist, umso eigenständiger denken kann. Vor allem dann, wenn er in einem anderen Zeichen oder anderen Haus als die Sonne steht. Je näher er an der Sonne steht, desto weniger kann er seine Eigenart entfalten – er denkt eigentlich den Willen der Sonne. Das mag die Macht der Sonne stärken, stärkt es aber auch die eigene Macht von Merkur? Ich weiss es nicht.

Von Merkur und seinen Aspekten kann *nicht* abgelesen werden, ob ein Mensch gescheit oder dumm ist. Das ist bitte zu bedenken.

Wenn wir das unterschiedliche Potenzial von Merkur – allein nur aus dem Element heraus, in dem er steht – nicht als zu uns gehörig nehmen, sondern es mit anderen vergleichen, dann schwächen wir ihn. Denn je nach Element denken wir anders, argumentieren wir anders, kommunizieren wir und entscheiden wir anders. Ein Wasser-Merkur und ein Feuer-Merkur *sind* unterschiedlich, und wir kommen nur in ihren jeweiligen machtvollen Ausdruck, wenn wir dies als zu unserer Eigenart gehörig *anerkennen* und *nicht* vergleichen. Wenn wir zum Beispiel nicht so schnell denken oder argumentieren wie der andere, heisst das *nicht,* dass wir weniger wissen oder dümmer sind, sondern ausschliesslich nur, dass unser Merkur anders arbeitet als der unseres Gegenübers. Nur wenn wir dies in unserem Innersten anerkennen, kann sich unser Merkur in Haus, Zeichen und Aspekten machtvoll entfalten. Denn selbst ein Aspekt zu Saturn, Uranus, Neptun oder Pluto zeigt nur, dass ihm Kräfte wie Klarheit, Strukturiertheit, Einfallsreichtum, unkonventionelle Gedanken, intuitives, verbundenes Denken oder die Fähigkeit in extreme Bereiche zu denken zufliessen.

Einzig – und das ist wichtig – einzig unser Denken, unsere Vorstellungen und Geisteshaltungen, unsere Erinnerungen und alles, was Merkur aus der Vergangenheit an Prägungen hervorholt, sowie die Emotionen, die dadurch entstehen, färben unsere Gedanken und Vorstellungen zu diesen Aspekten. Durch unser Denken machen wir uns entweder zum ohnmächtigen Opfer dieser Aspekte oder können sie mächtig nutzen.

Selbst wenn wir viele schlechte Erfahrungen machen mussten, wenn wir in einer sehr schwierigen Situation stecken, wir «nichts machen» können, dann liegt es immer noch in unserer freien Entscheidung, uns mit unserem Merkur zu fragen: Wie kann ich, trotz dieses Aspekts, trotz meiner Prägungen, einen Weg finden, der ganz allein der *meine* ist? Wie kann ich innerhalb dieser ohnmächtigen Situation noch etwas machen, etwas für mich bewirken? Das ist dann der erste Schritt zur Macht.

Ich hoffe jetzt sehr, dass mein eigener Merkur sich hier präzise und verständlich genug ausgedrückt hat, um aufzuzeigen, dass Macht und Ohnmacht nicht zuletzt in unserem Denken liegen, also Merkur wesentlich daran beteiligt ist. Und dass es nicht darauf ankommt, zu schauen, welche Form unser ohnmächtiger Merkur zeigt, sondern dass es darauf ankommt, unsere Gedanken und unseren Verstand (Merkur) in ihre machtvolle Form zu lenken. Ganz schön verzwickt, gell? Doch wer die Mythologie von Merkur kennt, der weiss, dass er auch «der Listenreiche» genannt wird.

Im Folgenden habe ich verschiedene machtvolle Ausdrucksformen von Merkur beschrieben. Auch wenn uns manche Eigenschaften davon vielleicht nicht gefallen, ist es doch die Art, wie wir denken, entscheiden, kommunizieren und bewerten. Wenn wir uns nicht mit anderen vergleichen und uns abwerten, sondern versuchen, unseren Merkur so zu leben, wie er im Horoskop angelegt ist, dann leben wir ihn – astrologisch gesehen – in seiner Macht.

Merkur: Macht in den Elementen

Merkur in Feuer

- *Denkt* subjektiv, spontan, aufgeschlossen, selbstbewusst, von sich überzeugt.
- *Entscheidet* selbstsicher, selbstbewusst, spontan, oft unüberlegt, ist aber bereit, seine Entscheidungen zu revidieren.
- *Kommuniziert* schlagfertig, schnell, immer etwas angriffslustig, teils herausfordernd, teils besserwisserisch, dramatisierend und überzeugend.
- *Bewertet* zwischen wollen und nicht wollen, anregend und abtörnend, gerecht und ungerecht.

Merkur in Erde

- *Denkt* wirklichkeitsnah, präzise, konsequent, konzentriert, materiell, methodisch, an der praktischen Umsetzung orientiert.
- *Entscheidet* wohlüberlegt, nach Abwägung der Konsequenzen, realitätsbezogen, hart und nimmt seine Entscheidungen nicht zurück.
- *Kommuniziert* klar, prägnant, strukturiert, konzentriert.
- *Bewertet* zwischen brauchbar und unbrauchbar, bereichernd und nicht bereichernd, richtig und falsch.

Merkur in Luft

- *Denkt* schnell, theoretisch, wissensdurstig, neugierig, meist objektiv und tolerant.
- *Entscheidet* ungern, je nach Zeichen: Waage will die Harmonie nicht stören, Zwillinge möchte in der Neutralität bleiben, Wassermann möchte sich nicht festlegen; schnelle Entscheidungen werden oft wieder zurückgenommen.
- *Kommuniziert* mit vielen Worten, scharfsinnig, diplomatisch, geistig wendig.
- *Bewertet* zwischen interessant und uninteressant, sympathisch und unsympathisch, spannend und langweilig.

Merkur in Wasser

- Krebs und Fische *denken* in Bildern (müssen ein Gefühl, ein Bild erst in Sprache übersetzen), fantasievoll, intuitiv und einfühlend; Skorpion *denkt* mit scharfem Verstand bis ins Detail, bohrend und aufdeckend.
- Krebs und Fische *entscheiden* intuitiv, emotional, je nach Stimmung; Skorpion *entscheidet* absolut (alles oder nichts) und nimmt seine Entscheidung nicht zurück.
- Krebs und Fische *kommunizieren* einfühlsam, zugewandt, an Zusammenhängen interessiert, immer darauf bedacht, niemand zu verletzen und meist im Sowohl-als-auch; Skorpion *kommuniziert* leidenschaftlich, meist im Entweder-oder, Schwarz oder Weiss, teils auch verletzend, wenn es der Aufklärung dient.

- Krebs und Fische *bewerten* nach Gefühlen und Stimmungen: fühlt sich etwas gut an oder nicht, bin ich gestimmt oder nicht, ist etwas stimmig oder nicht; Skorpion *bewertet* meist zwischen Alles oder Nichts, Schwarz oder Weiss – es fehlen die Zwischentöne.

Merkur: Macht und Ohnmacht in den Zeichen

Merkur in Widder

Macht: Subjektives, separierendes Denken, scharfe Beobachtungsgabe, Kritik- und Angriffslust, schlagfertig. Begeistertes, schöpferisches Denken, diskussionsfreudig, lerneifrig.

Ohnmacht: Neigung zu Rechthaberei und Übertreibungen. Neigt zu vorschnellen Urteilen und Entscheidungen, die dann aber wieder revidiert werden können. Denkt nur an sich, streitlustig.

Merkur in Stier

Macht: Langsames, folgerichtiges, gründliches Denken, praxisorientiert, denkt realitätsbezogen, eher materiell ausgerichtet. Konservatives Denken: Was einmal bis zum Ende durchdacht ist, soll möglichst nicht mehr verändert werden.

Ohnmacht: Kann eigensinnig, stur, einseitig und völlig unflexibel denken.

Merkur in Zwillinge

Macht: Vielseitiges, differenziertes Denken, Redetalent, Vermittlungs- und Verhandlungstalent, kaufmännisches Talent. Wissensdurstig, neugierig und scharfsinnig.

Ohnmacht: Unbeständiges, oberflächliches, zerstreutes Denken, mangelnde Konzentration, Geschwätzigkeit, kaum zu bremsender Redefluss, Falschheit.

Merkur in Krebs

Macht: Denken wird zur Wahrnehmung, bildhaftes Denken, intuitives Begreifen von Zusammenhängen, gute Aufnahmefähigkeit, integrierendes Denken, gutes Gedächtnis, gutes Analysieren von Stimmungen, zurückhaltende Meinungsäusserung.

Ohnmacht: Realitätsfernes Wunschdenken, zu einfühlsames Denken, zu starke Fantasie, stimmungsabhängige Denkleistung, biegt sich die Wahrheit zurecht.

Merkur in Löwe

Macht: Kreatives, zielbewusstes, selbstbewusstes Denken, ausdrucksstark und überzeugend, Organisationstalent, grossräumiges Denken mit Weitblick, kann gut motivieren und begeistern, denkt umsichtig.

Ohnmacht: Grossspuriges, selbstherrliches Denken. Zu schnelle und falsche Versprechungen, sehr subjektiv, denkt nur an sich selbst.

Merkur in Jungfrau

Macht: Gründliches, sorgfältiges, analytisches Denken. Methodisches Vorgehen, was nützlich ist oder nicht, brauchbar oder nicht. Scharfe Beobachtungsgabe, Spezialistentum, wissenschaftliches und kaufmännisches Denken.

Ohnmacht: Kleinkariertes Scheuklappendenken, nörglerisch, kritiksüchtig und mit Vorurteilen behaftet, verliert sich im Detail.

Merkur in Waage

Macht: Diplomatisches, strategisches Denken, Vermittlungstalent, guter Sinn für Ästhetik und Formen, vorsichtige, freundliche, nicht verletzende Rede, gute kommunikative Umgangsformen.

Ohnmacht: Entscheidungsschwierigkeiten, konfliktscheu, hat keine eigene Meinung, Schönrederei, sehr theoretisch.

Merkur in Skorpion

Macht: Scharfer, kritischer Verstand, bohrend bis in die letzten Winkel, hinterfragt beinahe alles, oft leidenschaftlich bis fanatisch überzeugend, möchte alles Geheime wissen, schonungslos offenlegend, sehr verschwiegen.

Ohnmacht: Verletzende Sprache, verletzender Ton, spöttisch, intrigant, misstrauisch und zynisch, schnüffelt und spioniert in der Privatsphäre anderer herum.

Merkur in Schütze

Macht: Weltoffenes, aufgeschlossenes und vielseitig interessiertes Denken, auf der Suche nach Horizonterweiterung, strebt nach Gerechtigkeit und Wahrheit, immer auf der Suche nach dem Sinn, liebt es zu philosophieren und denkt sozial.

Ohnmacht: Besserwisserei, Rechthaberei, selbstgefälliges und selbstgerechtes Denken, heuchlerisch und dogmatisierend.

Merkur in Steinbock

Macht: Konsequentes, konzentriertes, streng logisches und komplexes Denken; folgt klaren Zielen, präzise, realitätsbezogen und ohne Schnörkel; zurückhaltend im Urteil, entschlussfreudig und unbestechlich.

Ohnmacht: Humorlos, wortkarg, pessimistisch, hart, teils schwermütig, sehr kritisches Denken; Neinsagerei und Nörgelei.

Merkur in Wassermann

Macht: Objektives Denken, Neuem gegenüber stets offen, Interesse an Reformen, Erfindungen und am Planen, ideenreich, gutes Abstraktionsvermögen, tolerantes und humanitäres Denken.

Ohnmacht: Zerstreutes, sprunghaftes, völlig abgehobenes, utopisches und realitätsfernes Denken; verrückte Ideen; Besserwisserei.

Merkur in Fische

Macht: Hervorragendes Einfühlungsvermögen, guter Spürsinn, bildhaftes, fantasievolles und intuitives Denken, mediale Fähigkeiten, kann Gedanken anderer aufnehmen, erspürt Zusammenhänge.

Ohnmacht: Abdriften in wirklichkeitsferne Träume und Vorstellungen, leicht beeinflussbar und unaufrichtig, immer auf der Suche nach etwas.

Venus – Macht der Beziehungen, der Begehrlichkeiten, der Werte, der irdischen Liebe

Allgemeines

Auch Nichtastrologen wissen meistens, dass Venus als das Symbol für Liebe steht. Diesen Begriff möchte ich zuerst etwas näher definieren, und zwar so, wie ich ihn sehe, was *keinesfalls* einen allgemeinen Wahrheitsanspruch hat, denn wenn ich die Menschen frage, was sie unter Liebe verstehen, bekomme ich die unterschiedlichsten Antworten.

Astrologisch sind Venus und ihre sogenannte «höhere Oktave» Neptun für die Liebe zuständig. Venus für die irdische, Neptun für die allumfassende, himmlische Liebe. Ich möchte dazu folgende Präzisierung vorschlagen:

Neptun: die reine Liebesenergie, sie *ist* und steht allen und allem zur Verfügung.

Mond: die irdische, tätige Liebe, lässt sich selbst und anderen Zuwendung, Geborgenheit, Fürsorge und eventuell auch Hilfe zukommen.

Venus: die Liebe in Beziehungen (zu sich selbst und zu anderen), die Begehren mit sich bringt, also nicht nur *wen* liebe ich, sondern auch *was* liebe ich? Realistischer: Wen oder was möchte ich haben, behalten?

Während der Mond uns in Kontakt bringt mit unseren Gefühlen und unseren Bedürfnissen, unserer Sehnsucht, bringt uns die Venus zuerst in Beziehung mit uns selbst, dann in Beziehung zu anderen.

Mag ich mich? Liebe ich mich? Habe ich eine Beziehung zu mir selbst aufgebaut? Oder bin ich nur in Beziehung zu anderen? Kenne ich meine Werte? Weiss ich, was *ich mir* wert bin? Weiss ich, *was* mir gut tut? Weiss ich, *wer* mir gut tut? Kenne ich meine Begehrlichkeiten? Meine Wünsche: Weiss ich, was ich haben möchte? Weiss ich, *wie* ich etwas haben möchte? Weiss ich, *was* ich liebe? Lebe ich mit allen Sinnen? Lebe ich meine Sinnlichkeit? Kenne ich mein erotisches Begehren?

Wer diese Fragen mit Ja beantworten kann, lebt voll in der Macht seiner Venus.

Meiner Erfahrung nach allerdings können die wenigsten dieser Fragen eindeutig mit Ja beantwortet werden, denn die meisten Menschen versuchen zuerst eine Beziehung mit einem Du einzugehen, noch bevor sie eine bewusste Beziehung zu sich selbst aufgebaut haben. Das ist im Grunde genommen auch nachvollziehbar, denn unser Inneres sucht vom Säuglingsalter an die Beziehung zum Du, sehr verstärkt dann in der Jugend und im jungen Erwachsenenalter. Werden wir in der Sozialisation aber gehindert, eine gesunde Beziehung zu uns selbst aufzubauen – und das ist oft der Fall –, suchen wir in der Beziehung und Liebe zum Du die Beziehung zu uns selbst. Das aber macht uns abhängig vom Wohlwollen des anderen. Denn wir können nur eine unabhängige Beziehung mit anderen Menschen leben, wenn wir zuvor eine Beziehung zu uns selbst aufgebaut haben.

Der Psychoanalytiker Erich Fromm schrieb in seinem Buch DIE KUNST DES LIEBENS (Ullstein, 1956) sinngemäss: Die meisten Menschen können sagen: Ich liebe dich, weil ich dich brauche. Doch es müsste heissen: *Ich brauche dich, weil ich dich liebe.*

Die meisten Menschen jedoch brauchen jemand, der sie liebt, weil sie nicht gelernt haben, sich selbst zu lieben. Auch die fast narzisstische (Selbst) Liebe, die durch die schier grenzenlose Bewunderung ihrer Sprösslinge von vielen der heutigen Eltern in den Kindern gleichsam gezüchtet wird, wird später immer ein Du brauchen, das bewundert.

Wenn aber die Venus-Energie machtvoll gelebt wird, dann lieben wir uns vielleicht nicht gleich von Anfang an, aber wir kennen, wir mögen, wir wertschätzen uns, wir haben eine Beziehung zu uns. Dieser Selbstwert ist die Basis, um Beziehungen zu anderen Menschen aufbauen und ihnen unsere Wertschätzung entgegenbringen zu können.

Venus – die Beziehung zu uns selbst

Der Begriff Beziehung heisst, dass zwei Personen aufeinander bezogen sind, dass also ihr Denken, ihre Gefühle und auch ihr Verhalten sich aufeinander beziehen. Es ist *kein* Nebeneinander, doch muss es auch nicht unbedingt ein Miteinander sein, denn auch ein Gegeneinander heisst, dass zwei Personen aufeinander bezogen sind.

Immer nur zwei Personen können sich wirklich aufeinander beziehen. Selbst in einer Familie hat das Kind jeweils eine eigene Beziehung zur Mutter und zum Vater, zu jedem der Geschwister, und das gleiche gilt für die Eltern. Venus heisst also: Wenn ich eine Beziehung zum *Ich* gefunden habe, begehre ich das *Du*.

Während das Kind im Mutterleib eine Beziehung zu seiner Mutter aufbaut, baut es gleichzeitig eine Beziehung zu sich selbst auf. Seine Sinne erwachen, es beginnt seine Sinnlichkeit zu leben, es hört, es tastet, es spürt, und es kann sicher instinktiv zwischen angenehm und unangenehm unterscheiden. Es lernt sich kennen, immer noch in Einheit mit der Mutter. Doch wenn es geboren ist, lernt es instinktiv, was ihm gefällt, was ihm nicht gefällt, was es haben will und was es nicht haben will. All das ist Venus.

Wenn wir mit jemandem neu in Beziehung treten, müssen wir ihn kennenlernen, seine Eigenart, seine Persönlichkeit, und wir müssen zulassen, dass er uns kennenlernt. Wenn wir als Säugling mit uns neu in Beziehung treten, müssen wir uns ebenfalls kennenlernen, und dieses Kennenlernen dauert eigentlich ein Leben lang. Wir lernen immer etwas dazu. Machtvoll und achtsam gelebt, zeigt uns Venus eigentlich ständig neue Facetten von unserem Selbstbild und Selbstwert, unseren Begehrlichkeiten und unseren Beziehungswünschen.

Macht

Um in die machtvolle Form einer Beziehung zu uns selbst zu gelangen, können folgende Fragen gestellt werden:

- Welches Bild habe ich von mir selbst?
- Welchen Selbstwert gibt mir das, was ich bin, was ich kann, was ich habe?

Die erste Frage kann mit Venus in Haus, Zeichen und Aspekten beantwortet werden, die zweite Frage ebenfalls mit Venus, aber vor allem auch durch das 2. Haus: Zeichen, Herrscher und eventuell darin befindliche Planeten.

Nach dieser Analyse folgen die Fragen:

- Stimmt mein astrologisches Selbstbild mit dem überein, das ich lebe?
- Stimmen Selbstbild und Fremdbild überein?

- Gründet mein Selbstwert auf dem, was ich bin, kann und habe?
- Gründet mein Selbstwert auf dem, wie andere mich finden, andere mich beurteilen?
- Lebe ich noch die Werte meiner Eltern, selbst wenn sie nicht für mich passen?
- Welche Werte stärken meinen Selbstwert?

Um Unklarheit zu vermeiden: Selbstverständlich gründet unser Wertesystem nicht nur auf Venus, sondern auch auf Jupiter, dem 9. Haus und vor allem auf dem Leben an sich – doch hier geht es um den Aufbau von Selbstwert, um die Werte von Venus in Beziehung mit uns selbst.

Ohnmacht

Viele Menschen konnten sich in ihrer Kindheit nicht genau kennenlernen, weil sie dazu angehalten waren, sich nach dem Mond oder der Venus der Eltern zu richten:

Das Kind mag keinen Spinat – aber Spinat ist gesund.

Das Kind mag die Tante Lisbeth nicht – aber es muss sie trotzdem küssen.

Das Kind mag keine Gummistiefel tragen – aber Gummistiefel sind praktisch.

Dem Kind gefällt es, im Schlamm zu spielen – aber die Mutter mag das nicht.

Das Kind möchte eine Barbie-Puppe – aber die Eltern finden das schrecklich.

Das Kind muss Klavierspielen lernen – aber es möchte lieber Schlagzeug spielen.

Die Liste könnte beliebig lang fortgesetzt werden. Jeder von uns könnte etwas Persönliches dazu beitragen, und jedes Mal würde es bedeuten, dass wir unsere Venus nicht kennenlernen durften, sondern uns eher der Venus oder dem Mond der anderen anpassen mussten. Und wenn wir uns nicht kennen, können wir uns auch kein Bild von uns machen, kein Selbstbild. Und wir können diesem Bild keinen Wert zusprechen, also keinen Selbstwert entwickeln. Für beides steht Venus als Symbol.

Venus – die Beziehung zu anderen Menschen

Haben wir uns selbst, unser Selbstbild, kennengelernt, dann strebt die Venus-Energie in uns danach, das Du kennenzulernen. Sie begehrt, wünscht, möchte ein Gegenüber. Sie möchte die Liebe, die wir für uns empfinden, weiterfliessen lassen, einem anderen Menschen zu. Doch immer dann, wenn wir mit anderen Menschen zu tun haben, ist nicht nur Venus aktiv, sondern auch der Mond. Es sind diese beiden Planeten, die von Beginn einer Beziehung an mit dabei sind. Damit meine ich *Beziehungen* im oben genannten Sinn, nicht *Begegnungen.* Wir *begegnen* anderen Menschen mit dem Aszendenten, *beziehen* wir uns aber auf ihn, kommen Venus und Mond ins Spiel. Venus begehrt durch die Beziehung etwas, sie erwartet. Mond sehnt sich danach, dass seine Bedürfnisse innerhalb der Beziehung zum Ausdruck kommen können oder sogar gestillt werden (interessanterweise kann man das nicht nur auf private Beziehungen anwenden, sondern auch auf politische und wirtschaftliche). Stehen Venus und Mond in Zeichen, die zusammenpassen oder gar im selben Zeichen, wird man kaum einen Unterschied fühlen.

Macht

Um in die machtvolle Form einer Beziehung zu anderen Menschen zu gelangen, können folgende Fragen gestellt werden:

- Welche Dynamik wünsche ich mir, erwarte ich in Beziehungen?
- Welche Anteile davon bringe ich selber mit? (Venus in Zeichen, Haus und Aspekten).
- Welche Bedürfnisse ersehne ich mir durch Beziehungen zu befriedigen?
- Will *ich* darauf achten, dass sie erfüllt werden, oder ersehne ich das vom anderen?
- Kann ich sie dem anderen mitteilen oder spüren lassen? (Mond in Zeichen, Haus und Aspekten).
- Wie bin ich erotisch ansprechbar? Was wünsche ich mir? (Venus im Zeichen und mit Aspekten).

Ohnmacht

Stehen Venus und Mond in Zeichen, die sich widersprechen, fühlt der Mensch, der beide Planetenenergien machtvoll lebt, den Unterschied.

Lebt er sie in der ohnmächtigen Form, wird meist eine der beiden Energien unterdrückt, weil sie für den Beginn einer Beziehung nicht passend erscheint. Dies geschieht meist unbewusst. Im Laufe der Beziehung aber meldet sich auch die unterdrückte Energie zu Wort, und das führt dann oft zu ersten Schwierigkeiten. Der Mensch fühlt sich nicht wahrgenommen und nicht angenommen. Der Partner kann dann sagen: Diese Seite kenne ich gar nicht an dir, die mag ich nicht. Diese Dynamik bezieht sich im Übrigen nicht nur auf Partnerschaften, sondern auf jede tiefergehende Beziehung.

Venus – die Beziehungsfähigkeit

Jede Venus im Horoskop ist beziehungsfähig, eine jede auf ihre Art. Die Voraussetzung dazu ist aber, wie oben schon gesagt, dass wir uns selber kennen, einen Selbstwert besitzen, der aus uns kommt und nicht durch andere entstanden ist. Weiter, dass wir unsere Wünsche formulieren können und dass wir uns – vor allem – auch abgrenzen können. Dann können wir die Venus-Energie in ihrer Macht leben und sind fähig für eine gesunde Beziehung.

Macht

Um in die machtvolle Form der Beziehungsfähigkeit zu gelangen, können folgende Fragen gestellt werden:

- Welchen Stellenwert haben Beziehungen in meinem Leben wirklich?
- Wie viel Freiraum brauche ich in Beziehungen für mich?
- Bin ich eher ein Binder oder ein Löser?
- Macht mir der Gedanke an Dynamik in Beziehungen Angst?
- Bin ich bereit, *mich* durch die Beziehung verändern zu lassen?
- Kann ich zulassen, dass die Beziehung sich verändert?
- Denke ich, mir ginge es besser, wenn der *andere* sich verändert?
- Bin ich bereit, an *mir* zu arbeiten, nicht immer am *anderen?*
- Bin ich bereit, Beziehungsarbeit zu leisten?
- Leiste ich *allein* die gesamte Beziehungsarbeit?
- Fühle ich mich dabei mächtig oder ohnmächtig?
- Bin ich bereit, mich mitzuteilen und dem anderen zuzuhören?

- Bin ich konfliktfähig oder sage ich zu allem Ja und Amen?
- Passe ich mich zu sehr an oder will ich, dass der andere sich anpasst?

Ohnmacht

Dass die Venus-Energie so häufig in einer ohnmächtigen Form erlebt oder gelebt wird, liegt wohl in erster Linie an unseren Beziehungserfahrungen in der Kindheit und den daraus entstandenen Prägungen und Verhaltensweisen. Astrologisch zeigt sich das häufig an Venus-Spannungsaspekten zu Jupiter bis Pluto, einer Venus am absteigenden Mondknoten oder einer unaspektierten Venus. Jupiter deshalb, weil ein Spannungsaspekte von ihm sehr häufig viel zu hohe Erwartungen weckt. Doch wie im Kapitel «Allgemeines zu Macht und Ohnmacht», Abschnitt «Wege in die Eigenmacht» (S. 43) schon erwähnt, ist es unser freier Wille, etwas zu verändern.

Beziehungen sind ein dynamischer Prozess, sie verändern sich, weil die Beteiligten sich verändern. Am leichtesten kann man das bei einer Eltern-Kind-Beziehung aufzeigen: Das Kind wird erwachsen, die Beziehung zu den Eltern verändert sich. Verharrt einer der beiden in der ursprünglichen Form der Beziehung, wird sie irgendwann krankhaft oder bricht auseinander. Ein Elternteil, der sein Kind immer in der kindlichen Versorgungsbeziehung hält, lässt ein Erwachsenwerden nicht zu. Ein Kind, das sich immer weiter versorgen lässt, entlässt die Eltern nicht aus der Sorgepflicht.

Die Eltern-Kind-Beziehung soll hier als Beispiel dienen, doch dasselbe gilt auch für alle anderen Beziehungen.

Es darf auch nicht vergessen werden, dass wir uns alle durch Beziehungen verändern. Ich glaube, es war der Philosoph Martin Buber, der sagte: «Du wirst nur durch das Du zum Ich.» Das heisst, dass sowohl der Einzelne durch die Beziehung verändert wird als auch die Beziehung selbst. So ist eine reife, langanhaltende Beziehung immer mit Arbeit verbunden, und die Fähigkeit einen dynamischen Prozess zuzulassen und daran zu arbeiten ist wesentlich, um eine Beziehung in der Eigenmächtigkeit leben zu können. Diese Überlegung ist vor allem für eine Venus-Stellung im Element Erde oder im Wasser wichtig, denn beide wollen das, was sie lieben, festhalten.

Aus welchen Gründen auch immer, sind die meisten Menschen der Annahme, dass Beziehungen, seien es Partnerschaften oder Freundschaften, ein Leben lang halten (müssen). Doch wie alles andere, sind auch Beziehungen einem zyklischen Geschehen unterworfen. So gibt es in jeder Beziehung wohl auch die «vier Jahreszeiten», und wenn mit dem Zyklus gelebt wird, folgt nach einem Winter auch wieder ein Frühling. Es besteht aber durchaus auch die Möglichkeit, dass es in der Beziehung einen Neubeginn, nach Anfangskrisen eine Hoch-Zeit, eine Ernte-Zeit gibt und dann die Beziehung merklich flacher wird, bis sie zu einem Ende kommt. Dann kann ein neuer Same gelegt werden, aber nicht unbedingt mit demselben Gegenüber. Haften wir an einer Beziehung, weil nicht sein kann, was nicht sein darf (die Trennung), dann *kann* es direkt in ein Beziehungselend führen, wo beide nicht miteinander, aber auch nicht ohne einander können. Beide fühlen sich dann aber ohnmächtig in der Beziehung.

Aus der Psychologie ist bekannt, dass es in Beziehungen jeglicher Art Binder und Löser gibt. Zusätzlich zu anderen Faktoren kann hier auch Venus einen Hinweis geben: Venus in Erde oder Wasser ist eher bindend, Venus in Feuer oder Luft eher lösend. Treffen sich Binder und Löser in einer Beziehung, ist das ein Glücksfall, denn es besteht keine gegenseitige Abhängigkeit, sondern es belebt die immerwährende Dynamik in einer Beziehung. Treffen sich zwei Binder, tun sie sich schwer, etwas zu verändern. Treffen sich zwei Löser, ist wohl viel Unruhe vorprogrammiert. Die beiden letzteren Formen werden eher in der Ohnmacht erlebt.

Venus – Begehrlichkeiten und Werte

Die Venus-Energie begehrt, wünscht, möchte. Und was sie hat und ihr gefällt, möchte sie behalten und bewahren. Was unerwünscht ist oder nicht gefällt, lehnt sie ab. Es geht also ganz klar um Habenwollen und Nicht-Habenwollen, um Besitzen und Hergeben.

Da bei diesem Thema erfahrungsgemäss die unreife, ohnmächtige Form sehr viel weiter verbreitet ist als die reife, mächtige, will ich hier ausnahmsweise mit den Schwierigkeiten des Begehrens und Wertens beginnen.

Ohnmacht

Ich vermute, dass die unreflektierten Begehrlichkeiten und Wünsche von Venus Formen der Ohnmacht sind, die den Menschen sehr grosses Leid zufügen. Die Begehrlichkeiten eines Menschen, der zum Beispiel seiner Skorpion-Venus-Energie ohnmächtig ausgeliefert ist, der die Gefühle des geliebten Menschen ausschliesslich für sich besitzen möchte, sein Begehren «die vollständige Wahrheit» zu erfahren oder die «vollständige Kontrolle» zu haben, fügen sowohl ihm als auch dem anderen Leid zu.

Oder eine andere Variante: Ein Mensch, der seine Widder-Venus noch nicht kennt und im ohnmächtig konventionellen Denken seiner Stier-Sonne/Merkur-Konjunktion hängt, hält gleichzeitig seine Widder-Venus in Ohnmacht, weil er mit ihr weder für sich noch für andere etwas bewirken kann. Sie steht ihm nicht zur Verfügung. Doch sein Begehren, sich über das Stier-Bewährte und immer schon so Gewesene hinwegzusetzen, um mit Widder einen neuen Weg einzuschlagen, kann ihn in die Macht sowohl von Stier als auch von Widder führen. Es kommt also ganz darauf an, ob wir unseren Begehrlichkeiten ausgeliefert oder sie die Grundlage für Veränderungen *zu uns hin* sind.

Venus kann die reine Gier sein, je nach Element in materieller, emotionaler, mentaler oder spiritueller Hinsicht. Sie kann Geiz sein, nichts teilen wollen. Aus beidem können sich zum Beispiel Neid, Eifersucht, Missgunst und Ablehnung ergeben. Das ist dann die absolut ohnmächtige, unreife Form der Venus-Energie.

Ich habe in diesem Buch schon öfters von Vergleichen gesprochen, denen wir mehr oder weniger alle verhaftet sind. Wir sehen oder hören etwas, bewerten und beurteilen es, wollen es besitzen/behalten oder lehnen es ab. Wobei das Wort «besitzen» sich wiederum auf alle Bereiche bezieht. Wenn wir es besitzen, vergleichen wir das, was wir haben, mit dem, was andere besitzen. Fällt der Vergleich zu unseren Gunsten aus, sind wir (vorübergehend) zufrieden, fällt er zu unseren Ungunsten aus, sind wir unzufrieden. Auch das ist ein unreifer und ohnmächtiger Ausdruck der Venus-Energie. Wenn wir das, was andere haben, so sehr begehren, dass wir sie beneiden oder ihnen gegenüber missgünstig werden, sind wir immer in der ohnmächtigen Form.

Eine weitere unreife Form zeigt sich darin, dass wir die Werte anderer zu unseren eigenen gemacht haben, obwohl sie nicht oder nicht mehr unseren Werten entsprechen. Am häufigsten geschieht das, wenn ohne nachzudenken die Werte der Familie eins zu eins übernommen werden, ohne in der Pubertät die Gelegenheit genutzt zu haben, auszusortieren und die eigenen kennenzulernen. Zunächst schadet das nicht, doch mit der Zeit bekommt Venus nicht das, was sie sich wünscht, was sie begehrt und was zu ihr gehört, und der Mensch wird unzufrieden.

Macht

In der mächtigen Form dieser Venus-Energie geht es *nicht* darum, nicht zu bewerten, denn das tun wir alle, und wir werden es auch nur sehr schwer lassen können. Es geht zum einen darum, die Werte der anderen als *gleichwertig* anzusehen, auch wenn sie den unseren absolut zuwiderlaufen. Denn es sind deren Werte, die wir ja nicht zu unseren machen müssen. Wir dürfen den Menschen um seiner Werte willen nicht abwerten – wir kennen nicht sein Leben, das ihn zu diesen Werten geführt hat. Das ist eine sehr wichtige Form der Venus-Macht: den anderen nicht abzuwerten sondern sich ihm zuzuwenden.

Zum anderen geht es darum, *uns selbst* nicht abzuwerten, weil uns die Werte der anderen höher erscheinen als unsere eigenen. Auch hier ist die Venus-Energie in ihrer Macht, wenn wir uns genau dann nicht abwerten, sondern uns unserem Verlangen und damit uns selbst zuwenden.

Um in die machtvolle Form von Begehren und in die eigenen Werte zu gelangen, können folgende Fragen hilfreich sein:

- Was liebe ich? Was möchte ich haben, was begehre ich?
- Würde ich am liebsten sofort alles besitzen, was mir gefällt?
- Auf was kann ich schlecht verzichten?
- Bin ich gierig, auf was auch immer?
- Beneide ich andere um ihren «Besitz» – materiellen, emotionalen, mentalen?
- Begehre ich deren Besitz?
- Kann ich es schlecht ertragen, wenn es anderen gut geht?
- Bin ich neidisch, missgünstig, eifersüchtig?
- Kann ich mir Gutes tun oder lasse ich Begehren nicht aufkommen?
- Kann ich in Beziehungen mein Begehren verbal oder nonverbal formulieren?
- Welche Werte sind mir wichtig?
- Wo liegt der Schwerpunkt meiner Werte – materiell, emotional, mental, spirituell?

- Welche Werte möchte ich unbedingt behalten, welche sind veränderbar?
- Wo und wann weiche ich von meinen Werten ab?
- Lebe ich in Beziehungen meine Werte oder übernehme ich die der anderen?
- Auf welche Werte in Beziehungen will ich nicht verzichten?

Venus: Macht und Ohnmacht in den Zeichen

Venus in Widder

Macht

Begeisterungsfähig, leidenschaftlich (muss nicht von Dauer sein), von sich selbst überzeugt. Wünscht Dynamik in Beziehungen, will erobern, zeigt, was sie will, ist bereit, sich in Beziehungen auseinanderzusetzen, ist dabei offen für Veränderungen.

Werte: Freiheit, Selbstständigkeit, Abwechslung und Herausforderungen, geistige Anregung, schöpferische Werte.

Ohnmacht

Setzt sich nicht auseinander, sondern flüchtet; denkt nur an sich, Rastlosigkeit auf allen Ebenen, fordert zu viel, streitsüchtig. Freiheit um jeden Preis, bis hin zur Bindungsunwilligkeit oder -unfähigkeit.

Venus in Stier

Macht

Liebt materiellen Besitz, gute körperliche Beziehung zu sich selbst und anderen, tiefes Liebesempfinden, Sinnlichkeit, bindet sich gern, tut viel für Sicherheit in Beziehungen.

Werte: Treue, Genuss, Kunst, Besitz, Beständigkeit.

Ohnmacht

Eifersüchtig, neidisch, besitzergreifend, nachtragend, nicht veränderungsbereit in Beziehungen, starkes Sicherheits- und Kontrollbedürfnis in Beziehungen.

Venus in Zwillinge

Macht

Sehr kontaktfreudig, doch nicht beständig, vielseitige, aber eher unverbindliche Kontakte und Freundschaften. Sympathisiert mit vielen, legt sich aber nicht direkt fest. Auch Beziehungen können durchaus theoretisch und im Unverbindlichen bleiben. Nimmt erst spät Probleme innerhalb der Beziehung wahr, sucht dann die Gründe beim anderen.

Werte: Luftige Beziehungen, Freiheit, Unverbindlichkeit, vielfältige Kommunikation, Anpassung.

Ohnmacht

Verkopft; verdrängte Gefühle, Unbeständigkeit, Unzuverlässigkeit, Angst vor tieferen Beziehungen und Bindungen, möchte überall dabei sein, «auf allen Hochzeiten tanzen», oberflächliche Beziehungen.

Venus in Krebs

Macht

Romantisch, tiefes Liebesempfinden, starkes Liebesbedürfnis, einfühlsam in Beziehungen zu anderen; bereit, viel für die Beziehung zu tun, Familiensinn, Sehnsucht nach seelischen und körperlichen Gemeinsamkeiten.

Werte: Harmonie, Kunst, Musik, Kinder, Fürsorge für andere.

Ohnmacht

Abgrenzungsschwierigkeiten, starke Beeinflussbarkeit, zu grosse Opferbereitschaft, wirklichkeitsfremd und daher oft enttäuscht. Illusionen in Liebe und Beziehungen.

Venus in Löwe

Macht

Gute Beziehung zu sich selbst, selbstbewusst in Beziehungen, grossherzig, bedürftig nach Liebe und Lob, möchte auf Beziehungen stolz sein können, Grosszügigkeit, beiden soll es in der Beziehung gleich gut gehen, kann Partner/in zum Mittelpunkt des Lebens machen.

Werte: Extravaganz, Genuss, Kunst, Mittelpunkt sein, spielerisches Leben.

Ohnmacht

Zu grosse Quantität im Liebesleben, Untreue, bezieht alles nur auf sich, bei Kritik schnell beleidigt, sieht in der Beziehung nur sich selbst, sucht die Fehler nur beim anderen, will keine Beziehungsarbeit leisten.

Venus in Jungfrau

Macht

Treu und sehr hilfsbereit in Beziehungen, passt sich gerne an, sorgt in Beziehungen für das Praktische und Lebensnotwendige, wünscht sich dauerhafte Beziehungen, wählt daher vorsichtig und sorgfältig aus. Zurückhaltend, unbedingte Zuverlässigkeit.

Werte: Ordnung, Zuverlässigkeit, Reinheit, für einander einstehen, alles, was praktisch ist.

Ohnmacht

Zu langes Zögern und zu grosse Vorsicht in Beziehungen, zu ängstlich und zu zurückhaltend, um sich einzulassen, vergisst sich in Beziehungen oft selbst, übernimmt die gesamte Beziehungsarbeit. Im Gefühlsbereich berechnend; zu scheu, zu prüde und daher oft enttäuscht.

Venus in Waage

Macht

Sympathisches, verbindliches Wesen, sehr auf Harmonie und gute Umgangsformen bedacht, charmant, kontaktfreudig, aber grossenteils unverbindlich und distanziert. Sucht in Beziehungen Gleichwertigkeit; ist bereit, Beziehungsarbeit zu leisten, sieht aber die Probleme nicht.

Werte: Kunst, Kultur, Verbindlichkeit, eher distanzierte Kontakte, guter Stil und gute Umgangsformen.

Ohnmacht

In Beziehungen emotional unbeteiligt, oberflächlich, untreu, kühl. Um der Harmonie Willen zu angepasst, keine eigene Meinung, unentschlossen. Meidet tiefere Gefühle, kann sich nicht einlassen.

Venus in Skorpion

Macht

Starke Anziehungskraft, Leidenschaftlichkeit, hohe Emotionalität und Intensität, grosse Anhänglichkeit. Gute Beziehungsfähigkeit solange der andere «zur Verfügung steht». Faszinierende Erotik.

Werte: Sicherheit, Kontrolle, Macht, Kunst, tiefste Gefühle.

Ohnmacht

Verstrickungen, seelische oder sexuelle Abhängigkeiten, manipulative Verhaltensweisen, Eifersucht, Misstrauen, extremes Kontrollbedürfnis; Wunsch, sich des anderen zu bemächtigen.

Venus in Schütze

Macht

In Beziehungen unabhängig und stolz, idealistische Vorstellungen von Beziehungen. Bleibt in der Seele ewig ungebunden und frei, hat viele Wünsche und Hoffnungen in Beziehungen, ist bereit zu Veränderung und Beziehungsarbeit, wenn es sinnvoll ist.

Werte: Sinnhaftigkeit, Reiselust, Bildung, Wissensvermehrung Glaubensinhalte, exotische Beziehungen.

Ohnmacht

Fluchttendenzen, Launenhaftigkeit, Empfindlichkeit, unbeständige Gefühle, Meckerei und Besserwisserei in Beziehungen, Selbstgefälligkeit.

Venus in Steinbock

Macht

Beständigkeit auch in schwierigen Zeiten, Selbstbeherrschung, Treue. Entschliesst sich schwer zu verbindlichen Beziehungen, pflichtbewusst und verantwortungsbereit, kann sich zurücknehmen.

Werte: Ernsthaftigkeit, Selbsterkenntnis, Disziplin, Verzicht, Treue.

Ohnmacht

Hemmungen, Komplexe, Beziehungen «bis zum bitteren Ende», Eifersucht, Misstrauen. Schwierigkeiten, die durch erheblichen Altersunterschied entstehen. Der Liebesverzicht aus Rücksicht auf andere.

Venus in Wassermann

Macht

Grosse soziale Einstellung, liebt unkonventionelle Beziehungen, Treue, wenn die Beziehung frei und freiwillig ist, achtet auf Gleichwertigkeit, Gleichberechtigung, mag kameradschaftliche Beziehungen, stets bereit für Veränderungen.

Werte: Freiheit, Gleichheit, keine Verpflichtungen, Unabhängigkeit, Fortschritt.

Ohnmacht

Oberflächlichkeit, Gleichgültigkeit, verdrängt Gefühle, unzuverlässig, ständig wechselnde Beziehungen, Unfähigkeit sich einzulassen und unfähig oder unwillig zu Beziehungsarbeit.

Venus in Fische

Macht

Starker Altruismus, Hingabefähigkeit, Selbstlosigkeit, Hilfs- und Opferbereitschaft, jedoch unter der Voraussetzung sich abgrenzen zu können. Stets bereit, für die Beziehung «alles zu tun». Die Liebe ist nicht so fokussiert, sondern allumfassend – was aber *keinesfalls* Untreue bedeutet (nein, sie schmust auch nicht mit jedem ... wie gerade männliche Astrologen gerne behaupten).

Werte: Liebe, Kunst, Musik, Mitgefühl, Träumen, Fantasie, sich nach etwas Sehnen.

Ohnmacht

Abgrenzungsschwierigkeiten, Opferthematik, hohe Verführbarkeit, mangelnde Selbstbeherrschung, Wunschvorstellungen und Illusionen, ewige Suche nach dem Traumprinz, der Traumfrau; zu wenig körperlich.

Mars – Macht des Willens, der Gestaltung, des Machens, Handelns

Machtvoll fühlt sich der Mensch, wenn er etwas machen, etwas bewirken kann. – So führt ein reif gelebter Mars direkt in die Eigenmächtigkeit.

Allgemeines

Tatkraft und Handeln

Die *Sonne* symbolisiert den Willen des Ichs, der Persönlichkeit. Der Mensch stellt sich die Fragen: Was will ich? Wie will ich sein? *Was* will ich erreichen? Was sind meine Ziele? Welche innere Haltung will ich einnehmen? Welchen Eindruck will ich hinterlassen?

Der *Mars* hingegen symbolisiert den Willen zum Machen, zum Gestalten. Hier werden Fragen gestellt wie: Was will ich *tun? Wie* kann ich etwas erreichen? Wie kann ich mich durchsetzen? Wie kann ich durch mein Handeln eine Spur, einen Fussabdruck hinterlassen? *Wie kann ich das umsetzen, was meine Sonne bewirken will?*

Besonders machtvoll fühlt sich ein Mensch dann, wenn Sonne und Mars zusammenarbeiten, wenn also der Wille unserer Persönlichkeit, etwas zu bewirken, vom Mars gleichsam aufgegriffen und umgesetzt wird. Wenn also die Sonne einen Entschluss fasst, braucht sie den Mars, um diesen auch zu realisieren. Man kann vielleicht sagen, dass der Wille der Sonne ein geistiger Vorgang, der Wille des Mars ein realer, «tatsächlicher» Vorgang ist.

Umgekehrt aber braucht die Mars-Energie unbedingt die Sonne, um dem Willen zu handeln eine Richtung zu geben, die der inneren Haltung der Persönlichkeit entspricht.

→ *Siehe auch Kapitel «Macht und Ohnmacht der persönlichen Planeten», Abschnitt «Vorgedanken – Punkt 2», auf S. 56.*

Wenn wir, ganz astrologisch, davon ausgehen, dass Mars das umsetzen soll, was die Sonne *will,* der Merkur *sich vorstellt,* der Mond *sich ersehnt,* die Venus *sich wünscht,* dann wird der Mars reif und machtvoll gelebt, wenn das Zusammenspiel der persönlichen Planeten harmonisch, die Persönlichkeit also gereift ist. Da die übrigen Planetenenergien – von Jupiter bis einschliesslich Pluto und alle anderen

Faktoren im Horoskop – aber auch eine sehr grosse Rolle spielen, dauert es meistens relativ lang – manchmal sogar ein Leben lang –, bis wir von einer reifen Persönlichkeit sprechen können.

Die Mars-Energie wird sehr häufig mit Gewalttätigkeit – gleichgültig ob physisch, psychisch oder verbal – und mit Machtmissbrauch verbunden. Gleichzeitig wird davon ausgegangen, dass diese Täter mächtig sind, aus ihrer Macht heraus handeln.

Dies ist aber meistens nur aus der Perspektive des Opfers richtig. Denn ein Mensch, der seine Mars-Energie nicht kontrollieren kann, ist ihr ausgeliefert, ist ohne Macht. Spricht man mit Menschen, die den Straftatbestand «Körperverletzung» erfüllen, geben viele von ihnen, wenn sie Vertrauen gefasst haben, zu, wie ohnmächtig sie sich eigentlich fühlen und wie wenig Selbstwert in ihnen steckt.

Die Macht von Mars ist am stärksten, wenn er in Übereinstimmung mit den übrigen persönlichen Planeten tätig wird. Dies kann sowohl eine Macht *für* jemand als auch *über* oder *gegen* jemand, also sowohl Machtgebrauch als auch Machtmissbrauch sein. Machtmissbrauch in jeder Form zeigt einen unreifen, eigentlich ohnmächtigen Mars, auch wenn er für das Opfer absolut mächtig erscheint. Der Täter selbst handelt ohnmächtig, er hat seine Mars-Energie nicht im Griff, sie ist entweder dem Willen der Sonne oder, je nach Aspekten, den Energien der Langsamläufer hilflos ausgeliefert.

Ein Sonderfall ist hierbei die sexualisierte Gewalt. Hier kann der Täter auch (oder vor allem) seiner Triebstruktur ausgeliefert sein. Dies ist völlig unabhängig von der Mars-Stellung im Horoskop.

Schon bei kleinen Kindern lassen sich häufig drei Verhaltensweisen beobachten, wenn sie etwas Verbotenes tun – manche haben ein schlechtes Gewissen dabei und manche ein gutes:

- Passt die «Tat» zu Mars, aber nicht zu der Mehrzahl der übrigen persönlichen Planeten, haben sie (meist hinterher) ein schlechtes Gewissen.
- Passt die «Tat» zu Mars und zur Mehrzahl der übrigen persönlichen Planeten, haben sie ein gutes Gewissen, *obwohl sie wissen*, dass das, was sie getan haben, nicht richtig war.

– Passt die Idee, etwas Verbotenes zu tun, nicht zu Mars, wird sie vom Kind selbst meist nicht ausgeführt. Ist das Kind nur Mitläufer in der Gruppe, hat es hinterher ein schlechtes Gewissen.

Manche jungen Männer, die wegen Körperverletzung verurteilt wurden, haben mir erzählt, dass sie nach der Tat ein extrem schlechtes Gewissen hatten. Andere erzählten mir, dass sie sich nach der Tat extrem gut gefühlt haben.

Von einigen konnte ich die Horoskope vergleichen. Dabei war auffallend, dass im Falle des schlechten Gewissens Mars und die übrigen Planeten unterschiedliche «Vorstellungen» hatten oder die Tat nicht zu Mars passte. Im Falle des guten Gewissens deckten sich der Wille der Sonne und die «Vorstellungen» der übrigen Planeten und der Wille zur Tat.

Beispiel mit gutem und mit schlechtem Gewissen:

Ein junger Mann mit einem extrem schlechten Gewissen *(Fig. 16)* hat einen sehr prominenten Wassermann-Mars am MC im exakten Tri-

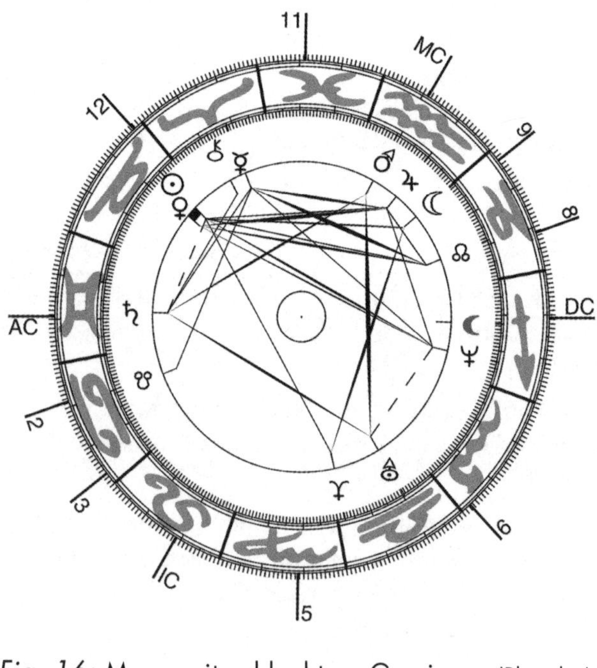

Fig. 16: Mann mit schlechtem Gewissen (Placidus)

gon zu seinem Dispositor Uranus und im Trigon zu Saturn am Zwillinge-AC. Mars in Wassermann ist kein körperlicher Mars, kein «Schlägertyp»; wenn er zuschlägt, dann eher mit Worten und Argumenten. Dafür spricht auch der Zwillinge-AC. Allerdings zeigt Saturn am Zwillinge-AC sowohl ein geringes Selbstwertgefühl als auch Schwierigkeiten in der Kommunikation (junge Männer mit Schwierigkeiten im verbalen Ausdruck schlagen leichter zu, um ihren Argumenten Nachdruck zu verleihen). Verstärkt werden die Saturn-Schwierigkeiten noch durch Sextile, die dieser zu Chiron und zum Merkur bildet.

Merkur in Widder im Quadrat zum absteigenden Mondknoten *kann möglicherweise* eine Erinnerung sein, dass in einer anderen Inkarnation Gewaltanwendung zum Erfolg geführt hat. Sie würde aber einen inneren Konflikt erzeugen, da der absteigende Mondknoten in Krebs steht, einem Zeichen, das physische Gewaltanwendung ablehnt. Die Sonne/Venus Konjunktion in Stier in Haus 12 ist auch eher friedlich gestimmt, doch Mars in Wassermann und im Aspekt mit Uranus ist sehr schnell und handelt meist unüberlegt.

So schlug er schnell und hart zu, doch als sein Mittäter, ohne schlechtes Gewissen, noch auf das am Boden liegende Opfer eintrat, bereute er bereits seine Tat. Seine Tat «passte» zwar zu seinem Merkur in Widder, doch nicht zum übrigen Horoskop, das – wie beim Mittäter – einen harmonischen Mond/Pluto-Aspekt aufweist.

Dieser Mittäter mit dem «guten Gewissen bei einer schlechten Tat» *(Fig. 17, nächste Seite)* hat zwar einen friedlichen Krebs-Mond, doch im Sextil zu Pluto und im Trigon zu Jupiter in Skorpion, der an der Spitze des 8. Hauses und im Quadrat zum absteigenden Mondknoten steht. Keine sehr friedlichen Einflüsse für den Mond. Auch Venus in Skorpion mit einem Sextil zu Merkur in Steinbock und einer Opposition zu Saturn empfindet es als Wert, hart sein zu können, und Mars in Skorpion «langt gerne mal so richtig hin» (so versuchte der junge Mann sein Verhalten zu erklären). Merkur im Quadrat zu Uranus am DC und zu einem AC in Widder kann schnell und aggressiv denken. Und eine unreif gelebte unaspektierte Sonne in Schütze im 9. Haus fühlt sich sehr schnell herausgefordert, wenn ein Gegenüber anderer Meinung ist. Dies alles weist zunächst auf eine spontane Tat hin, doch die Skorpion-Truppe war es vielleicht, die den jungen

Mann zum Nachtreten verführte, als das Opfer bereits am Boden lag. Er liess sich auch vom Mittäter nicht davon abhalten.

Hier «passt» der Mars zur Tat und zum übrigen Horoskop. Was ich astrologisch noch interessant finde ist, dass Mond/Pluto/Jupiter und Venus/Merkur durch *harmonische* Aspekte verbunden sind, aber trotzdem zu einer zutiefst unharmonischen Tat genutzt wurden. Auch hier wieder: Im Horoskop finden sich die Anlagen, nicht wie der Mensch sich im Leben festgelegt hat.

Beide Männer waren damals junge Burschen. Wie bekannt, leben Kinder und *sehr* häufig auch noch Jugendliche die Planetenenergien in der Rohform. Sie müssen erst eingeübt und durch Erfahrung am Du in eine sozialverträgliche Form gebracht werden. Junge Menschen haben junge Erfahrungen und benutzen die Planetenenergien daher unüberlegt und noch etwas holprig. Dies gilt vor allem für Venus und Mars: Venus, weil sie sich in der Beziehung zum Du erst selbst erleben und dann die Beziehung «trainieren» muss, und Mars,

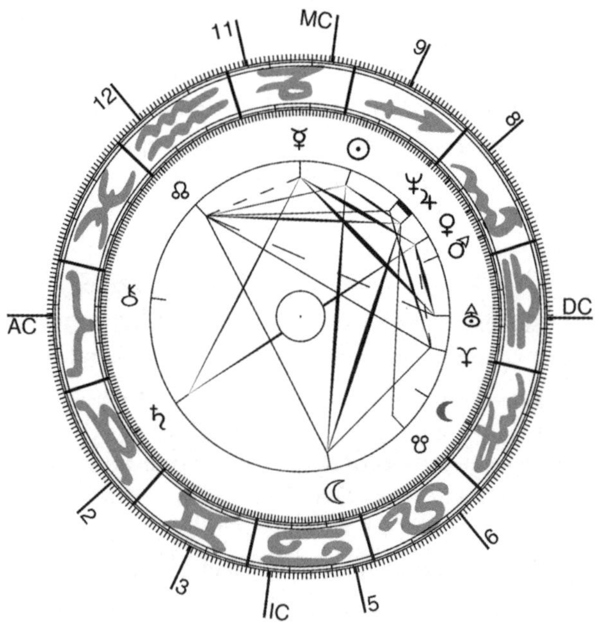

Fig. 17: Mann mit gutem Gewissen (Placidus)

weil er die Konsequenz seines Handelns erfahren muss, um den Umgang mit dieser Energie einzuüben.

Es wird also sichtbar, dass Mars nicht losgelöst von der Reife der Persönlichkeit und damit von der *Lebenserfahrung* des einzelnen Menschen betrachtet werden kann. Das finde ich deshalb so wichtig, weil ich der Meinung bin, dass wir durch die Mars-Energie mit einer Schattenseite von uns konfrontiert werden, die lieber verdrängt als bewusst gemacht wird. Doch wirklich mächtig zu sein heisst, seine Schattenseiten zu kennen und zu akzeptieren, dass sie zur Persönlichkeit gehören. Das heisst *nicht,* dass sie gelebt werden oder geliebt werden sollen, aber sie zu verdrängen oder zu negieren heisst, uns nicht ganz anzunehmen – und das kann unsere Persönlichkeit ohnmächtig halten.

Aggression und Entschlusskraft

Die eigenen Schattenseiten zu kennen, ist gerade dann wichtig, wenn über die Mars-Energie nachgedacht wird, denn diese symbolisiert vom Ursprung her die Aggression – ein sehr wichtiger Bestandteil des Lebens. Ich möchte sie im Weiteren als mächtige, «gesunde» Aggression bezeichnen, im Gegensatz zur ohnmächtigen, «ungesunden» Aggression, die gegen sich selbst, gegen andere oder eine Sache gerichtet ist. Denn ohne gesunde Aggression, ohne auf etwas zugehen, ohne etwas anpacken und auch durchsetzen zu können, könnten wir nicht überleben. Es würde der Impuls zum Handeln fehlen, die treibende Kraft, um hier auf dieser Welt eine Spur von uns zu hinterlassen, sichtbar zu werden. *Das* ist auch ein Teil der Lebensenergie von Mars.

Jeder Mars, gleichgültig in welchem Zeichen er steht, trägt diese gesunde Aggression in sich, ein jeder auf seine Weise. Die Mars-Energie ist dann in ihrer Macht, wenn der Mensch die Schattenseite seiner Aggression kennt und deren Lichtseite in ihrer treibenden Kraft zu leben wagt. *Kein* Mars ist schwach (nein, auch nicht der im Zeichen Fische), jeder möchte gerne, ja: gesund aggressiv und zupackend sich zeigen und nicht erleidend, erduldend auf das Leben zugehen – auch der Fische-Mars. Kein Mars ist schwach, wenn er die ihm eigene Energie reif und machtvoll leben darf, und damit meine ich, dass seine

Schattenseite erkannt ist und die Energie des Gegenzeichens mit einfliesst.

Die Art, wie Aggression gelebt wird, zeigt auch die Art, wie der Mensch kämpft. Machtvoll gelebte, gesunde Aggression befähigt für sich, für andere oder eine Sache zu kämpfen, jedoch ohne willentlich andere zu verletzen.

Die ohnmächtig gelebte, ungesunde Aggression befähigt ebenfalls für sich, für andere oder eine Sache zu kämpfen, doch ist der Mensch hierbei bereit, willentlich sich selbst oder andere zu verletzen, sei es auf physischer, emotionaler oder auch mentaler Ebene.

Eine weitere Ausdrucksform der Mars-Energie ist die Entschlusskraft. Die Willenskraft des Mars zu handeln reicht allein nicht aus, um den Willen auch umzusetzen. Dazu braucht es den Entschluss. Es reicht nicht zu sagen: «Ich will das Rauchen aufgeben», wir werden es wahrscheinlich jetzt nicht tun. Fassen wir den Entschluss, es aufzugeben, rauchen wir meist nicht einmal die Zigarette zu Ende. Der Entschluss ist also möglicherweise die Triebkraft für die gesunde Aggression. Möglicherweise ist es aber auch umgekehrt: Die gesunde Aggression ist die Triebkraft für den Entschluss. Auf jeden Fall entsteht beides aus der Mars-Energie. Die übrigen persönlichen Planeten können also noch so viel wollen, sich vorstellen, ersehnen oder wünschen, wenn die Entschlusskraft von Mars fehlt, werden sie es nicht bekommen.

Sexualität

Es muss unterschieden werden zwischen Erotik (Venus) und Sexualität (Mars). Venus symbolisiert das, was wir ausstrahlen und beim Du begehren, damit es überhaupt zum sexuellen Akt kommen kann. Mars symbolisiert das, was wir unter anderem brauchen, damit dieser erfüllend wird. Bei fast keinem anderen Planeten muss man so vorsichtig in der Interpretation sein, wie er gelebt wird, wie bei Mars, wenn es um Sexualität geht. Denn die Erfahrungen und Prägungen, die das *Leben* im sexuellen Bereich für den Einzelnen bereithält, haben *weitaus* mehr Bedeutung als die Anlagen, die im Horoskop zu sehen sind.

Von daher kann die astrologische Einteilung in sexuell mächtig oder sexuell ohnmächtig keinesfalls seriös erfolgen. Denn ob Sexualität erfüllend oder nicht erfüllend (mächtig oder ohnmächtig) gelebt oder erlebt wird und was der Einzelne als erfüllend erfährt, ist nicht aus dem Horoskop ersichtlich, weil Sozialisierung, Prägungen und Erfahrungen dominanter sind. Eindimensionale astrologische Aussagen sind hier in den allermeisten Fällen einfach falsch.

Mars: Macht und Ohnmacht in den Zeichen

Mars in Widder

Macht

Mutige, zielgerichtete, gesunde Aggression mit gutem Durchsetzungsvermögen. Dabei wird auf die Befindlichkeit der Umgebung geachtet, auch wenn subjektiv gefärbte Entscheidungen und Entschlüsse das Handeln prägen. Spontan, streitbar, selbstsicher, direkt und sehr schnell.

Ohnmacht

Ausgeprägtes Rivalitäts- und Konkurrenzverhalten, rücksichtslos und egoistisch und nur vom Denken und Handeln an die eigene Person bestimmt. Handelt ohne nachzudenken und ohne die Konsequenzen seines Handelns miteinzubeziehen und hat, selbst bei Misserfolg, immer noch recht. Jederzeit streit- und gewaltbereit, auch in physischer Form. Völlig unreflektiert und nur auf sich selbst bezogen.

Da diese Energie bei Kindern meist in der für die Umgebung schwer erträglichen Rohform zum Ausdruck kommt, wird sie häufig – bei Mädchen öfter als bei Jungen – verboten, umgelenkt, sanktioniert. Sind andere Anlagen des Horoskops nicht so auf Durchsetzungsfähigkeit ausgelegt, verbiegt sich das Kind fast immer nach den Wünschen der Umgebung und lebt seine Widder-Mars-Kraft ohnmächtig oder mit schlechtem Gewissen. Das kann zu einer jahrelang unterdrückten (Lebens-)Energie führen – ab der Pubertät dann aber auch zu schrecklichen Ausbrüchen dieser Widder-Energie, mit einer extremen Risiko- und/oder Gewaltbereitschaft, abwechselnd mit beinahe unterwürfigem Verhalten stärkeren Personen gegenüber.

Mars in Stier

Macht

Bedächtiges, solides, geduldiges Handeln, wenn sich der Mensch einmal warmgelaufen hat und wenn er in seinem eigenen Tempo arbeiten kann. Genauer gesagt, muss sich dieser Mensch für seine Tätigkeit erwärmen, was häufig heisst, es muss sich finanziell lohnen. Dann aber ist die Beharrlichkeit hoch und ein einmal gestecktes Ziel wird nicht so schnell aufgegeben. Will er etwas erreichen, hat er einen langen Atem und arbeitet mit zunehmendem Druck auf den anderen, aber ohne ihn direkt zu attackieren. Seine grösste Macht entfaltet er in der Verteidigung dessen, was er wertschätzt und was er behalten will. Hohe Frustrationstoleranz zeichnet diesen Menschen aus und ein nur langsam sich steigerndes Aggressionspotenzial. In seiner reif gelebten Form ist der Stier-Mars sozial eingestellt, nämlich dann, wenn er gelernt hat, dass miteinander teilen seinen Besitz nicht schmälert.

Ohnmacht

Da sich die Aggression nur langsam, nicht selten über einen langen Zeitraum hin steigert, kann ein heftiger Stau entstehen, der sich plötzlich und ohne Vorwarnung wüst entlädt, schlimmstenfalls auch in physischen Attacken. Stures Beharren auf seiner Meinung, auf seiner Art zu handeln, völlig uneinsichtig auch für notwendige Veränderungen. Doch kann auch Trägheit bis hin zu Faulheit ein Ohnmachtsthema von Mars in Stier sein und sein Handeln sich nur auf Bequemlichkeit und Genuss beschränken. Bei Kindern können ausgeprägte und lang anhaltende Trotzphasen grosse Herausforderungen darstellen. Starkes Revierverhalten, starke Rivalitäten und gieriges Vermehren des Besitzes (materiell und emotional) können dem Menschen selbst und auch seiner Umgebung das Leben erschweren.

Mars in Zwillinge

Macht

Machtvoll lebt der Mensch diese Mars-Energie, wenn es ihm gelingt, wenigstens vorübergehend seine verschiedenen Ziele zu bündeln. Dann kann er geschickt, schnell und anpassungsfähig handeln und seine sich stets ändernden Absichten auch verwirklichen. Seine Aggression lebt er direkt aus, meist in Wortgefechten, in denen er intelligent, rational, schlagfertig und teilweise mit sehr scharfer Zunge angreift oder argumentiert, jedoch ohne den anderen dabei willentlich zu verletzen.

Nicht selten findet sich bei dieser Konstellation eine innere Unruhe und Ungeduld, die auch in der machtvoll gelebten Form spürbar ist. Wenn er versucht, in seinen Ansichten neutral zu bleiben, kann er ein guter, vorsichtiger Kritiker sein, der wohlbegründet und nicht verletzend seine Beanstandungen vorbringt.

Ohnmacht

Unzuverlässiges, nicht zielgerichtetes, beinahe zerstreutes Handeln; zweifelnd und nicht sehr entscheidungsfreudig. Häufig leidet der Mensch unter einer mangelnden Entschlusskraft, denn dafür müsste er verbindlich werden (seinen Willen mit einem Ziel und seinem Tun verbinden). Dann aber fühlt er sich in seinem freien Handeln eingeschränkt. Schnelle, aggressive Reaktionen sind meist verbal, aber zynisch, ätzend und manchmal sehr verletzend. Im Streit neigt er zu Wortklaubereien und dreht die Worte und den Sinn der Sätze so, wie er es braucht. Neigt zu schneller, nicht durchdachter Kritik.

Mars in Krebs

Macht

Auch in der machtvollen Form ist dieser Mars sehr stimmungsabhängig und abhängig davon, zu was der Mensch im Augenblick Lust hat oder auch nicht. So ist ein Zeichen der reif gelebten Form, dass es ihm möglich ist, sich wirklich «in Stimmung zu bringen», also nicht abhängig von seiner augenblicklichen Verfassung handeln zu müssen. Dann kann er seine oft durchaus ehrgeizigen Ziele mit seiner grossen Fantasie und seinem reichen Schöpfertum umsetzen. Dieser Mars ist extrem hilfsbereit, liebevoll zugewandt, mag sich gern um andere kümmern und für sie sorgen. In der machtvollen Form denkt er dabei auch an sich selbst und seine Bedürfnisse. Er schafft es, ein Gefühl des Geborgenseins um sich herum zu verbreiten, und bewirkt dadurch, dass andere sich vertrauensvoll in seine Obhut begeben. Doch drängt er keinesfalls seine Hilfe auf.

Ohnmacht

Stimmungsabhängig, manchmal wehleidig, kindhaft im Verhalten und abhängig vom Verhalten anderer, ist der Mensch mit einem ohnmächtigen Mars in Krebs schnell bereit, sich als Opfer der «Machenschaften» anderer zu sehen. In der daraus entstehenden Mischung aus Ärger und Trauer «greift er an», indem er anderen die Schuld dafür zuschiebt, dass es ihm schlecht geht und dass er sich unwohl fühlt. Dadurch kann er beim anderen einen hohen emotionalen Druck aufbauen. Eine andere Form des ohnmächtigen Mars zeigt sich darin, dass er anderen seine Hilfe geradezu aufdrängt und ihnen signalisiert, wie sehr verletzend es für ihn ist, wenn sie diese nicht annehmen. Auch hier versucht er, ihnen ein schlechtes Gewissen zu machen.

Sein Handeln ist beinahe ausschliesslich von seinen Stimmungen und Launen bestimmt; er ist nicht fähig seine Ziele geradlinig anzugehen, macht Umwege oder Rückzieher, quält häufig sich und andere durch Klagen und Beleidigtsein.

Mars in Löwe

Macht

In seiner reifen Form zeigt sich dieser Mars selbstbewusst, selbstsicher und zielgerichtet in seinen Plänen. Vielfach ist sein Handeln darauf ausgerichtet, dass es von anderen in gebührender Weise bewundert wird. Doch zeigt sich die Macht des Menschen darin, dass er sich dabei nicht als Einzelner erhöht, sondern sich als Mittelpunkt *gleichwertiger* «Mittäter» sieht. Er sieht sich als *primus inter pares,* voll in seiner Würde, doch ohne anderen ihre Wichtigkeit abzusprechen. Er bietet grosszügig Hilfe an, ist jedoch nicht abhängig davon, dass sie auch angenommen wird. Sehr gute Durchsetzungskraft, ohne dabei andere ohnmächtig machen zu müssen.

Ohnmacht

Stark von der Bewunderung anderer abhängig, reagiert dieser Mensch äusserst empfindlich auf Kritik und kann sich dabei kaum als Verursacher eines Fehlers oder eines Fehlverhaltens wahrnehmen. Selbstherrlich und egoistisch sucht er die Schuld zuerst stets bei anderen oder versucht, sie auf sie abzuwälzen. Er verliert leicht die Selbstbeherrschung, wenn es nicht nach seinem ausgeprägten Willen geht, wobei er sich auch nicht scheut, andere niederzumachen und ihnen im schlimmsten Falle sogar die Würde zu nehmen, in der Hoffnung, die eigene Würde dadurch zu erhalten. In der Auseinandersetzung neigt er zu dramatischem und cholerischem Verhalten.

Mars in Jungfrau

Macht

Der Mensch mit einem machtvollen Jungfrau-Mars weiss seine Arbeitskraft planvoll und methodisch einzusetzen durch sehr bedachte Entscheidungen aus der Frage: Was ist nützlich, was wird gebraucht? Dabei denkt er jedoch nicht nur an sich, sondern ebenso an andere oder an die jeweilige Situation. So ist sein Handeln wohldurchdacht, präzise, fürsorglich, kontrolliert und meist auch für andere Menschen berechenbar. Er betrachtet sein Verhalten selbstkritisch, jedoch ohne sich selbst zu harsch zu beurteilen. Ebenso ist er anderen gegenüber ein genauer, aber nicht übertriebener Kritiker. Er ist nicht angriffslustig, lange duldsam und findet zur Stärke am ehesten in der Verteidigung.

Ohnmacht

In der unreifen Form zeigt der Mensch seine Aggression indirekt durch ständiges Nörgeln, ständiges Kritisieren, durch Besserwisserei und Blockieren. Mit dieser Variante passiver Aggression kann er sein Gegenüber in eine Aggressions-Explosion manövrieren, welche er dann wieder scharf und schulmeisterlich kritisieren kann. Ein unreif gelebter Jungfrau-Mars kommt auch in Pedanterie und Perfektionismus zum Ausdruck, die beide zwanghafte und beinahe selbstzerstörerische Züge annehmen können. Die Furcht, etwas falsch zu machen bzw. nicht perfekt zu sein, kann diesen Mars auch bis zur Untätigkeit lähmen.

Mars in Waage

Macht

Der reife und mächtige Mars in Waage ist ein diplomatischer, eher strategischer, häufig kluger Planer, dem – wie jeder Mars in einem Luft-Zeichen – die Theorie sehr viel näher steht als die Praxis. Dieser Mensch hat gelernt, trotz seiner manchmal doch starken Entscheidungsschwierigkeit letztendlich einen Entschluss zu fassen und ihn auch umzusetzen. Somit wird er nicht mehr zum Opfer seines ausgeprägten Harmoniestrebens und seines Wunsches, es allen recht zu machen. Er bezieht in seine Entscheidungen andere mit ein und versucht, in seinem Handeln möglichst niemanden zu verletzen und fair zu bleiben.

Ohnmacht

In der Ohnmacht überwiegen bei Mars in Waage falsche Diplomatie, zu starke Kompromissbereitschaft, Harmoniesucht und reine Handlungstheorien; meist aus der Furcht heraus, die Zuneigung des Gegenübers zu verlieren. So fehlt diesem Menschen die nötige Entschluss- und Aggressionskraft, um seinen Willen und seine Vorstellungen um- oder durchzusetzen. Er verliert sich in Entscheidungsalternativen, versucht sich mit nicht ganz ehrlich gemeinter Freundlichkeit nach den anderen zu richten und verliert so die Möglichkeit, seine Vorhaben nach seinem Willen zu gestalten. Um nicht aggressiv werden zu müssen, bringt er lieber «viel Luft zwischen sich und den anderen» und zieht sich kühl zurück.

Mars in Skorpion

Macht

Als alter Herrscher von Skorpion ist Mars hier in seinem Domizil und von daher wirkmächtig. Seine machtvoll gelebten Energien können viel bewirken, denn konsequentes, zielbewusstes und enorm durchsetzungsfähiges Verhalten zeichnen den Menschen mit dieser Konstellation aus. Ein starkes Durchhaltevermögen und eine hohe Risikobereitschaft befähigen ihn, sich in eine Sache buchstäblich zu verbeissen, vor allem dann, wenn er emotional beteiligt ist (und das ist er meistens). Doch in seiner reifen Form verbeisst er sich nicht unter dem Motto: Alles oder nichts, sondern beachtet sowohl seine Grenzen *als auch die der anderen.* Ausserdem ist er in der Lage, seinen ausgesprochen starken Willen zu Kontrolle und Macht im Zaum zu halten, um andere nicht ohnmächtig zu machen oder Beziehungen zu zerstören.

Ohnmacht

Die Grenze zwischen Macht und Ohnmacht bzw. Machtmissbrauch ist hier sehr schmal, denn – wie oben schon gesagt – die Energie des Zeichens Skorpion trägt den Wunsch und den Willen zur Macht in sich. Die ohnmächtige und unreife Form findet sich vor allem in einem zerstörerischen Handeln wie Gewaltbereitschaft, Kontrollsucht, verletzender, beissender Spott, bohrende, nicht nachlassendes Fragen, zerstörerische Risikobereitschaft, Manipulation, emotionale Erpressung, Versuche, andere in Abhängigkeiten zu bringen, Zwanghaftigkeit und Extremismus jeglicher Art.

Diese destruktiven Handlungsweisen sind sehr häufig die Kompensationen eines Gefühls der vermeintlichen oder tatsächlichen eigenen Ohnmacht. Sein enormes emotionales Anhaften (eine Anhänglichkeit bis hin zur Abhängigkeit) treibt den Betreffenden häufig dazu, etwas lieber zu zerstören als es freizugeben.

Mars in Schütze

Macht

Die mächtige, reife Energie dieses Mars befähigt den Menschen, in selbst ausweglosen Situationen noch zu motivieren, zu begeistern und andere dazu zu bringen, nicht aufzugeben, weiterzumachen und wieder Mut zu schöpfen. Er kämpft für Gerechtigkeit und seine hohen Werte, kann jedoch gut entscheiden, wann es sinnlos oder auch zwecklos wird, sich für sie einzusetzen, um dabei nicht selber ungerecht zu handeln. Seine weit gesteckten Ziele können ihn in die ganze Welt führen. Die tatsächliche Horizonterweiterung versucht er für sich, aber auch für andere vielfältig umzusetzen, auch durch eine grosse Toleranz. Seinen «gerechten Zorn», vor allem bei Ungerechtigkeiten jeder Art, versucht er verbal (und nicht tätlich) zum Ausdruck zu bringen. Dabei ist ihm wichtig, dass der andere seinen Zorn und seine Einstellung versteht, will er doch letztendlich eine Verbesserung in die Welt bringen.

Ohnmacht

Eine Verbesserung in die Welt bringen wollen mittels Besserwisserei, Überzeugungswillen sowie Abwerten, Be- und Verurteilen des anderen ist die ohnmächtige und unreife Form dieser Mars-Energie. Alles zusammen ist es eine Ausdrucksweise seiner ohnmächtigen Aggression, die häufig ihren Ursprung in dem Gefühl hat, dass die anderen *seine* Meinung und *seine* Vorstellungen nicht als die besseren, die richtigeren und wertvolleren anerkennen. Dann kann er geradezu «militant-missionarisch», wie ein Kreuzritter vorgehen (Hajo Banzhaf), wobei er sich gnadenlos selbst überschätzt. Er ist schnell beleidigt, wenn er nicht die gewünschte Anerkennung bekommt, und verwickelt bei Auseinandersetzungen den anderen in sinnlose Diskussionen.

in Steinbock

cht

Das wohl grösste zielgerichtete Durchhaltevermögen hat ein Mensch, der diese Steinbock-Energie in einer reifen, machtvollen Form zu leben weiss. Bei Widerständen, die ihm entgegengebracht werden, wächst sein Wille sich durchzusetzen. Doch – da die reife Steinbock-Energie sich einen Teil des gegenüberliegenden Zeichens Krebs zu eigen gemacht hat – wird er dabei das Wohlergehen der anderen und die eigenen Bedürfnisse nicht aus dem Auge verlieren. Seine zuverlässige, disziplinierte Arbeitskraft und seine bis in die Konsequenzen hinein durchdachten Entscheidungen machen ihn zu einem guten und praktisch veranlagten Mitarbeiter. Seine Aggression baut sich nur langsam auf, da er geduldig abwartend sein kann, kommt sie aber zum Ausbruch, ist sie von hoher Durchschlagskraft. Hat er einmal etwas entschieden, steht er meist unverbrüchlich zu dieser Entscheidung, jedoch in der reifen Form, nicht (selbst-) zerstörerisch.

Ohnmacht

Selbstzerstörerisch und äusserst destruktiv kann sich die ohnmächtige Form äussern, sei es durch 16-Stunden-Arbeitstage, sei es durch exzessive körperliche Arbeit, auch Sport, sei es durch eiskalte, wohlberechnete, emotional vernichtende Aggression. Abhängig vom übrigen Horoskop kann sich diese Mars-Energie auch sehr autoaggressiv und gnadenlos mit sich selbst zeigen. Fühlt sich der ohnmächtige Mensch wirklich in seiner Ehre getroffen – was auch immer er darunter verstehen mag –, kann er schlecht verzeihen oder sich versöhnen. Eine Gefahr für diese Energie ist auch eine innere wie auch äussere Verhärtung, die eine extreme Sturheit zur Folge haben kann.

Stark kontrollierend.

Mars in Wassermann

Macht

Auch hier liegt die Macht des Menschen eher im abstrakt-theoretischen Luft-Bereich als in der praktischen Umsetzung. Wird die Energie in einer reifen Form gelebt, dann ist der Mensch sich dessen bewusst und kann sich dazu motivieren, seinem Denken auch Konsequenzen folgen zu lassen. Er hat gelernt, Dinge zu tun und umzusetzen, die zu tun sind, die er tun muss, auch wenn seine Freiheit und seine Freiwilligkeit dadurch eingeschränkt werden. Durch seine unkonventionelle Handlungsweise, die aber meist klug durchdacht ist, ist er fähig, Erneuerungen oder ganz Neues einzuführen und auch durchzusetzen. Er versucht, Menschen möglichst gleichwertig und auf Augenhöhe zu behandeln.

Ohnmacht

Das wesentliche Merkmal der unreifen, ohnmächtigen Energie ist wohl, dass der Mensch sich nur freiwillig und unter Wahrung seiner Eigenständigkeit herablässt zu arbeiten. Fühlt er sich zu sehr eingeengt, kann es sein, dass er sowohl wort- als auch vertragsbrüchig wird. Dadurch wirkt er unzuverlässig, unverbindlich, immer zum Absprung bereit und ist unfähig, sich auf eine Aufgabe wirklich einzulassen. Dies ist, vor allem bei Kindern, ein *unbewusster* Trick, nicht zu ungeliebten Arbeiten herangezogen zu werden. In der Aggression zeigt er sich distanziert, kompromisslos, sprunghaft und unberechenbar. Er versucht, durch grosssspurige Art und Redeweise den anderen klein zu machen.

Mars in Fische

Macht

Dieser Mars ist keinesfalls – wie oft gesagt wird – schwach! Der Mensch nutzt seine machtvolle und reife Energie auf instinktive, intuitive Weise und setzt sie meist zum genau richtigen Zeitpunkt an der genau richtigen Stelle ein. Seine Art zu handeln ist umsichtig, liebevoll und zugewandt, und dadurch kann er sehr viel für andere bewirken, ohne sich dabei selbst zu vergessen. Er hat Teile der gegenüberliegenden Jungfrau-Energie integriert und kann seinen beinahe grenzenlosen Wunsch zu helfen einschränken, wenn er spürt, dass es ihm selbst dabei nicht gut geht. Da auch dieser Mars stark von Stimmungen abhängig ist, hat der Mensch gelernt, sich aus sich selbst heraus zu motivieren. Seine Aggression tritt am besten dann zu Tage, wenn er andere verteidigt; doch hat er gelernt, auch für sich selbst Nein zu sagen, was für einen Fische-Mars schon beinahe einer Aggression gleichkommt.

Ohnmacht

Hier zeigt sich seine Stimmungsabhängigkeit als grosses Hindernis etwas umzusetzen oder über einen längeren Zeitraum hinweg motiviert zu bleiben. Die Fokussierung auf einen Arbeitsbereich oder eine Aufgabe fällt ihm schwer, und er lässt sie häufig unvollendet liegen. Dies aber wiederum sorgt für ein schlechtes Gewissen und Schuldgefühle. Er sieht sich als ohnmächtig oder als Opfer der Umstände oder des Lebens und verharrt häufig sehr lange in dieser Opferhaltung.

Eine weitere Form der unreifen und ohnmächtigen Mars-Energie in Fische findet sich in einer mangelnden Entschlusskraft und in einem zu geringen Willen zur Tat. Er wirkt lasch und unmotiviert.

Eine dritte Form der Ohnmacht kann sich auch selbstzerstörerisch auswirken, nämlich dann, wenn der Mensch nicht gelernt hat, sich abzugrenzen, wenn er nicht Nein sagen kann und seine menschenfreundliche und liebevolle Art zu handeln von anderen gnadenlos ausgenutzt wird.

Wege in die Mars-Macht

Die Vorgehensweise, die beim Thema «Wege in die Macht» von Sonne, Merkur, Mond und Venus angewandt wurde, würde hier nicht zum erwünschten Erfolg führen. Denn Mars ist das enorm wichtige Endglied der Kette der persönlichen Planeten.

Gleichgültig, in welchem Zeichen Mars steht, seine Energie ist diejenige, die uns befähigt, etwas zu machen, etwas zu bewirken. Auf den Punkt gebracht: Ohne diese Energie kommen wir nicht in unsere Macht. Es mag sein, dass ein Veränderungsprozess hin in unsere Eigenmächtigkeit im Kopf (Sonne, Merkur), durch ein Gefühl (Mond) oder durch ein Verlangen (Venus) entsteht, letztendlich brauchen wir aber die Energie von Mars, um uns zu entschliessen, etwas zu verändern und um es letztendlich dann umzusetzen.

Bei allen Veränderungen wird entweder etwas Bestehendes aufgelöst, damit etwas Neues beginnen kann, oder zum Bestehenden etwas Neues hinzugefügt.

Ein Bild dazu:

Das Wort «machen» hat seine Wurzel im Mittelhochdeutschen und dort die Bedeutung «Lehm kneten», also eine Tätigkeit mit den Händen. Von daher verwende ich hier im Zusammenhang mit Mars die Hand als Metapher für «machen».

Das Bestehende symbolisiert *für mich* die zur Faust geschlossene Hand: Ich habe etwas und ich halte etwas fest. Mit der Faust aber kann ich nichts machen, ausser vielleicht einem anderen einen Hieb versetzen (auch das eine Form von Mars). Will ich am Bestehenden etwas verändern, muss ich die Hand öffnen. Öffne ich die Faust nach unten, lasse ich etwas fallen, lasse ich es zu, dass sich etwas auflöst, um Neuem Platz zu machen. Doch das zu Boden Gefallene ist vielleicht zerstört. Öffne ich die Faust nach oben, zeige (und erhalte) ich das Bestehende, und der geöffneten Hand kann Neues hinzugefügt werden.

Immer ein guter astrologischer Weg, um in die Mars-Macht zu gelangen, ist es, die Energie des Zeichens, das Mars gegenüberliegt, mit in das Verhalten einzubeziehen. Dies hilft sowohl einem zu heftig als auch einem zu zögerlich gelebten Mars vom Entweder-oder in das Sowohl-als-auch zu kommen.

Denn die Ohnmacht von Mars kann sich sowohl in einer überschiessenden Mars-Kraft zeigen als auch in der Unfähigkeit, sie zu leben. Seine überschiessende Energie zeigt sich meist im *Zeichen*, in dem er steht. Der Mensch möchte mit seinem Mars etwas tun, etwas bewirken und setzt dabei das Zeichen «masslos» ein. Und Masslosigkeit bedeutet Ohnmacht: Ich habe für etwas nicht das richtige Mass, ich habe einen Gedanken, eine Emotion oder ein Verhalten nicht unter Kontrolle. Ein Mensch mit einem masslosen Fische-Mars zum Beispiel kann sich in seiner Sehnsucht anderen helfen zu wollen verlieren und drängt seine Hilfe übergriffig (grenzenlos) auf. Ein Mensch mit einem masslosen Steinbock-Mars zum Beispiel verliert sich in seinem Pflicht- und Verantwortungsbewusstsein und reibt sich dabei nicht nur auf, sondern greift auch in Situationen oder Prozesse ein, die gar nicht in seinen Aufgabenbereich fallen.

Die Unfähigkeit, die Mars-Energie zu leben, kann verschiedene Ursachen haben, die manchmal geradezu zu einer Lähmung dieser Energie führen. Lähmung heisst, sich nicht bewegen zu können, und Mars ist das Symbol für Bewegung. Eine Lähmung oder die Unfähigkeit, Mars in Bewegung zu versetzen, hat sehr häufig Angst als Ursache, nämlich die Angst, etwas falsch zu machen, etwas Falsches zu tun. Es ist bekannt, dass wir bei Gefahr (Furcht und Angst sind Signale für eine reale oder vermeintliche Gefahr) entweder angreifen, fliehen oder erstarren. So kann der ohnmächtige, unreif gelebte Mars entweder über das Ziel hinausschiessen (Angriff), er kann viel zu vorsichtig oder ausschliesslich für andere eingesetzt werden (Flucht), oder der Mensch ist unfähig, ihn zu leben (Erstarrung).

Oft wird die Mars-Energie auch nicht eingesetzt, weil der Mensch sich nicht unbeliebt machen möchte, er möchte es den anderen recht machen, möchte nicht ausgeschlossen werden und möchte – wie sehr häufig argumentiert wird – auch niemanden verletzen, durch das, was er tut. Diese übervorsichtige Anwendung von Mars kann darauf beruhen, dass dessen Energie in der Kindheit und Jugend durch Liebesentzug sanktioniert wurde. Aber auch darauf, dass der Mensch ohnmächtiger, überschiessender Mars-Energie von anderen ausgesetzt war.

Mars ist aber wesentlich, um unsere Eigenmacht und damit unser Leben zu gestalten, sodass bei der Horoskopinterpretation zunächst immer erfragt werden muss, auf welche Weise und in welcher Kraft der Mensch in der Lage ist, diese Energie einzusetzen. Nicht aus dem Horoskopbild können wir die Macht oder Ohnmacht von Mars erfassen, sondern nur, indem wir Einblicke in das Leben des Menschen bekommen. Denn zum Beispiel auch ein Fische-Mars oder ein Mars im Spannungsaspekt mit Neptun kann sich sehr wohl umsichtig, macht- und liebevoll durchsetzen und zur rechten Zeit eine Grenze ziehen. Er muss nicht als der berühmte «Schlag ins Wasser» gelebt werden.

Um in die Macht der Mars-Energie zu gelangen, können folgende Fragen hilfreich sein:

- Mag ich meinen Mars? Sehe ich ihn als einen Teil von mir?
- In welchen Bereichen meines Lebens setze ich ihn ein?
- Wie fühle ich mich dabei, gut oder schlecht?
- Erlaube ich es mir, mich durchzusetzen, meinen Willen zu zeigen?
- Wie gut kann ich mich durchsetzen? Mache ich das ohne Rücksicht auf andere(s)?
- Muss ich immer meinen Willen haben?
- Kann ich mich zu etwas entschliessen oder bleibt es bei einer Absichtserklärung?
- Kann ich ein gesetztes Ziel verfolgen oder drifte ich ab?

- Kann ich Nein sagen oder gebrauche ich Ausflüchte? Gebe ich immer nach?
- Darf ich aggressiv sein? Oder habe ich dann Schuldgefühle?
- Auf welche Weise drücke ich meine Aggression aus?
- Bin ich kompromissfähig oder sehe ich einen Kompromiss als Niederlage?

Jupiter und Saturn – Machtvolle Co-Worker

Allgemeines

Jupiter und Saturn können, so denke ich, im Kontext von Macht und Ohnmacht nicht voneinander getrennt betrachtet werden. Auch deute ich die beiden Planeten *unter diesem Gesichtspunkt* nicht in den Zeichen. Das Zeichen ist hier nachgeordnet, eine zusätzliche Information. Doch die Bedeutung der beiden Planetenenergien für unser *gesamtes* persönliches und gesellschaftliches Leben, gerade auch unabhängig vom Horoskop, ist derart gross, dass sie durch eine Festlegung auf die Zeichen eingeschränkt würde.

Die beiden Energien bedingen einander im Sinne von Wachstum und Begrenzung, von Fülle und dem rechten Mass, von Mehr und Genug. Diese Begriffspaare reichen in beinahe alle Bereiche des Lebens hinein, körperlich, mental, emotional und spirituell, also weit über die Einbindung der Planeten im individuellen Horoskop hinaus. Die Jupiter-Energie, die machtvoll vorwärts, himmelwärts strebt, und die Saturn-Energie, die machtvoll und erdverbunden dieses Streben auf Wirklichkeitsnähe und Machbarkeit prüft.

Werden die Energien ohnmächtig, unreif gelebt, dann finden sich Masslosigkeit oder hemmende Angst in jeder Form. Es ist bekannt, dass Saturn als Hüter der Schwelle zu den geistigen Planeten erst begriffen und in reifer Form gelebt werden muss, bevor der Mensch in der Lage ist, mit den Energien der geistigen Planeten konstruktiv umzugehen.

Ich möchte hier den in reifer Form gelebten Jupiter gerne als die «Vorstufe zur Schwelle», als «Wegbereiter für Saturn» bezeichnen (astrologisch, bitte nicht mythologisch zu sehen).

Saturn zeigt die Wahrheit über die ganz eigene, persönliche Begrenzung auf. In meisterlicher Art lernt der Mensch zum einen, wo seine Grenzen liegen, zum anderen, wie weit er bereit ist, die Konsequenzen bei «Grenzüberschreitungen» zu tragen. Und so kann er daher innerhalb und manchmal auch ausserhalb dieser Grenzen mächtig etwas bewirken, ohne dabei die Stufe der Inkompetenz zu erreichen. *Dann* erst kann er die Schwelle überschreiten, denn *dann* erst kennt er auch seine Begrenzungen im Umgang mit den geistigen Planeten. Das ist die Macht von Saturn.

Die Ohnmacht von Saturn zeigt sich in der tiefen Abneigung, in der Verweigerung oder auch in der Angst (ich sage hier ausdrücklich Angst) die eigenen Begrenzungen kennenzulernen, die sich dann in Hemmungen, Blockaden, Versagensängsten und weiteren schwierigen Formen der Saturn-Energie zeigen. Um das herauszufinden, ist Jupiter not-wendig.

Die reife, machtvoll gelebte Energie von Jupiter in der Zusammenarbeit mit Saturn ist in diesem Prozess der Wahrheitsfindung über die eigene Begrenzung enorm wichtig. Jupiter symbolisiert den Glauben an sich selbst, die Erlaubnis zu wachsen, sich zu verändern. Er symbolisiert die prägenden Glaubenssätze, die Hoffnung es zu schaffen, das Vertrauen in sich selbst und an göttliche Führung und den zum Weitermachen nötigen Optimismus. Diese Energie befähigt uns, die engen, *angstbesetzten* Grenzen Saturns zu sprengen und über sie hinauszuwachsen. Das ist die Macht von Jupiter.

Die Ohnmacht von Jupiter zeigt sich in der Nicht-Begrenzung, in der Grenzenlosigkeit. Und um aus ihr herauszufinden ist wiederum Saturn not-wendig.

So könnte man also das reif und machtvoll gelebte Spannungsfeld der beiden gewissermassen als vorläufigen Abschluss einer persönlichen Entwicklung sehen, die die Schwelle freigibt, in eine spirituelle Dimension hineinzuwachsen. Und diese Dimension wiederum würde dann die persönliche Entwicklung zu grösserer Reife und Machtfülle führen.

Jetzt wieder ganz astrologisch:

1. Jupiter und Saturn müssen keinen Aspekt bilden, um miteinander oder auch gegeneinander arbeiten zu können. Denn sie wirken keinesfalls nur in den Häusern, in denen sie stehen, oder in den As-

pekten, die sie jeweils zu anderen Faktoren bilden. Was übrigens auch von allen anderen Planeten gesagt werden kann: Die Planeten betonen den Lebensbereich, in dessen Haus sie stehen, sie tragen ihre Energien aber in alle Bereiche des täglichen Lebens. Mit einer Sonne in Haus 12 zum Beispiel fühle ich mich am wohlsten, wenn ich in der Stille alleine mit mir selbst bin. Und trotzdem habe ich mein Ich, meine Sonne in allen Bereichen des Lebens mit dabei. Auch wenn ein Pluto in Haus 4 steht, wirkt er nicht nur im familiären Umfeld, sondern seine Energien begleiten uns in jeder Situation. So können die Planetenenergien in jedem Lebensbereich als machtvoll oder ohnmächtig erlebt werden – in dem Haus, in dem der Planet steht, möchte sie unsere Seele aber besonders zum Ausdruck bringen.

Daher wirken auch Jupiter und Saturn nicht nur in den jeweiligen Häusern, sondern wir haben sie im Leben, wo immer wir auch sind, stets dabei. Die Energie, die durch Jupiter zum Ausdruck kommt, ist verbunden mit Wachstum und Expansion, Optimismus, Mut und Glauben an sich selbst, mit Vertrauen in die eigene Kraft, in das eigene Können. Durch die Energie von Saturn wird der Mensch realitätsbezogen dazu aufgefordert, sich mit sich selbst, mit seinen Befürchtungen (ich sage hier ausdrücklich nicht Angst) auseinanderzusetzen, mit seinen Begrenzungen, mit den Konsequenzen seines Handelns, letztendlich mit den «Tatsachen» über sich selbst.

Solange die beiden Energien von *aussen* an uns herangetragen werden, sind wir in gewisser Form von anderen abhängig: Wir brauchen jemanden, der Vertrauen in uns hat und an uns glaubt, der uns Mut und Optimismus zuspricht. Und wir brauchen von aussen, das heisst ausserhalb von uns, jemanden, der uns Regeln, Gebote, Verbote und Grenzen setzt und uns hilft, Strukturen und eine Haltung zu entwickeln, die in der Gesellschaft akzeptiert sind. Das muss uns nicht unbedingt ohnmächtig machen, doch wir sind nicht in unserer Macht. Die erreichen wir erst, wenn wir Jupiter und Saturn «internalisieren», wenn wir deren Energien zu unseren eigenen machen, sie zu uns hineinnehmen in unser Inneres, sie zu einer *inneren* Haltung werden lassen und damit unabhängig vom Äusseren werden.

2. Bilden Jupiter und Saturn einen Aspekt, gleichgültig welchen, so ist darin wohl die Aufgabe enthalten, sich mit der Kooperation der beiden intensiv zu beschäftigen.

3. Alle persönlichen Planeten, Hauptachsen sowie der absteigende Mondknoten, die in Schütze oder Steinbock stehen und daher von Jupiter bzw. Saturn disponiert werden, kommen auf eine sehr ähnliche Weise zum Ausdruck. Machtvoll oder machtlos, je nachdem, wie reif Jupiter und Saturn gelebt werden.

Jupiter: die Macht des Wachstums, der Grosszügigkeit, des Vertrauens, des Glaubens an einen Sinn

Macht

Die Energie von Jupiter ist expansiv und auf Wachstum ausgelegt. Das ist die eigentliche Macht dieser Energie, gleichgültig auf welche Art von Wachstum (Zeichen) oder auf welchen Bereich (Haus und Aspekte) sie sich richtet. Doch *immer* gehört zu Expansion und Wachstum das richtige Mass, die richtige Begrenzung, und sei es auch nur, um das Wachstum auf Solidität zu prüfen. So gehört zur Energie von Jupiter unabdingbar die Energie von Saturn. Saturn setzt Grenzen, Grenzen, die nötig sind, um die Machtfülle von Jupiter im Auge zu behalten. Denn bei kaum einer anderen Planetenenergie ist die Grenze zwischen Macht und Ohnmacht so schmal wie bei Jupiter. Die Schattenseite und gleichzeitig die Ohnmacht von Jupiter zeigen sich in der Übertreibung, in der Masslosigkeit, in zu hohen Erwartungen, im «Nicht aufhören können», im «Nicht genug bekommen können», im Ausgeliefertsein an die Gier.

Machtvoll lebt der Mensch diese Energie dann, wenn er sie selbst kontrollieren und begrenzen kann, sie also nicht übertreibt, nicht begierig immer mehr von ihr haben möchte. Dabei gilt eine ganz einfache Regel: Jupiter «liebt» das Zeichen, in dem er steht, das Haus und auch die Planeten, mit denen er einen Aspekt bildet. Von dem, was man liebt, möchte man gerne immer mehr haben. So kann ein Jupiter in Löwe finanziell ziemlich teuer werden, ein Jupiter in Widder durch verbissenen Sport zum Herzinfarkt führen oder ein Jupiter in Jungfrau einen Putz- oder Reinlichkeitsfimmel entwickeln, wenn die Gier nach mehr nicht begrenzt wird.

Jupiter machtvoll gelebt bedeutet also, dass der Mensch sich erlaubt, in das Zeichen und in den Bereich, den Jupiter berührt, hineinzuwachsen, dort zu expandieren, sich an den Energien seiner Aspekte zu bereichern – dass er jedoch dabei niemals das rechte Mass verliert und seine Gier nach mehr davon (was auch immer) kontrollieren kann.

Er kann zum Lehrer, Vorbild und zum Führer werden, indem er anderen sein Wissen *anbietet,* nicht aufdrängt, indem er das Welt- oder Glaubensbild anderer Menschen als gleichwertig seinem eigenen gegenüber betrachtet und sie nicht von seinem eigenen als dem besseren überzeugen will. Das erfordert Mut zu Toleranz gegenüber dem Fremden, Andersartigen, doch verbunden mit der Wachsamkeit gegenüber dem übertriebenen Verhalten *alles* zu tolerieren.

Ein wichtiges Kriterium für einen machtvoll gelebten Jupiter ist auch, einen Sinn im eigenen Handeln, Denken oder auch im Leben zu finden, ohne dabei anderen Menschen diesen Sinn überzustülpen und dadurch *deren* Sinnhaftigkeit zu entwerten. Ebenso verfährt der mächtige Mensch mit seinen Vorstellungen und Überzeugungen: Er sieht sie als *seine* Wahrheit, die für *ihn* gültig ist, und verallgemeinert weder sie noch seine daraus gezogenen Erkenntnisse.

Ohnmacht

Die unreif, ohnmächtig gelebte Energie von Jupiter ist hauptsächlich von Enttäuschungen geprägt. Sie entstehen aus einer Gier, wobei meiner Meinung nach, Masslosigkeit und Übertreibungen aus der Wurzel Gier entstehen (es ist nie genug). Dies ist wichtig zu verstehen, denn immer wieder erlebe ich von Lernenden in der Beraterausbildung, dass sie den von sich und/oder anderen enttäuschten Menschen den doch so «tollen Jupiter» in deren Horoskop anpreisen. Ein Mensch, der durch die Jupiter-Energie enttäuscht und ohnmächtig ist, findet seinen Jupiter nicht toll, und es hilft auch nichts, ihn schönzureden.

Jupiter stellt eine machtvolle Energie zur Verfügung, die selbstverständlich auch zum Ausdruck kommen möchte. Jupitergeprägte Menschen möchten «jemand sein», sie spüren in sich den Wunsch, das, was Jupiter in Zeichen, Haus und Aspekten anzeigt, auch auszudrücken, zu repräsentieren. Das ist auch richtig, denn die Jupiter-

Energie drängt nach aussen, sie will am Äusseren wachsen und ins Äussere wachsen.

Von daher ist es zu verstehen, dass eine sehr häufig auftretende Form der ohnmächtigen, unreifen Jupiter-Energie die Gier nach Macht ist. In ihrer Folge die Selbstüberschätzung der eigenen Person und des eigenen Könnens und in Folge davon die Abwertung anderer Personen und deren Können. Diese Verhaltensweise ist nicht ganz ungefährlich für die Stimmungslage des Menschen. Denn begleitet wird diese Einstellung meist mit hohen, teils übertriebenen und unrealistischen Erwartungen an sich selbst, die dann zu Enttäuschungen und zu einer Art permanenter Unzufriedenheit führen können, bis hin zu deprimierten Stimmungen. Fast immer sucht der Mensch dann auch noch die Ursache seines vermeintlichen Versagens im Äusseren und nicht in seiner inneren Einstellung, da er häufig in der ohnmächtigen Form keine Selbstkritik und Selbstreflexion zulassen kann. Er sieht nicht den Zusammenhang zwischen Selbstüberschätzung und unrealistischen Erwartungen an seine Leistung auf der einen und dem Gefühl des Machtverlustes, wenn er das Können der anderen dem seinen als gleichwertig ansieht, auf der anderen Seite.

Auf welche Weise sich die Gier nach Macht zeigt, ist gefärbt von Zeichen und Aspekten, ist aber nicht auf den Bereich des Hauses, in dem Jupiter steht, beschränkt. Ein Jupiter in Schütze oder ein schützebetonter Mensch zum Beispiel will in der unreifen, ohnmächtigen Form wie besessen sein Wissen vermehren und gleichzeitig verbreiten. Er wird zum Alleswisser oder Besserwisser in jeder Lage des Lebens. Für ihn gilt das Wort: «Wissen ist Macht».

Ein anderer mit einer ohnmächtig gelebten Energie zum Beispiel von Jupiter in Jungfrau wird wahrscheinlich in jedem Lebensbereich ein Haar in der Suppe und eine Möglichkeit zur Kritik finden, denn nur in der Abwertung anderer kann er sich mächtig fühlen.

Das Jupiter-Prinzip von Expansion und Wachstum erklärt auch, dass Menschen mit einem prominenten Jupiter oder einer Schütze-Betonung in sich den permanenten Drang verspüren nach einem Mehr. Wobei der Satz «Es ist genug» beinahe als Bedrohung verstanden oder gefühlt wird.

So ist wohl die bekannteste Form der ohnmächtigen, unreifen Jupiter-Energie die Masslosigkeit und die Übertreibung, wie sie oben schon beschrieben wurde. Dabei können sowohl Zeichen und Haus als auch die zu Jupiter im Aspekt stehenden Planeten in der Übertreibung gelebt werden. Auch ein schützegeprägter Mensch, selbst wenn Jupiter in einem anderen Zeichen steht, neigt in der ohnmächtigen Form zu Masslosigkeit, weil seine astrologische «Prägung» von Jupiter bestimmt wird.

In einer Zeit wie der jetzigen, in der sowohl die unreifen und ohnmächtigen Energien von Jupiter als auch von Uranus herrschen und die daher von Masslosigkeit und Übertreibungen geprägt ist, bin ich der Meinung, keine einzelnen Beispiele hierfür aufführen zu müssen.

Sehr oft zeigt sich die Ohnmacht dieser Energie auch auf eine andere Weise: Der Mensch meint dann, dass seine Vorstellungen, seine Wahrheit, seine Philosophien, seine Interpretation von Sinn, seine Religion, seine Wertmassstäbe das Absolute sind. Dann finden sich hier in der Ohnmacht die Missionare, die Besserwisser, die Fanatiker, die Intoleranten, die, die so lange weiter diskutieren, bis sie den anderen überzeugt haben, die Selbstgefälligen und Aufgeblähten, Selbstgerechten, die, die keinen Argumenten zugängig sind.

Gerade diese Menschen halten sich oft für gerecht, gebildet, weltoffen, mit weitgespanntem Horizont und werten andere dabei allzu oft ab.

Last, but not least *kann* das Gefühl der Sinnlosigkeit oder das Gefühl keinen Sinn im eigenen Leben oder im Leben generell zu finden, auch auf einen ohnmächtig gelebten Jupiter zurückzuführen sein. Ich betone deshalb *kann,* weil viele andere Erfahrungen, die nicht im Horoskop zu finden sind, ebenfalls zu diesem Gefühl führen können. Ich erwähne es hier aber trotzdem, weil in diesem Fall echte beraterische Fähigkeiten benötigt werden. Es hat gar keinen Sinn, den Menschen von seinem wunderbaren Jupiter überzeugen zu wollen! Es hat gar keinen Sinn, dem Menschen seine Situation schönzureden!

Der einzige (astrologische) Weg ist, durch *behutsames* Fragen herauszufinden, an welchen Erfahrungen das Gefühl der Sinnlosigkeit «andockt», und festzustellen, ob diese Erfahrungen an bestimmten Konstellationen im Horoskop *vielleicht* festzumachen sind. Das kann möglicherweise Jupiter sein, sehr oft aber sind es andere Konstellationen. Empfindet der Mensch schon über einen längeren Zeitraum das Leben als sinnlos, ist die Grenze der astrologischen Hilfe erreicht und muss professionelle Hilfe empfohlen werden.

Um in die Macht der Jupiter-Energie zu gelangen ...

... sollte *immer* zunächst die Energie des Gegenzeichens herangezogen werden. Denn es ist in jedem Fall hilfreich, wenn der ohnmächtige Jupiter-Mensch sich in Relation zum anderen sieht. Allein durch die Beschäftigung mit der Energie des Gegenzeichens entsteht ein Sowohl-als-auch anstatt des Entweder-oder, in dem sich die ohnmächtige Jupiter-Energie sehr oft zeigt. Entweder handle ich richtig oder der andere; entweder habe ich recht oder der andere; entweder ist mein Glauben der richtige oder der des anderen – das ist ohnmächtige Jupiter-Energie. Schon die Möglichkeit, dass *sowohl* ich *als auch* der andere Recht haben könnten, ist ein Schritt in die Ermächtigung des eigenen Jupiters. Da Engstirnigkeit und Blasiertheit auch ein Ausdruck einer ohnmächtigen Jupiter-Energie sein können, ist *ein* Weg in die Macht zu gelangen mit Sicherheit, die Scheuklappen abzulegen und mit grosszügigen Herzen das andere, die anderen und das Fremde zu betrachten.

Lebt der Mensch in der Übertreibung, findet er nicht das richtige Mass, schafft er sich Leid durch zu hohe Erwartungen, dann empfehle ich, weg von Jupiter zu gehen. Sich Saturn zuzuwenden und sich selbst oder den Klienten zu fragen, welche Rolle die Saturn-Energie im Alltag spielt und wie sie hilfreich sein kann, um sich selbst und anderes vielleicht realistischer und massvoller zu betrachten.

Ein Weg dorthin ...

... kann das Nachdenken darüber sein, dass ein Mensch mit einem machtlos gelebten Jupiter sich in ständigem Vergleichen findet, denn sein Anspruch, immer ein Quäntchen besser zu sein als der andere – in welchem Bereich auch immer –, zwingt ihn zu vergleichen.

Vergleichen aber, hat einmal ein weiser Mensch gesagt, tut immer beiden Unrecht, weil es den einen erhöht und den anderen erniedrigt oder abwertet. So kann eine tägliche Übung auf dem Weg zu einem machtvoll und reif gelebten Jupiter sein, achtsam sich selbst zu beobachten, wie oft und wie schnell wir uns selber auf- und den anderen abwerten oder umgekehrt.

Eine weitere tägliche Achtsamkeitsübung wäre, sich zu beobachten, in welchen Bereichen wir in Masslosigkeit und Übertreibungen, in «genug ist nicht genug» verfallen. Um die Übung sinnvoll zu machen, gehört dazu auch, sich mit der eigenen Einstellung zu Beschränkungen, Grenzen und inneren Verboten, sich also mit Saturn zu beschäftigen. Damit meine ich – wie schon oben erwähnt – nicht nur die Stellung von Saturn im Horoskop, sondern unsere Einstellung zu seinen Themen im alltäglichen Leben und unseren Erfahrungen und Prägungen damit.

Als astrologische Hilfe kann ein Gespräch angeboten werden über vielleicht zu hohe Erwartungen an alles, was mit Jupiter und Schütze zu tun hat – wie es Haus, Zeichen, Aspekte, das Haus, über das Jupiter herrscht, und die Planeten, die er disponiert, im Horoskop anzeigen. Als Gegenmittel könnte dann etwas mehr Grosszügigkeit im Umgang mit sich selbst und den Themen dieser Horoskopfaktoren vorgeschlagen werden.

Saturn: die Macht der Meisterschaft durch Erkennen des Machbaren und der eigenen Grenzen

Nicht umsonst wird Saturn als der Planet bezeichnet, durch den wir zur Meisterschaft gelangen können. Ich möchte gerne über die astrologische Deutung in Haus, Zeichen und Aspekten weit hinausgehen, hin zu der Saturn-Energie, die den Menschen ein Leben lang begleitet und ihm zur Verfügung steht, auch wenn er keinerlei Ahnung von Astrologie hat.

In der klassischen Astrologie ist Saturn der grosse Übeltäter, in der psychologischen Astrologie ist er derjenige, der hemmt, beängstigt, blockiert, kritisiert und im Transit leider gefürchtet wird. Doch es ist die Energie, die dem Kind als Eltern, Lehrer oder andere Autoritätspersonen zur Seite gestellt wird, damit es im Laufe des Erwachsenwerdens in die Eigenverantwortlichkeit hineinwachsen kann – jene Energie, die beinahe instinktiv jeder gesunde Mensch in sich entwickeln möchte. Denn in Eigenverantwortung zu leben bedeutet, nicht auf andere Menschen angewiesen zu sein, um überleben zu können. Da ein Kind ganz von Jupiter-Energie umfangen ist: es wächst täglich körperlich, mental und emotional, ist die reif gelebte Saturn-Energie der Eltern als Stütze und Begrenzung notwendig. Nicht umsonst werden die beiden Planeten «Gesellschaftsplaneten» genannt: Mit der Energie von Jupiter wird das Kind wohlwollend und grosszügig in die Gesellschaft aufgenommen und darf dort wachsen und gedeihen.

Mit der Energie von Saturn wird es an die Regeln und Gebote der jeweiligen Gesellschaft herangeführt, um sich in ihr frei bewegen zu können und doch dabei ihr Wohlwollen nicht zu missbrauchen. Erst wenn der Mensch beides verinnerlicht hat – die Erlaubnis zum Wachstum hin zu Freude und Glück und die Beschränkung, damit er mit seinem Wachstum nicht das der anderen beschneidet –, ist er ein reifes, erwachsenes Mitglied der Gesellschaft geworden. Mit Verinnerlichung meine ich, dass es keiner äusseren Stütze mehr bedarf, die ihm hilft, zu wachsen und zu gedeihen, und dass ihn die Regeln, Gebote und Verbote, die jede funktionierende Gesellschaft braucht, als moralische, innere Instanz leiten. Er ist dann in der Lage, Verantwortung für sich und andere zu übernehmen. Das ist die Meisterschaft, zu der uns die Saturn-Energie ganz allgemein im Leben führt, zu einer gewissen Autonomie innerhalb der Gesellschaft, unabhängig davon, wo der Planet Saturn im Horoskop zu finden ist. Dort, wo er steht, und mit dem, was er berührt, wird es möglich, diese «allgemeine Meisterschaft» zu präzisieren und zu verfeinern. Doch immer, wenn wir mit Saturn zu tun haben, geht seine Wirkung über das Horoskop hinaus in das Leben hinein (wie auch bei Jupiter), ebenso wie Wachstum, Erweiterung, Beschränkung und Verantwortung allgemeingültige Themen des Lebens sind.

Die Saturn-Energie bietet uns an, innezuhalten, genau hinzuhorchen und hinzuspüren, wo diejenigen Grenzen in uns liegen, über die wir hinauswachsen können, genauso wie diejenigen, die wir nicht zu überschreiten vermögen, in deren Rahmen wir aber auf einer soliden Basis zur Meisterschaft gelangen können. Da wir aber die Saturn-Energie so, wie sie sich für uns darstellt, erst kennenlernen und einüben müssen, um den Meistertitel erwerben zu können, spüren wir die bekannten Ängste von Saturn – Blockaden, Hemmungen, Krisen – und bewegen uns allzu oft im sogenannten «Pilgerschritt» – zwei Schritte vor und einen zurück. Was wir dabei vergessen ist, dass durch diese immer wieder neuen Versuche ein solide tragender Boden entsteht. Jupiter steht für ständiges Wachstum, ohne auf die Basis zu achten, Fortschritt, Vermehrung, Erweiterung stehen in seinem Bauplan – und das ist richtig so –, doch es braucht Saturn, um die Statik zu prüfen.

Macht

Derjenige lebt in seiner Saturn-Macht, der keine Stütze, keine Regeln, Vorschriften, kein «Du musst» oder «Du darfst nicht» mehr von *aussen* braucht, sondern der aus seiner *inneren* Moral und Stabilität heraus so zu leben vermag, dass er ein wertvolles Mitglied der Gesellschaft ist, ohne von ihr vereinnahmt zu werden. Er stellt seine Verpflichtungen nicht vor seine Neigungen und schafft auf diese Weise einen Ausgleich zwischen der Verantwortung anderen und sich selbst gegenüber. Er ist verwurzelt im Irdischen, ohne dabei die Offenheit und Verbindung zum «Überirdischen» zu leugnen oder zu verlieren. «Der bestirnte Himmel über mir und das moralische Gesetz in mir» (Kant) leiten einen Menschen mit einem reifen, mächtigen Saturn. Er kennt seine Befürchtungen und Begrenzungen und weiss zu unterscheiden, welche davon er akzeptieren muss und über welche er hinausgehen kann. So formt sich im Laufe des Lebens eine innere Haltung, auf die er und andere sich verlassen können.

Ein anderes Merkmal für einen reif gelebten Saturn kommt durch sichere und zuverlässige Entscheidungen zum Ausdruck. Der Mensch durchdenkt die Alternativen bis zum Ende, bis in die Konsequenzen hinein. Passen die Konsequenzen, die sich aus seiner Entscheidung ergeben, zu seiner inneren Moral und Haltung und sind sie sozial verträglich, so ist er bereit, sie anzunehmen und zu tragen. Mit guter Entschlusskraft setzt er dann die Entscheidung um.

Weitere Formen von Macht zeigen sich zum einen in einer klug gelebten, realistischen und wirklichkeitsnahen Beschränkung auf das richtige Mass. Zum anderen dadurch, dass der Mensch zu Fehlern und Fehlentscheidungen steht und «die Schuld» nicht bei anderen sucht oder sie auf andere abwälzt. Saturn steht auch als das Symbol für Vernunft, doch der Mensch mit einer mächtigen Saturn-Energie wird Vernunft nicht über alles stellen – das würde in der Freudlosigkeit enden –, sondern wissen, dass kleine «Unvernünftigkeiten» das Leben durchaus bereichern.

Nehmen wir Saturn als Herrscher von Steinbock und als alten Herrscher von Wassermann, dann ist seine reife und damit mächtige Energie durch die Integration von Teilen der Gegenzeichen Krebs bzw. Mond und Löwe bzw. Sonne geprägt. Dann wird diese starke Energie einfühlsamer, herzlicher, zugewandter sowohl andern als auch – vor allem – sich selbst gegenüber. So kann der Mensch als integres Vorbild und als Führungspersönlichkeit dienen, und zwar auf allen sozialen und gesellschaftlichen Ebenen.

Ohnmacht

In der unreifen Form der Saturn-Energie finden sich all die wohlbekannten Schattenseiten wie Ängste, Blockaden, Hemmungen, Uneinsichtigkeit, Schulmeisterei, Deprimiertheit, Kritiksucht und etliche mehr.

Doch die wirkliche Ohnmacht (er-)leben sehr viele Menschen im täglichen Leben auf zweierlei Weise: Sie leben die Energie in der kindhaften, unerwachsenen Form und gelangen nicht in die Eigenverantwortung – oder sie übertreiben die Energie bis in eine rigide Begrenztheit des Verhaltens, Denkens und – schlimmstenfalls – Herzens. In beiden Fällen fehlt ihnen das richtige Mass, um Saturn, der ja das Symbol für das richtige Mass, die richtige Begrenzung ist, mächtig und eigenständig zu leben.

Beide Formen sind im Horoskop nicht immer bei Saturn und seinen Aspekten zu finden. Sie können entweder durch andere Faktoren oder durch die Lebenserfahrungen des Menschen beschrieben sein. Ein Uranus oder ein Mond am absteigenden Mondknoten zum Beispiel können ein derart grosses Verlangen nach Unangepasstheit und Freiheit oder einen derart grossen Hunger nach emotionalem Genährtwerden hervorrufen, dass der Mensch grosse Mühe hat, in die erwachsene, mächtige Saturn-Energie zu gelangen.

Die rigide Form kann durchaus durch eine sehr starke Steinbock-Besetzung ausgelöst werden, ohne dass Saturn daran «beteiligt» ist.

Die kindhafte Form

Diese Menschen haben wenig Kontrolle über sich und ihr Verhalten und brauchen eigentlich saturnale Unterstützung von aussen, die sie aber meist ablehnen. Wollte man es astrologisch beschreiben, dann ist ihr Verhalten uranisch oder jupiterhaft geprägt. Sie benötigen Klarheit, Regeln, Gebote und Verbote von aussen. Sie brauchen auch einen Menschen, der sie bei ihren Entscheidungen unterstützt, der sie auf Gefahren und Stolpersteine aufmerksam macht, auf die Konsequenzen ihres Denkens und Verhaltens. Sie brauchen eigentlich jemand, der sich schützend vor oder hinter sie stellt. Nicht umsonst ist Saturn das Symbol für das Skelett, das Rückgrat, das, was hält und trägt. Sie tragen den Saturn nicht in sich, sie brauchen Stütze von aussen. Sie haben Ängste, Befürchtungen, denken meist nicht klar und nicht zu Ende, können sich selbst schlecht Grenzen setzen, und es fehlt ihnen an der nötigen Disziplin, Vorhaben *ohne Regeln von aussen* umzusetzen oder zu Ende zu bringen.

Sehr bezeichnend für die kindhafte, ohnmächtige Form der Saturn-Energie ist es, sich selbst nicht als Verursacher einer Schwierigkeit zu sehen, sondern die «Schuld» immer bei anderen zu suchen und ihnen in die Schuhe zu schieben. Diese Eigenschaft findet sich in der heutigen Zeit geradezu unfassbar häufig in allen Gesellschaftsschichten und zeigt auf, wie viele Menschen unreif und unerwachsen die Saturn-Energie leben.

Ebenso häufig finden sich Grenzüberschreitungen jeglicher Art, weil vielfach jedes vernünftige Mass, für das Saturn als Symbol steht, verloren gegangen ist.

Überall dort, wo das richtige Mass für etwas fehlt, wo Übertreibungen gelebt werden, in jedem Bereich, in dem Einschränkungen beinahe als Angriff auf die Persönlichkeit gesehen werden, erleben wir eine kindhafte Saturn-Energie. Ein «Mehr von allem» ist für viele Menschen die Maxime unserer Zeit, und ein «Genug» wird als Spassbremse angesehen. Ohnmächtige Menschen mit dieser Energie können nur von aussen an ein «Genug» herangeführt werden, weil ihnen das innere Mass (noch) fehlt.

Eine ohnmächtige Saturn-Energie in der kindhaften Form kann aber auch das Gegenteil bewirken: Der Mensch ist nicht fähig, Nein zu sagen, sich abzugrenzen, seine eigenen Regeln gleichwertig neben die (oft unausgesprochenen) Regeln der anderen oder der Gesellschaft zu stellen. Im weitesten Sinn ist er nicht fähig, Verantwortung für sein Wohlergehen zu übernehmen, und zwar deshalb, weil er die Saturn-Energie nicht von innen heraus leben kann.

Die rigide Form

Hier versuchen die Menschen, über alles und jeden Kontrolle zu erlangen und zu behalten, vor allem aber über sich selbst. Saturn beherrscht gleichsam ihr Leben und äussert sich in Gedanken wie «Du musst …, Du sollst …, Du darfst nicht …, Was sollen die Leute denken ..., Das geht nicht ..., Das kannst du nicht ...». Das daraus entstehende Verhalten ist angstbesetzt, von daher gehemmt oder blockiert und meist freudlos.

Ein nicht astrologisch, aber psychologisch erklärbarer Sonderfall ist, wenn sich im Horoskop ein «harmloser Saturn» mit vielleicht nur harmonischen Aspekten zu persönlichen Planeten findet. Doch das Leben hat diesem Menschen harte saturnische Erfahrungen gebracht. Er hat als Kind oder Jugendlicher zum Beispiel emotionale Kargheit erlebt, ist früh und hart diszipliniert worden, musste viel zu früh Pflichten übernehmen oder wurde von Eltern und Erziehern ständig kritisiert und korrigiert. So kann sich psychologisch Folgendes ergeben haben: Der Betreffende hat den unreif gelebten Saturn der Eltern oder Erzieher internalisiert, das heisst deren Strenge, Härte und Mangeldenken in sein Inneres, in seine Psyche genommen und lebt nun nicht seine eigene Saturn-Energie, sondern die der Personen, durch die er sozialisiert wurde. Das lässt sich nicht im Horoskop finden, doch im Kontakt mit sich selbst oder im Gespräch mit dem Astrologen meist herausfinden.

Hilfe in diesem Fall *könnte* sein, bevor der Weg in die eigene Saturn-Macht angetreten wird, den internalisierten Saturn gleichsam zu verabschieden und sich damit die Erlaubnis zu erteilen, die oben angeführten Leitsätze wie «Du musst», «Du sollst» usw. freizulassen. Dies könnte zu einem geeigneten Zeitpunkt, zum Beispiel in einem Ritual, geschehen, in dem der internalisierte Saturn an die Eltern oder Erzieher zurückgegeben wird, mit der Bemerkung, dass er nicht mehr gebraucht würde, da die Selbstverantwortung jetzt stark genug sei. Dies bitte, *ist nur ein Vorschlag;* häufig ist es aber notwendig, professionelle Hilfe in Anspruch zu nehmen.

Ein anderer Ausdruck der rigid-ohnmächtigen Saturn-Energie zeigt sich auch im Mangeldenken. Es zeigt sich vor allem in Gedanken wie «Ich kann nicht ...», «Ich habe nicht ...» oder «Ich habe nicht genug ...». Die Folge davon können Versagensängste sein oder auch Verlustängste, Neid oder Gier – in jedem Fall aber Frustration. Heilende Sätze wie «Ich kann, wenn ich mich entschliesse», «Das, was ich kann, ist gut genug für ...», «Es ist genug da für ...», «Es ist genug, ich genüge den Anforderungen für ...» oder gar der Satz «Ja, ich bin richtig gut» könnten – gleichsam als Mantra – eine Hilfe gegen das Mangeldenken sein.

Auch für die rigide Form ist «Schuld» ein starkes Thema, doch hier wird die Schuld meist bei sich selbst gesucht. So können Schuldgefühle und die daraus erwachsenden Hemmungen und Blockierungen das Leben der Menschen schwierig machen, vor allem dann, wenn das Gefühl dazu kommt «Ich habe versagt und deshalb Schuld auf mich geladen». Dies kann zu einer Härte gegen sich selbst und gegen andere führen. Gar nicht selten tragen diese Menschen unbewusst auch Schuldgefühle aus der Familie oder Sippe, die gar nichts mit eigenem Versagen zu tun haben.

Ebenso wie eine ohnmächtige Saturn-Energie in der kindhaften Form kann sie auch in der rigiden bewirken, dass der Mensch sich nicht abzugrenzen vermag, nicht fähig ist Nein zu sagen. Er wird auch seine eigenen Regeln nicht gleichwertig neben die (oft unausgesprochenen) Regeln der anderen stellen können. Die internalisierten oder die von aussen gegebenen Gebote und Verbote hindern ihn daran. Auch ist er im weitesten Sinn nicht fähig, Verantwortung für sein Wohlergehen zu übernehmen, jetzt aber deshalb, weil die rigide, unreife Saturn-Energie für ihn zur Lebensmaxime geworden ist.

Und noch eine letzte Art, wie sich eine ohnmächtige Saturn-Energie zeigen kann: Es ist das ständige Kritisieren und Korrigieren anderer. Alles, was nicht richtig ist, wird sofort aufgezeigt, jeder Fehler sofort bemängelt und jede Gelegenheit genutzt, dem anderen zu zeigen, was er nicht kann oder was er nicht weiss. Hierzu gehört auch die Geisteshaltung der Ablehnung, die sich meist im Beurteilen und Abwerten zeigt. Als Folge davon sagt der Mensch zu allem erst mal Nein oder Ja-aber, bevor er überhaupt beginnt nachzudenken.

Um in die Macht der Saturn-Energie zu gelangen …

… brauchen wir ein wenig Mut, denn Saturn konfrontiert uns stark mit Wahrheiten über uns selbst. Er zeigt uns auf, ob wir ein selbstorganisiertes, diszipliniertes Leben führen, ob und in welchem Umfang wir generell oder in einzelnen Bereichen Stütze von aussen benötigen, um im Alltag zu genügen, und wie weit wir bereit sind, Verantwortung für uns und das, was uns begegnet, zu übernehmen. Denn nur wenn wir Verantwortung für unser Denken, Reden und Handeln übernehmen und nicht die Ursache unserer Schwierigkeiten bei anderen suchen, sind wir erwachsen und können als vollwertiges Mitglied der Gesellschaft unseren Beitrag leisten. Dann besitzen wir die Macht der Saturn-Energie.

Ein Weg dorthin ...

... könnte die ehrliche Beantwortung der folgenden Fragen sein, wobei unterschieden werden muss: *Wie* lebe ich die Saturn-Energie: eher auf kindhafte oder eher auf rigide Weise?

Wenn auf eher kindhafte Weise:

- Wo und wann finde ich nicht das richtige Mass?
- Wo und wann will ich immer mehr?
- Wo bin ich zu wenig konsequent?
- Wo genüge ich nicht, wo bin ich nicht gut genug?
- Kann ich Fehler zugeben, oder versuche ich anderen die Schuld zuzuschieben?
- Beachte ich innere und äussere Grenzen?
- Habe ich wenig oder keine Geduld, dass sich etwas entwickelt?
- Kann ich mich schlecht entscheiden?
- Bin ich bereit, die Konsequenzen meiner Entscheidungen zu tragen?
- Bedenke ich die Konsequenzen meines Verhaltens, meiner Worte?
- Übernehme ich wirklich Verantwortung für mich und mein Leben oder mache ich (immer noch) andere dafür verantwortlich, dass es mir nicht gut geht?

Wenn auf eher rigide Weise:

- Wo und wann bin ich zu hart, zu konsequent?
- Lebe ich meinen eigenen Saturn oder den meiner Eltern, Erzieher?
- Denke ich häufig: «Ich muss ...», «Ich soll ...», «Ich darf nicht ...»?
- Lebe ich nur meine Verpflichtungen oder auch meine Neigungen?
- Denke ich häufig, nicht perfekt genug, nicht gut genug zu sein?
- Denke ich häufig: «Das kann ich nicht»?
- Lebe ich so gesellschaftskonform, dass es mich einengt?
- Denken das andere auch oder denke nur ich es?

- Suche ich immer (zuerst) die «Schuld» bei mir oder kann ich auch andere als Verursacher von etwas sehen?
- In welchen Bereichen habe ich Schuldgefühle? Sind es meine oder trage ich die anderer?
- Ist es mir zur Gewohnheit geworden, zu beurteilen, zu kritisieren, abzuwerten und zu allem erst mal Nein zu sagen?

Die geistigen Planeten

Gedanken zuvor

Es ist nicht ganz so einfach, sich im Kontext von Macht und Ohnmacht den drei geistigen Planeten zu nähern, und so möchte ich ein paar Gedanken vorausschicken, *die aber nur meine sind, also keinen Anspruch auf Allgemeingültigkeit haben.*

Betrachten wir die persönlichen Planeten, dann können wir die astrologischen Gegebenheiten gleichsam übersetzen in Teilaspekte unserer Persönlichkeit: Die Sonne symbolisiert unser Ich, der Mond unsere Gefühle und Bedürfnisse, der Merkur unsere Gedanken, die Venus unsere Beziehungsfähigkeit und der Mars unser Handlungs- und Durchsetzungsvermögen. Ihre Energien können wir uns aneignen – gemäss dem Zeichen, in dem sie in unserem Horoskop stehen, sie verinnerlichen und in einer reifen, mächtigen Form im Äusseren leben. Durch unsere Bemühungen und unseren Veränderungswillen können wir sie von einer unreifen, ohnmächtigen Ausprägung hin zur Eigenermächtigung wandeln.

Ebenso ist dies möglich mit Jupiter und Saturn, die letztendlich unser Ankommen und unsere Einbindung in die gesellschaftlichen Systeme symbolisieren. Alles ist dem Irdischen zugeordnet, sei es auf der physischen, der mentalen oder der psychischen Ebene. Alle Energien der sieben genannten Planeten können in einem Wandlungsprozess zur Reife gebracht werden, wir können mit ihnen «etwas machen», etwas bewirken. Wir können mit ihnen in unsere Macht kommen. Selbst unter ungünstigen Lebensumständen und heftigen frühkindlichen Prägungen ist es in den allermeisten Fällen möglich – vielleicht in einem eingeschränkten Rahmen, aber trotzdem –, diese Energien eigen-mächtig zu leben.

Betrachten wir hingegen die Energien von Uranus, Neptun und Pluto, dann befinden wir uns nicht mehr auf der irdischen, sondern auf der geistigen, spirituellen Ebene. Die Planeten werden nicht mehr durch ein Zeichen gefärbt, sondern wirken allein durch die Macht ihrer eigenen Energien. Diese Energien als mächtig zu bezeichnen ist, glaube ich, nicht übertrieben. Wobei ich noch einmal darauf hinweisen möchte, dass Macht an sich wertfrei, also weder gut noch böse ist. Sie ist eine Energie, die uns zur Verfügung gestellt wird, und wie wir sie nutzen, ob reif oder unreif, ob für oder über jemand, liegt in unserem Vermögen oder in unserer Willensentscheidung; und – das ist der wesentliche Punkt – in der Reife unserer Persönlichkeit. Wir werden im Laufe unseres Lebens immer wieder in uranische, neptunische und plutonische Situationen gestellt, die wir entweder selbst kreieren oder die von aussen auf uns zukommen. Wir geraten dann eigentlich in ein uranisches, neptunisches oder plutonisches Übungsfeld, in dem wir die Energien ohnmächtig oder mächtig nutzen können (dürfen). Es ist bekannt, dass die drei geistigen Planeten innere Wandlungsprozesse hervorrufen, die uns und unseren Umgang mit den persönlichen Planeten und mit Jupiter und Saturn reifen lassen. Auf diese Weise besteht absolut die Möglichkeit, das «Energieangebot» von Uranus, Neptun und Pluto anzunehmen und machtvoll *für* (nicht gegen) uns und andere zu nutzen.

Astrologisch gesehen findet sich dieses Angebot sowohl in den Häusern, in denen die drei Planeten stehen, als vor allem auch in den Aspekten, die sie zu den persönlichen Planeten respektive Jupiter und Saturn bilden. Dabei ist es – meiner Erfahrung nach – zunächst beinahe unerheblich, ob der Aspekt ein harmonischer oder ein Spannungsaspekt ist. Die machtvollen Energien fliessen gleichsam über den Aspekt zum jeweiligen Planeten und lassen diesen *zunächst* ohnmächtig, unreif erscheinen.

Es hat dann den Anschein als könne der Mensch mit den Energien von Uranus, Neptun oder Pluto nicht *selber* etwas bewirken, sondern die Energien wirkten *in ihm und durch ihn und zwar in der unreifen, ohnmächtigen Form.* Er ist also mehr Empfänger als «Selber-Macher».

Anders ausgedrückt: Bei Aspekten von den drei geistigen Planeten zu persönlichen bringt der Mensch, bzw. seine Seele, wohl die Aufgabe mit, die persönlichen Planeten zur Reife zu bringen, um durch die

Energien der drei geistigen etwas machen, bewirken zu können. Um ein reifer Empfänger und mit ihnen gleichsam zum Selber-Macher zu werden. Meiner Meinung nach wird die Macht dieser Energien dem Menschen *nur verliehen,* und zwar dann, wenn er seine persönlichen Planeten reif und machtvoll zu leben gelernt hat. Das ist die Voraussetzung, um Uranus, Neptun und Pluto eigenmächtig leben zu können und nicht von ihnen gelebt zu werden. Erst wenn wir zu einer reifen Persönlichkeit geworden sind, können ihre mächtigen Energien wirkungsvoll zum Wohle unserer selbst und anderer eingesetzt werden. Ich denke, dass der machtvolle Umgang mit diesen Energien auch einer gewissen Demut bedarf: nämlich dem Bewusstsein, dass unsere reif gelebte und von anderen Menschen gern akzeptierte Macht ein Geschenk ist, das uns zuteil wurde und mit dem wir sorgsam umgehen sollten.

Formen der Ohnmacht generell

Die Energien von Uranus, Neptun und Pluto stehen bei den meisten Astrologen in dem Ruf, dass sie mehr in der ohnmächtigen als in der mächtigen Form gelebt werden können, und das ist durchaus richtig. Doch das liegt nicht an den Energien, sondern daran, dass sehr viele Menschen den reifen Umgang mit ihren *persönlichen* Planeten einschliesslich Jupiter und Saturn noch nicht gelernt haben (➝ *siehe dazu auch das Kapitel «Allgemeines zu Macht und Ohnmacht» auf S. 11 sowie oben «Gedanken zuvor» auf S. 209.*)

Wie allgemein bekannt, wird Saturn als der Hüter der Schwelle zwischen Materiell-Irdischem und den drei geistigen Planeten angesehen. Und dass dies richtig ist, zeigen uns sowohl unsere persönlichen Erfahrungen als auch in vielfacher Form diejenigen der «Mächtigen» unserer Welt, die ihre Macht missbrauchen – nämlich ausschliesslich *für sich* («America first» oder *Ego first*) und damit *über* oder *gegen* andere verwenden. Sie haben weder ihre persönlichen Planeten im Griff noch Jupiter und schon gar nicht Saturn, der ja ein Verantwortungsbewusstsein für das eigene Verhalten ebenso einfordert wie das Einbeziehen der Konsequenzen, die das eigene Verhalten *auch für andere* hervorruft. Will die wirklich reife Macht von Saturn – wie auch die der persönlichen Planeten – etwas bewirken, bezieht sie stets das, was ausserhalb von ihr ist, mit ein. Denn einem gereiften Menschen in seiner Macht ist bewusst, dass das, was immer er tut, eine Wirkung nach *aussen* wie auch *auf ihn selbst* hat, und er übt von daher seine Macht *für* sich und *für* andere aus. Und nicht *gegen* oder *über* andere, denn das würde sich auch letztendlich gegen ihn selbst richten.

Auf der Basis seiner Sozialisation, der in diesem Leben mitgebrachten und hier erworbenen Erfahrungen und den Anlagen, die das Horoskop aufzeigt, gelingt es dem Menschen im Idealfall, die Energien der persönlichen Planeten sowie die von Jupiter und Saturn in einer reifen, mächtigen Form zu leben. Erst *dann* wird es ihm möglich sein, mit den Energien von Uranus, Neptun und Pluto eigen-mächtig umzugehen, ihnen also nicht mehr ohnmächtig ausgeliefert zu sein.

Bevor wir also ernsthaft versuchen, die Macht dieser Energien zu leben, sollten wir uns selbst ehrlich prüfen, wie reif und mächtig wir die sieben Planetenenergien vor der Schwelle schon leben können. Finden wir dabei Defizite, ist es absolut notwendig, erst daran zu arbeiten, bevor wir uns den Energien der drei geistigen Planeten zuwenden. Es hat keinen Sinn, mit Pluto mächtig sein zu wollen, wenn wir Sonne bis einschliesslich Saturn «nicht im Griff haben». Das führt entweder zu Machtmissbrauch oder unsere «Macht» wird von anderen nicht anerkannt. Es hat auch keinen Sinn, mit Neptun spirituell bedingungslos lieben zu wollen, wenn wir nicht gelernt haben, dass Liebe auch **Nein** *bedeutet. In beiden Fällen landen wir in einer ohnmächtigen Situation.*

Die Macht der drei geistigen Planeten liegt sowohl im Haus, in dem sie stehen, als auch vor allem in den Aspekten, die sie zu den persönlichen Planeten respektive Jupiter und Saturn bilden. Dabei ist es – wie schon oben gesagt – zunächst beinahe unerheblich, ob der Aspekt harmonisch oder ein Spannungsaspekt ist. Die machtvollen Energien fliessen gleichsam über den Aspekt zum jeweiligen Planeten und lassen ihn zunächst ohnmächtig, unreif erscheinen. Anders ausgedrückt: Er kann mit ihnen nicht agieren, sondern *nur* auf sie re-agieren, und fühlt sich dadurch ohnmächtig, manchmal sogar ausgeliefert. Dies ist sowohl im Radixhoroskop als auch – vor allem – bei Transiten der Fall. Später, wenn der Mensch beginnt, die Energien der drei geistigen Planeten selbst zu leben, ist das natürlich einfacher mit einem harmonischen Aspekt zu verwirklichen als mit einem Spannungsaspekt. Denn mit einem Spannungsaspekt kann die Grenze zum Missbrauch der Macht leichter überschritten werden. (Meiner Meinung nach hat die Seele bei einem Spannungsaspekt die Absicht oder Aufgabe, sich sehr differenziert mit der Lust auf Macht bzw. der Abneigung ihr gegenüber sowie den jeweiligen Konsequenzen auf das eigene Verhalten auseinanderzusetzen.)

Die Ohnmacht durch die Energien von Uranus, Neptun und Pluto wird generell auf zweierlei Arten erlebt: aktiv oder passiv.

Aktiv:

Der Mensch *selbst* kann mit ihnen nicht umgehen und benutzt sie deshalb in einer unreifen, ohnmächtigen Form. Das kann verschiedene Folgen haben:

Zum Ersten, dass er das Gefühl hat, wirklich nichts machen, nichts bewirken zu können, weder für sich noch für andere.

Zum Zweiten, dass er etwas bewirken kann für andere, jedoch nicht für sich selbst – auch das ist eine Form der Ohnmacht. Hat er zum Beispiel einen Mars/Neptun-Aspekt im Horoskop, dann kann er für andere eine grosse Hilfe sein, in der unreifen Form für sich selbst aber sehr schnell in seiner Hilfsbereitschaft ausgenutzt werden, weil er sich nicht abgrenzen kann. Er fühlt sich dann als ohnmächtiges Opfer.

Zum Dritten, dass er für sich etwas bewirkt und dadurch andere ohnmächtig macht.

Dieser Mensch wirkt auf andere meist mächtig, ist aber bei genauer Betrachtung ohnmächtig, weil er sowohl seine persönlichen Planeten unreif lebt als auch meistens dazu noch den Energien der drei Geistigen ausgeliefert ist. Durch diese unreife Form der Macht bringt er andere in ohnmächtige Situationen. Hat er zum Beispiel einen Merkur/Pluto-Aspekt im Horoskop, dann kann er in der unreifen, ohnmächtigen Form durch seine Wort-Gewalt andere zutiefst kränken, die dann Opfer seiner verbalen Ausbrüche sind.

Passiv:

Der Mensch ist den unreifen und daher missbräuchlichen Formen dieser Energie *durch andere* ausgesetzt und fühlt sich von daher ohnmächtig. Dies kann schon in der Kindheit beginnen, und die Folgen können sich noch beim Erwachsenen auswirken. Es kann aber auch in jedem Lebensalter vorübergehend oder dauerhaft der Fall sein.

In Kindheit und früher Jugend leben alle Kinder die drei Planeten zunächst in der unreifen Form, sie sind ihrer also nicht mächtig. Um überhaupt einen Umgang mit ihnen zu lernen, sind sie auf ihr soziales Umfeld wie Eltern und Erziehungspersonen angewiesen. Kinder lernen in hohem Masse durch Beispiel, in diesem Fall, wie ihre Umgebung mit den Energien umgeht. Hat diese aber den reifen Umgang mit ihren eigenen Planeten von Sonne bis Saturn noch nicht gelernt, dann können sie auch Uranus, Neptun und Pluto nicht in einer reifen Form vorleben. Die Kinder sind also der ohnmächtigen, missbräuchlichen Energieform der drei geistigen Planeten sowie sehr häufig auch jener der persönlichen Planeten samt Jupiter und Saturn ausgesetzt.

So kann ein Mars/Neptun-Aspekt im Horoskop des Kindes zuerst zu einer starken Aggressionshemmung mit ebenso starken Abgrenzungsschwierigkeiten führen, wenn zum Beispiel die Mutter die Neptun-Energie ihres eigenen Horoskops unreif und ohnmächtig lebt. Ohnmächtig gelebte Neptun-Energie heisst vor allem, dass bedingungslose Liebe, die ja Menschen mit Neptun-Betonung fast immer anstreben, mit «Ich muss immer lieb sein» verwechselt wird. Immer lieb sein aber bedeutet, dass ich meinen Willen nicht durchsetzen, niemand im Weg sein und nicht Nein sagen darf. Die Mutter lebt dem Kind also beispielhaft vor, wie «Immer lieb sein» geht, und wünscht sich natürlich von ihm auch ein solches Verhalten. Das Kind mit Mars/Neptun-Aspekt erspürt die Wünsche der Mutter und lebt diese Konstellation in der ohnmächtigen Form: Ich muss immer lieb sein.

Später kann der Aggressionsstau beim Kind «explodieren» und sich zum Gegenteil wenden, was dann aber zu einem schlechten Gewissen («Ich bin nicht lieb») und infolge davon zu einer heftigen Trotzphase führen kann.

Ein Beispiel:

Der kleine Junge ist lieb, angepasst, sehr zugewandt und bei allen Personen beliebt, da er, wo immer er hinkommt, beruhigend und friedensstiftend auf die Kinder einwirkt. Die Mutter legt sich noch jeden Abend zu ihm ins Bett, bis er eingeschlafen ist. Und er wird immer noch gestillt. Auch bei kurzen Trennungen von der Mutter reagiert der Junge mit bitterlichem Weinen, was die Mutter natürlich dazu bewegt, immer für ihn da zu sein und ihre eigenen Bedürfnisse weit zurückzustellen.

Da die Mutter eine sehr schwierige Kindheit erlebte, ist sie äusserst bemüht, keine Konflikte zwischen sich und dem Kind aufkommen zu lassen. Ihre starke Neptun-Energie hat zusammen mit den Erfahrungen von Aggression in der Kindheit eine grosse Sehnsucht nach Liebe und liebevollem Umgang miteinander ausgelöst: Sonne, Jupiter und Lilith in Haus 12, Neptun im Trigon zu Venus sowie Haus 9 in Fische *(Fig. 18)* – also die Vorstellung von der bedingungslosen Liebe. Der absteigende Mondknoten in Widder, das Quadrat von Sonne zu Pluto und das Sextil von Venus zu Pluto wurden aus der Vorgeschichte heraus verständlicherweise vollständig unterdrückt.

Jetzt ist das Kind in den Kindergarten gekommen, auf den es sich freute und dessen Besuch behutsam und umsichtig vorbereitet wurde. Nach kurzer Zeit wollte es dort aber nicht mehr bleiben, es wurde ag-

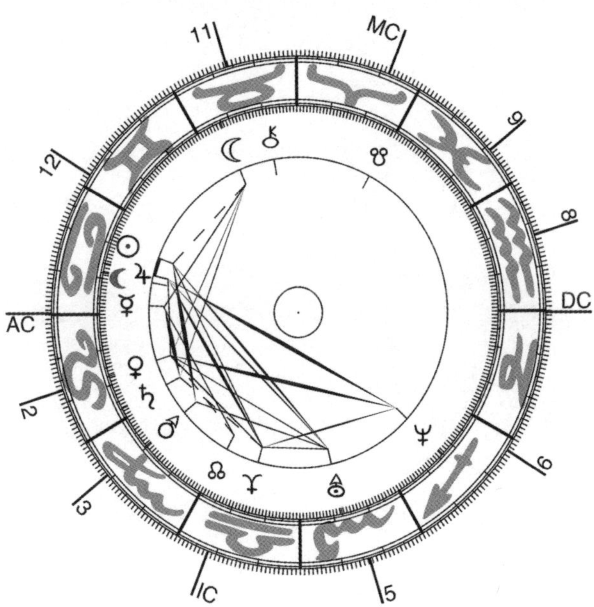

Fig. 18: Mutter (Placidus)

gressiv, sowohl anderen Kindern als auch der Mutter gegenüber, dass sich diese kaum mehr einen Rat wusste.

Aus der Erfahrung heraus kann gesagt werden, dass das stark einfühlsame Kind mit Sonne und Mars in Krebs in dem von Krebs angeschnittenen Haus 11 und mit Neptun in Haus 7 *(Fig. 19)* zunächst wohl den anderen Kindern gegenüber freundlich zugewandt war, lieb sein und es ihnen recht machen wollte, aber sich den ihm fremden «offensiven und vielleicht auch aggressiven» Energien der anderen gegenüber nicht abgrenzen konnte. So lange, bis es seine eigenen Aggressionen gleichsam «aus dem Keller holte» (Mars Opposition Pluto und im Quadrat zum absteigenden Mondknoten in Widder) und «explodierte». Natürlich lebt der Junge diese plutonischen Energien unreif, also ohnmächtig, er muss sie ja erst einüben. Und mit einem schlechten Gewissen, denn er war ja dabei nicht lieb.

Doch als absolut positiv zu bewerten ist, dass der Junge vom «passiven Erleben» und damit vom «Nichts bewirken» zum «aktiven Machen und Bewirken» gekommen ist. Auch wenn sein Schritt in die

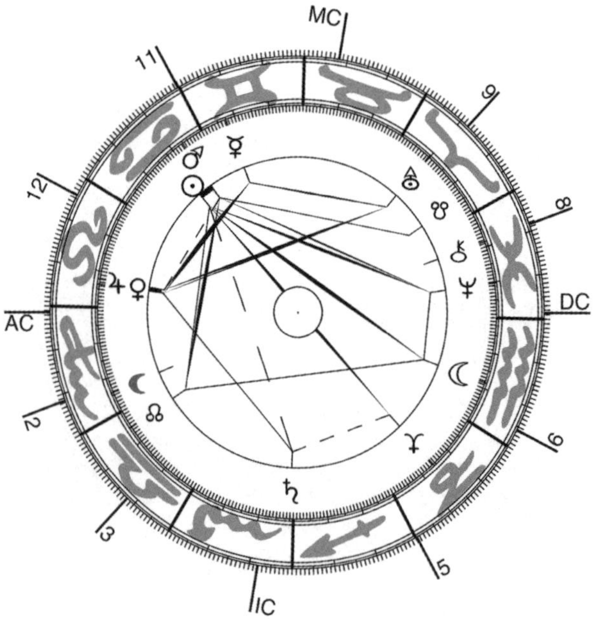

Fig. 19: Junge (Placidus)

Aktion unreif und überzogen sein mag – es ist ein erster Schritt hin ins Machen, in seine Macht. Heraus aus dem «Immer lieb sein» seines Mars/Neptun-Trigons, das durch den noch unreif gelebten Neptun seiner Mutter so stark in den Vordergrund gestellt wurde.

In diesem Beispiel ist der Aggressionsstau schon sehr früh geplatzt, was für den Jungen mit Sicherheit von grossem Vorteil ist. Ein weiterer sehr grosser Vorteil für ihn ist, dass die Mutter ihren eigenem Verhalten gegenüber sehr reflektierend ist.

Bei vielen Menschen aber werden die kindlichen Erfahrungen und Prägungen durch den Umgang der Eltern mit den Energien von Uranus, Neptun und Pluto mitgenommen bis ins Erwachsenenalter. Diese Menschen leben die Energien ihrer eigenen geistigen Planeten dann meist in der Ohnmacht und können diese erst im Laufe des Lebens hin in die Eigenmächtigkeit verändern.

Aus so einer *passiv* erlebten Ohnmacht heraus können dann drei unterschiedliche Verhaltensweisen zutage treten, die im Kapitel «Einige Gründe zur Ablehnung von Macht», Abschnitt «Aus Erfahrungen heraus» (S. 16) genau beschrieben werden.

Passiv kann die Ohnmacht von Uranus, Neptun und Pluto noch auf eine andere Weise erlebt werden, die, vermute ich, den meisten Menschen wohlbekannt ist: Wir nennen es häufig «das Schicksal». Ereignisse kommen von aussen auf uns zu, die uranisch, neptunisch oder plutonisch gefärbt sind, rufen Veränderungen im Alltag und/oder in unserem tiefsten Inneren hervor, denen wir uns ausgeliefert fühlen, mehr oder weniger ohnmächtig und vielleicht sogar schutzlos. Zu derartigen Ereignissen lässt sich manches Mal ein entsprechender Transit oder eine entsprechende Progression finden, doch *nicht immer*. Wie schon öfters möchte ich auch hier betonen, dass das eigentliche Leben dem Horoskop übergeordnet ist. Wenn die vielen Faktoren, deren Zusammenspiel für ein prägendes Ereignis notwendig ist, zu einem Punkt – nämlich zu diesem Ereignis – kulminieren, *dann* tritt es ein, auch wenn im Augenblick kein geeigneter Faktor zur Erklärung im Horoskop zu finden ist.

Angst vor Transiten

Das leitet über zu der verbreiteten Angst vor Transiten der drei geistigen Planeten. Auch hier fühlen wir uns ohnmächtig, glauben, ihren Energien ausgeliefert zu sein und nichts bewirken oder dagegen machen zu können. Doch ist es die *Angst* oder auch die *berechtigte Furcht* vor inneren oder äusseren Veränderungen unter diesen Transiten, die uns Ohnmacht suggeriert und uns lähmt, nicht die jeweilige Energie selbst.

Nicht zuletzt können die Energien von Uranus, Neptun und Pluto in den Häusern, in denen sie im Radixhoroskop stehen, ein Gefühl der Ohnmacht hervorrufen. Zum Beispiel Uranus in Haus 4: «Ich gehöre nicht dazu» oder Neptun in Haus 1: «Ich werde nicht beachtet» oder Pluto in Haus 7: «Ich fühle mich ständigen Machtkämpfen ausgesetzt».

Wege aus der Ohnmacht

Der Weg aus der durch die drei geistigen Planeten verursachten Ohnmacht kann nur in einzelnen aufeinanderfolgenden Schritten begangen werden. Wobei ich betonen möchte, dass jeder noch so kleine Schritt auf diesem Weg im Sinne des Wortes ein Fort-Schritt ist, der beachtet und «gefeiert» werden sollte. Denn wenn die Eigenmächtigkeit in Bezug auf diese Energien das Fernziel ist, dann braucht es viele kleine Nahziele, um nicht die Motivation oder die Geduld zu verlieren.

Der erste Schritt und seine Fragen

- Was lösen allein die Begriffe Macht, Macht haben, mächtig sein in mir aus?
- Habe ich in Kindheit oder Jugend ohnmächtige Situationen erleben müssen und auf welche Art haben sie mein jetziges Verhalten geprägt?
- Lehne ich es ab, mächtig zu sein, weil ich Sorge habe, andere dadurch in ohnmächtige Situationen zu bringen?
- Lebe ich meine Macht aus, indem ich andere ohnmächtig mache, sie vielleicht hindere, in ihre eigene Macht zu kommen?
- Habe ich vielleicht schon die richtige Form gefunden, um mit meiner Macht etwas zu bewirken, ohne andere dabei in ohnmächtige Situationen zu bringen?

→ *Siehe ebenfalls Kapitel «Einige Gründe zur Ablehnung von Macht», Abschnitt «Aus den Schattenthemen der unreifen Persönlichkeit heraus» auf S. 25.*

Der zweite Schritt und seine Fragen

- Lebe ich aktiv ohnmächtig? Bringe ich also *andere* durch mein unreifes, ohnmächtiges Verhalten in ohnmächtige Situationen?

  Damit keine Missverständnisse aufkommen: Andere ohnmächtig zu machen kann zwar, muss aber nicht in böser Absicht geschehen. Eltern zum Beispiel, die ihre eigenen Neptun- oder Saturn-Energien unreif leben, können ihre Kinder nach bestem Wissen und Gewissen ohnmächtig machen durch zu starke Kontrolle, zu lange andauernde Unterstützung und falsch verstandene bedingungslose Liebe. Sie trauen ihren Kindern keine Eigenständigkeit zu und hindern sie dadurch und durch ihre übergriffige Liebe daran, rechtzeitig eigen-mächtig zu werden. Heutzutage werden diese Eltern meist «Helikopter-Eltern» genannt, früher hiess das überfürsorgliche Mutter oder Overprotecting mother. Auch ein Vater, der sein Kind durch seinen eigenen unreifen, ohnmächtigen Umgang mit Pluto-Energien «liebevoll» zwingt oder manipuliert, zum Beispiel einen Beruf zu ergreifen, den *er* für richtig und zukunftsträchtig hält, bringt das Kind in eine ohnmächtige Situation.
- Lebe ich passiv-ohnmächtig? Fühle ich mich also *durch andere* und ihren unreifen oder ohnmächtigen Umgang mit diesen Energien in ohnmächtige Situationen gebracht?
- Fühle ich mich durch Ereignisse, die von aussen auf mich zukommen, in ohnmächtige Situationen gebracht? Empfinde ich mich dem Leben gegenüber (schicksalhaft) ohnmächtig?
- Manövriere ich mich selbst in ohnmächtige Situationen aus Sorge, Befürchtungen oder Angst?

Diese ersten beiden Schritte mit den entsprechenden Fragen tragen zur Klärung und Standortbestimmung bei, die bei wahrhaftigem Wunsch bzw. einem gefassten Entschluss hin auf den Weg in die Eigenmächtigkeit zuerst beantwortet werden sollten.

Der dritte Schritt – die astrologischen Möglichkeiten der Veränderung

Wenn wir im astrologischen Bereich bleiben, dann ist sehr zu empfehlen, dass bei Ohnmachtsgefühlen oder ohnmächtigem Verhalten zuerst den persönlichen Faktoren, die von Uranus, Neptun oder Pluto aspektiert werden, zu einer gewissen Eigenermächtigung verholfen wird. (→ *Siehe hierzu Kapitel «Macht und Ohnmacht der persönlichen Planeten» auf S. 54 und dort die entsprechenden Hilfen.*) Angesprochen sind AC und IC und natürlich die persönlichen Planeten. Die Stärkung und Ermächtigung kann bei AC und IC über das Zeichen, bei den persönlichen Planeten sowohl über das Zeichen, in dem sie stehen, als auch über das Gegenzeichen erfolgen.

Der vierte Schritt – die psychologischen Möglichkeiten der Veränderung

→ *Lesen Sie hierzu bitte das Kapitel «Psychologie – Anregungen zur Selbsthilfe» auf S. 236.*

Die Macht der drei Geistigen

Ein bisschen überzogen ausgedrückt kann gesagt werden, dass die machtvollen Energien der drei geistigen Planeten eher verliehen, zur Verfügung gestellt werden und der Mensch im Laufe seines Lebens in diese Macht hineinwachsen und sie konstruktiv verwenden kann. Hier können wir nicht die Macht der Sonne, des Mondes oder des Merkurs in unserem Horoskop gleichsam zu uns nehmen, uns also der Planetenenergie «bemächtigen», um sie reif und machtvoll zu leben. Hier müssen wir warten, und seien wir noch so ungeduldig, bis wir reif genug geworden sind, unsere persönlichen Planeten, die ja innere psychische Teilaspekte von uns symbolisieren, machtvoll zu leben, wir also im astrologischen Kontext eine Persönlichkeit geworden sind.

Wir müssen warten, bis wir durch unseren gereiften, *inneren* Saturn sowohl das richtige Mass finden als auch das Vertrauen in uns selbst haben, um mit unseren Befürchtungen gut umzugehen. Wir dürfen in dieser Hinsicht nicht auf andere angewiesen sein, sondern die Stärke muss aus uns und unserer inneren Saturn-Energie kommen. *Erst dann* wird es uns möglich sein, die Energien, die uns durch Uranus, Neptun und Pluto zur Verfügung gestellt werden, zu nehmen und in einer machtvollen Form für uns selbst und für andere einzusetzen.

Sind wir ungeduldig oder überschätzen wir uns, dann werden wir immer wieder im Zusammenhang mit diesen Energien Ohnmachtsgefühle durchleben müssen oder in irgendeiner Form missbräuchlich handeln. Beispiele für ungeduldige oder sich selbstüberschätzende

Menschen finden wir überall: denken wir an Menschen in der Politik, die Macht durch Pluto missbrauchen, denken wir an spirituelle Menschen, die sich mit Neptun-Energien überschätzen, oder denken wir an Rebellen oder revoltierende Gruppen, die – von Uranus getrieben – weder einen Plan B noch einen Plan für die Zukunft haben.

Uranus: die Macht der Erkenntnis, der Umgestaltung, des Plötzlichen, der Freiheit, der Gleichwertigkeit, der Inspiration

Macht

Eine gereifte Persönlichkeit kann mit den oben genannten Energien, die durch Uranus zur Verfügung gestellt werden, machtvoll etwas bewirken.

Mit Uranus als der höheren Oktave von Merkur kann sie erkennen statt nur zu wissen. Nicht selten steht ihr auch die Kraft der Inspiration zur Verfügung (ich persönlich rechne Inspiration dem geistigen, rationalen Prinzip und damit Uranus zu). So ist es ihr möglich, zu erkennen, wo Umgestaltung not-wendig ist, und sie kann diese einleiten oder umsetzen durch reformierende oder revolutionäre, auf jeden Fall inspirierte neue Ideen. Sie anerkennt den weit gesteckten Rahmen ihrer inneren Freiheit und erkennt den durch soziales Miteinander begrenzten äusseren Rahmen. Mit dieser begrenzten und unbegrenzten Freiheit kann sie über Grenzen hinaus gehen und auch über Grenzen hinaus denken, ohne andere dabei ohnmächtig machen zu müssen. Nicht zuletzt deshalb, weil sie die Gleichwertigkeit jedes menschlichen Lebens erkannt hat und sie ihr Denken und Verhalten danach ausrichtet.

Der so gefürchteten Plötzlichkeit der uranischen Energie kann die gereifte Persönlichkeit mit Gleichmut begegnen oder sie sogar nutzen, denn mit reif gelebten und mächtigen persönlichen Planeten hat sie erkannt, dass sie das, was das Leben dadurch von ihr verlangt, schaffen wird.

Ohnmacht

Die ohnmächtige Form der Uranus-Energien drückt sich vor allen Dingen in Uranus' Aspekten zu persönlichen Planeten, den Hauptachsen oder dem absteigenden Mondknoten aus. Dies ist der Fall, wenn die Persönlichkeit noch nicht gereift ist, der Mensch also seine persönlichen Planeten noch in einer ohnmächtigen, unreifen Form lebt.

→ *Siehe hierzu die Kapitel «Die geistigen Planeten», Abschnitt «Formen der Ohnmacht generell» auf S. 211, sowie «Macht und Ohnmacht der persönlichen Planeten» auf S. 54 und dort die entsprechenden Hilfen.*

Neptun: die Macht des Mitgefühls, der Intuition, der Fantasie, des Medialen, des Künstlerischen

Macht

Eine gereifte Persönlichkeit kann vor allem durch die Energie des Mitgefühls, die von Neptun zur Verfügung gestellt wird, machtvoll wirken. Mitgefühl ist ein Ausdruck der kosmischen Liebe und macht uns erst zum Menschen. Dabei kann eine machtvolle Persönlichkeit Mitgefühl sowohl für sich als auch für andere in gleichem Masse aufbringen und richtet ihr Verhalten nicht nach dem Entweder-oder, sondern nach dem Sowohl-als-auch aus. Ausserdem spürt sie, wann ihr Mitgefühl entgleist und sie in Mitleid oder Selbstmitleid zu versinken droht. Denn dann würde sie ihre Mond-Energie unreif leben und durch ihre Emotionen in einen ohnmächtigen Zustand geraten und nichts mehr bewirken können.

Eine gereifte Persönlichkeit kann sich erden (auch wenn sie im Horoskop keine Erde hat, hat sie doch einen gereiften Saturn). Von daher läuft sie nicht Gefahr, sich in spirituellen Höhenflügen oder übersinnlichen Kontakten zu überschätzen oder durch ihre vermeintlich so gute Intuition ihr rationales Denken auszuschalten und einer Täuschung zu erliegen.

Auch wenn sie sich ganz dem Künstlerischen in ihr, ihrer Fantasie, ihren Träumen hingibt, wird sie durch ihre gereiften inneren Saturn-Energien nicht den Boden der Realität und damit auch nicht den Boden unter ihren Füssen verlieren.

Ohnmacht

Die ohnmächtige Form der Neptun-Energien findet ihren Ausdruck vor allen Dingen in Neptuns Aspekten zu persönlichen Planeten, den Hauptachsen und am absteigenden Mondknoten. Dies ist der Fall, wenn die Persönlichkeit noch nicht gereift ist, der Mensch also seine persönlichen Planeten noch in einer ohnmächtigen, unreifen Form lebt.

→ *Siehe hierzu die Kapitel «Die geistigen Planeten», Abschnitt «Formen der Ohnmacht generell» auf S. 211, sowie «Macht und Ohnmacht der persönlichen Planeten» auf S. 54 und dort die entsprechenden Hilfen.*

Pluto: die Macht der gebündelten Energien, des zwingenden Willens, des persönlichen und kollektiven Unbewussten, der tiefgreifenden Wandlung

Pluto wird wie kein anderer Planet mit dem Begriff Macht in Verbindung gebracht. Das ist insofern richtig, weil die wenigsten Menschen – auch nicht diejenigen, die in einer gereiften Form mit ihm umgehen – die Tiefe seiner Energien wirklich durchblicken und begreifen. Denn die Energien, die uns durch das persönliche und kollektive Unbewusste zur Verfügung gestellt werden, sind – wie der Name sagt – unbewusst, aber trotzdem wirkmächtig in uns und durch uns. In der allermeisten Zeit fühlen wir uns ihnen ohnmächtig ausgeliefert und sind es auch. Auch die tiefgreifende Wandlung, die durch Pluto-Energien in uns stattfinden kann, erleben wir meist mit einem Gefühl der Ohnmacht. Wir fühlen uns den Ereignissen, den Schicksalsschlägen ausgeliefert, weil all das, was wir dachten unter Kontrolle zu haben, wegbricht.

Tief in sich tragen die Energien von Pluto, meiner Meinung nach, das zyklische Geschehen und die immerwährende Wandlung, die Tatsache, dass alles sich ständig verändert. Dass nichts festgehalten werden kann. Allein schon dadurch lösen sie bei uns Gefühle von Ohnmacht aus. Denn Veränderungen und Wandlungen werden meist von einem, wenn auch vorübergehenden, Kontrollverlust und einer grossen Verunsicherung über das, was kommen wird, begleitet. Beides kann Gefühle der Ohnmacht auslösen. Doch wenn wir zyklisch denken, dann gibt es Zeiten des Handelns und Zeiten des Nichthandelns, der Aktion und der Reaktion, und es gibt Zeiten, in denen wir uns mächtig oder ohnmächtig fühlen.

Wer sich diese – primär buddhistische – Sichtweise zu eigen machen kann, verliert vielleicht ein bisschen die Angst vor Pluto und fühlt sich in Zeiten der Ohnmacht nicht ganz so ausgeliefert.

→ *Siehe auch Kapitel «Psychologie – Anregungen zur Selbsthilfe» auf S. 236.*

Macht

Eine reife, mächtige Persönlichkeit weiss um die immerwährenden Veränderungsprozesse innerhalb und ausserhalb ihrer Person und kann sie akzeptieren. Sie weiss, dass ihr jede Kontrolle durch einen inneren oder äusseren Anlass entgleiten kann, hat aber mit gereiften persönlichen Planeten gelernt, sich dabei nicht durch starke Emotionen ohnmächtig machen zu lassen. Sie weiss, dass in diversen Situationen Kontrolle notwendig ist, doch lässt sie sich nicht dazu hinreissen, aus vagabundierenden Emotionen heraus andere Menschen zu kontrollieren. Sie wendet ihre Macht ausschliesslich im Sowohl-als-auch, nicht im Entweder-oder an. Damit ist ihr Bestreben, etwas zu bewirken für sich und für andere, jedoch niemals für sich und daher gegen andere. Der Grat zwischen konstruktiver Machtausübung und Machtmissbrauch, zu dem auch Manipulation gehört, ist ungeheuer schmal. Denn – und das eint uns wieder einmal alle – keiner möchte verlieren und jeder möchte mächtig sein, um das zu vermeiden. Eine reife Persönlichkeit kennt ihre Lust mächtig zu sein und kann sie kontrollieren, sobald andere dabei Schaden nehmen könnten.

Mit starken Pluto-Energien ist der Anreiz gross, etwas nach eigenem Willen erzwingen zu wollen. Die mächtige Persönlichkeit erkennt einen – wie immer gearteten – höheren Willen an, bevor sie die Energien destruktiv gegen sich oder andere nutzt.

Ohnmacht

Die ohnmächtige Form der Pluto-Energien drückt sich vor allen Dingen in Plutos Aspekten zu persönlichen Planeten, den Hauptachsen oder am absteigenden Mondknoten aus. Dies ist der Fall, wenn die Persönlichkeit noch nicht gereift ist, der Mensch also seine persönlichen Planeten noch in einer ohnmächtigen, unreifen Form lebt.

→ *Siehe hierzu die Kapitel «Die geistigen Planeten», Abschnitt «Formen der Ohnmacht generell» auf S. 211, sowie «Macht und Ohnmacht der persönlichen Planeten» auf S. 54 und dort die entsprechenden Hilfen.*

Die Mondknotenachse

Der absteigende Mondknoten

Ohnmacht

Wie allgemein bekannt, birgt die Mondknotenachse Geschichten und Themen, die aus anderen Inkarnationen mitgebracht wurden und die in diesem Leben beachtet, betrachtet und bearbeitet werden möchten. Dies gilt vor allem für den *absteigenden* Mondknoten und insbesondere dann, wenn Planeten einen Aspekt zu ihm bilden. (Zur Erinnerung: Planeten werden dann dem absteigenden Mondknoten zugerechnet, wenn Sie im Quadrat und in Konjunktion mit ihm stehen.)

Im Kontext von Macht und Ohnmacht sind vor allem die Planeten am absteigenden Mondknoten relevant, wobei es ganz wichtig zu beachten ist, dass wir uns mit Themen aus anderen Inkarnationen im Bereich der Spekulation befinden. Wir kennen die Geschichten, die dahinterstecken, meist nicht, wir können nur erspüren, ob durch unsere Spekulation in uns eine Resonanz entsteht. Es kann also sein, dass mit Pluto am absteigenden Mondknoten die Seele eine Geschichte von Macht und Ohnmacht mitgebracht hat, jedoch aus der Konstellation es nicht ersichtlich ist, ob es sich um die eine oder die andere Variante handelt. Des Weiteren ist nicht klar, ob die Macht konstruktiv oder destruktiv ausgeübt wurde. Doch erfahrungsgemäss gibt es meist drei Möglichkeiten:

- Die Energie des Planeten am absteigenden Mondknoten wurde in der ohnmächtigen Form *er*lebt (Opfer).
- Die Energie des Planeten am absteigenden Mondknoten wurde in der mächtigen Form destruktiv *ge*lebt (Täter).
- Die Energie des Planeten am absteigenden Mondknoten wurde gar nicht gelebt.

Spüren wir in uns hinein – vielleicht mit Hilfe einer Kollegin oder eines Kollegen –, dann finden wir in den meisten Fällen eine Antwort auf das «Wie». In jedem Fall aber fühlen wir uns innerhalb dieser Planetenenergie am absteigenden Mondknoten nicht in unserer Macht, sei es, dass wir uns scheuen, sie anzuwenden und zu leben, sei es, dass wir sie gar nicht kennen.

Meiner *persönlichen* Meinung nach drückt sich in den Planeten am absteigenden Mondknoten (wie auch an diesem selbst) eine Absicht der Seele aus. Sie möchte durch die Persönlichkeit, also unser Ich, hier etwas erfahren, etwas lernen.

Ich bin sehr vorsichtig mit dem Begriff Karma, da er meiner Meinung nach – besonders hier bei uns im Westen – sehr oft missverständlich angewendet wird. Ich möchte gerne folgende Interpretation von Karma vorschlagen:

In einer anderen Inkarnation wurden Fehler gemacht – es hat etwas gefehlt, nämlich das entsprechende Wissen, um den Fehler zu vermeiden. Wir haben Karma erworben. In diesem Leben jetzt drückt die Seele durch Planeten am absteigenden Mondknoten ihre Absicht aus, das fehlende Wissen zu erwerben, um die Fehler in Zukunft zu vermeiden. Wir bearbeiten unser Karma. So geht es nicht darum: War ich Täter? War ich Opfer? Habe ich die Planetenenergie gar nicht gelebt? – Es geht also nicht um Schuldzuweisungen, sondern es geht darum, wie ich aus der ohnmächtigen, unreifen Form dieser Planetenenergie in die reife Form und damit in meine Macht gelangen kann. Wie gelingt es mir also, mit dieser Planetenenergie etwas Konstruktives machen zu können, etwas zu bewirken?

Macht

Auf dem Weg das Fehlende zu erkennen, sich das Wissen darum anzueignen und dadurch weitere Fehler zu vermeiden, ist ein Gedanke hilfreich: Was auch immer in den angesprochenen Inkarnationen geschehen sein mag: Es ist vergangen, nicht mehr zu verändern und – ganz wichtig – aus einer anderen Zeit. Jetzt, in diesem Leben, ist alles anders als damals: die Persönlichkeit, das Umfeld, die Situationen an sich, die Gesellschaft und die Zeit, in der wir leben. Auch wenn die Energien der Planeten am absteigenden Mondknoten mit mehr oder weniger klaren Gefühlen und Erinnerungen verbunden sind, die Leid oder auch Schuld in sich tragen – es ist vorbei, *jetzt* ist ein Neubeginn mit diesen Energien möglich.

Sich diesem Gedanken wirklich hinzugeben und ihn bis in die Konsequenzen durchzudenken – nämlich, dass der Umgang mit diesen Energien nicht mehr so sein muss wie damals, sondern wir jetzt den reifen Umgang mit ihnen erlernen können und dürfen –, ist einer der ersten Schritte in die Eigenermächtigung.

→ *Weitere Wege dorthin sind in den entsprechenden Kapiteln der jeweiligen Planeten zu finden.*

Der aufsteigende Mondknoten

Planeten am aufsteigenden Mondknoten, das heisst in Konjunktion, im Sextil oder im Trigon, sehe ich als «Helfer» auf dem Weg, die Mondknotenachse ins Schwingen zu bringen. Es sind, meiner Meinung nach, schon in früheren Inkarnationen konstruktiv gelebte Planetenenergien, die uns zur Verfügung stehen. Sie stehen bereit, um machtvoll mit ihnen etwas zu bewirken. Stehen sie in Konjunktion zum aufsteigenden Mondknoten, können sie eigentlich nicht missbräuchlich, also nicht ohnmächtig gelebt werden. Hier ist es somit eine Frage des Mutes, uns mit diesen Planetenenergien anderen Menschen zuzumuten und damit in unsere Macht zu gehen.

Macht und Ohnmacht bei Transiten

Während der oft lang dauernden Transite von Saturn und den drei geistigen Planeten sind wir nicht selten Ereignissen ausgesetzt, die starke Veränderungen in uns oder ausserhalb von uns hervorrufen.

Es gibt Menschen, die stehen Veränderungen offen gegenüber, weil sie Herausforderungen lieben. Meistens aber nur so lange, wie sich die Veränderungen als «positiv» erweisen. Andere Menschen stehen Veränderungen grundsätzlich ängstlich und skeptisch gegenüber, weil vertrautes Terrain verlassen werden muss. Die einen erleben sich während der Transitphasen als mächtig, sie können etwas bewirken, etwas verändern – die anderen fühlen oder erleben sich den Veränderungen gegenüber eher ohnmächtig ausgesetzt und meinen, nichts bewirken zu können.

Beide Gefühlszustände: «Ich bin mächtig» und «Ich bin ohnmächtig», finden unter demselben Transit, das heisst in derselben Zeitqualität statt. Und das ist nun wirklich interessant: Es ist nicht die Energie des Transitplaneten, die mächtig oder ohnmächtig macht, es ist der Geisteszustand, mit dem wir das erwartete, befürchtete oder eingetretene Ereignis betrachten. Je nachdem, mit welcher Emotion und in welchem Geisteszustand oder mit welcher inneren Haltung wir eine Situation betrachten, erleben wir uns als mächtig und handelnd oder als ohnmächtig und ausgeliefert. Je nachdem, mit welchem Gefühl und in welchem Geisteszustand wir den Transitplaneten betrachten, erleben wir die Zeitqualität, die er mit sich bringt, als Chance an etwas zu wachsen oder als Schicksalsschlag, der uns ohnmächtig niederstreckt.

So ist meiner Meinung nach ein Transit – oder auch eine andere Auslösung – immer eine Chance und ein Weg in die Eigenermächtigung des Radixplaneten zu gelangen, der gerade ausgelöst wird. Eine Saturn-Auslösung wird uns auffordern, zu überprüfen, wie reif oder wie unreif und ohnmächtig wir den entsprechenden Planeten leben. Auslösungen durch Uranus, Neptun oder Pluto bringen durch die Zeitqualität, eventuell auch durch entsprechende Ereignisse, die Möglichkeit, uns zu befreien oder von etwas befreit zu werden, etwas aufzulösen oder sogar tiefgreifend zu verändern.

→ *Hilfsangebote in dieser Zeit sind in den entsprechenden Kapiteln der jeweiligen Planeten zu finden und auch im Kapitel «Psychologie – Anregungen zur Selbsthilfe», Punkt 4: «Eigenermächtigung durch Veränderung der Betrachtungsweise» auf S. 247.*

Chiron

Chiron-Ohnmacht

Ein besonders sensibler Bereich, in dem wir häufig Ohnmachtsgefühlen oder ohnmächtigen Situationen ausgesetzt sind, steht im Zusammenhang mit den Energien von Chiron, im Zeichen, im Haus und spürbar auch in *allen* Aspekten, die er bildet.

Es wird in der Astrologie davon ausgegangen, dass Chiron eine Verletzung, eine Wunde symbolisiert, die in dieses Leben mitgebracht wurde, und wir daher besonders sensibel reagieren, wenn sie berührt wird. Wir können uns wiederum verletzt fühlen oder gekränkt, angegriffen oder missachtet oder aber – und das ist häufig – ängstlich und ohnmächtig. Ohnmächtig deshalb, weil wir unserem Gegenüber an diesem Punkt nicht in der gewohnten Stärke gegenüberstehen. Ohnmächtig aber auch deshalb, weil wir ängstlich sind und nicht den Mut haben, im Haus, im Zeichen oder mit den Planeten, die von Chiron aspektiert werden, kraftvoll aufzutreten. Die Angst, wieder verletzt zu werden, hält uns zurück und gibt uns das Gefühl nichts machen, nichts bewirken zu können.

Ich habe Chiron einmal als «Demutsübung und gleichzeitig Mutprobe» bezeichnet:

Als Demutsübung, weil die Sensibilität, Verletzbarkeit und auch Ängstlichkeit in diesem Bereich angenommen und akzeptiert werden muss. Doch nicht in Resignation («Ich kann nichts machen, es ist halt so»), sondern in der Gewissheit, dass unsere Seele sich hier einfügen möchte, zum einen in das Leid, zum anderen in eine spirituelle Verbindung, die das Leid zur Kraft werden lässt.

Als Mutprobe, weil wir auf dem Weg, ein Heilmittel für unser Leid zu finden, immer wieder an unsere Schmerzgrenze stossen und trotzdem aufgefordert sind, nicht aufzugeben, sondern mutig weiter nach einem Schutz zu suchen.

Der Weg in die Eigenermächtigung ...

... ist hier ein langer, vielleicht ein lebenslanger, denn heil werden an dieser Stelle heisst einen Mangel an Stärke und Überlegenheit anzunehmen, anstatt ihn abzulehnen. Es heisst, zu spüren und in sich hineinzuhorchen, welcher Schutz uns weniger verletzbar und dadurch mutiger macht. Es heisst, uns an dieser Stelle liebevolles Mitgefühl entgegenzubringen, anstatt uns und den Mangel abzulehnen und ihn wegtherapieren zu wollen. Mitgefühl meint hier, sich in seiner Verletzbarkeit ernst zu nehmen und anderen Grenzen aufzuzeigen, die sie vielleicht im Bereich von Chiron und seinen Aspekten bei uns überschreiten.

Es gibt mehrere Wege, sich seiner Verletzbarkeit durch Chiron anzunähern. Es wird immer wieder betont, dass das Zeichen, in dem Chiron steht, zur Heilung beitragen kann. Dies ist sicher richtig, wenn der notwendige Schutz gefunden ist, sich in die Energie dieses Zeichens hineinzubegeben, es vielleicht sogar in einer reifen Form mit der Energie des Gegenzeichens zu verbinden. Doch ist der Schutz noch nicht gefunden und damit die Angst vor Verletzbarkeit noch ziemlich gross, wird gerade das Zeichen, in dem Chiron steht, oftmals gemieden.

So lauten Fragen, die uns auf dem Weg in die Eigenermächtigung hilfreich sein können, etwa:

- *Was genau* macht uns an der Energie dieses Zeichens (in dem Chiron steht) verletzbar?
- Ist es die Energie, die wir selbst nicht nutzen, oder ist es die Energie, die uns von anderen in einer Form, die uns verletzt, entgegengebracht wird?
- Wagen wir es zum Beispiel nicht, bei einem Chiron in Widder diese Energie zu leben?
- Haben wir Angst, dann nicht mehr gemocht und auf diese Weise verletzt zu werden? Oder werden wir durch eine Zeichenenergie, wie zum Beispiel Widder, die uns von anderen entgegengebracht wird, gekränkt oder verletzt?

Die Beantwortung dieser Fragen ist wie eine Art Bestandsaufnahme, die notwendig ist, um den entsprechenden Schutz zu finden.

Ähnliche Fragen können wir uns stellen, wenn es um das Haus, in dem Chiron steht, geht.

Aspekte von Chiron

Bei den Planeten, die Chiron aspektiert, können die unten aufgeführten Fragen gestellt werden. Sie können hilfreich sein, den Bereich innerhalb der Planetenenergie einzukreisen, in dem wir durch Chiron verletzlich sind, und dadurch eine Möglichkeit zu finden, uns einen Schutz zu erarbeiten. Der Schutz besteht hier in der Hauptsache darin, sich mit viel Geduld und viel Mitgefühl sich selbst gegenüber der jeweiligen Energie zu nähern und sich nicht zu bewerten oder zu verurteilen, wenn man in altes Verhalten zurückfällt. Und so viel Respekt vor uns und unserer Verletzbarkeit in diesem Bereich zu erwerben, dass wir anderen, die uns verletzen, Grenzen aufzeigen können.

Sonne: Durch wen fühle ich mich verletzt oder wem gegenüber fühle ich mich schutzlos? Durch das Männliche, repräsentiert durch Partner, Vater, Chef, Autoritäten? Was brauche ich, wie muss ich mich schützen, um meinen eigenen Weg zu wagen, um mich zuzumuten, um mich richtig gut zu finden, um mein Ich zu leben? Wo und wann muss ich mich vor mir selbst schützen? Wo und wann muss ich Mitgefühl mit mir entwickeln?

Oder verletzt es mich sehr, wenn die Sonnen-Energie *anderer* meine Grenzen überschreitet?

Mond: Durch wen fühle ich mich verletzt oder wem gegenüber fühle ich mich schutzlos? Durch das Weibliche, repräsentiert durch Partnerin, Mutter, Chefin, überfürsorgliche Personen? Bei welchen Gelegenheiten oder wem gegenüber wage ich es nicht, meine Bedürfnisse, meine Gefühle oder Emotionen zu äussern? Was brauche ich, wie muss ich mich schützen, um dabei nicht verletzt zu werden? Verletze ich mich selbst, indem ich meine Bedürfnisse und Gefühle unterdrücke oder sie nicht wahrnehme? Verletze ich mich selbst, indem ich meinen Emotionen freien Lauf lasse und danach ein schlechtes Gewissen habe?

Oder verletzt es mich sehr, wenn die Mond-Energie anderer meine Grenzen überschreitet?

Merkur: Werde ich verletzt, weil mir nicht zugehört wird, weil meine Meinung nicht wahrgenommen wird, weil meine Gedanken nicht geschätzt werden? Werde ich verletzt, weil ich das Gefühl habe, nicht dazuzugehören? Werde ich verletzt, weil ich das Gefühl habe, Wichtiges nicht mitgeteilt zu bekommen? Verletze ich mich selbst durch die Annahme, ich sei dümmer als die anderen, ich wisse weniger als die anderen, ich könne mich schlechter ausdrücken als andere?

Oder verletzt es mich sehr, wenn die Merkur-Energie *anderer* meine Grenzen überschreitet?

Venus: Liegt der Bereich meiner Verletzbarkeit in Beziehungen? In Partnerschaften? In meiner Weiblichkeit? Oder werde ich verletzt, weil meine Werte nicht anerkannt werden? Wird mein Selbstwert verletzt? Oder verletze ich mich selbst, weil ich mich nicht mag, nicht wertschätze? Verletze ich mich selbst, weil ich neidisch oder eifersüchtig bin – meinen (Eigen-) Wert also geringer erachte als den anderer?

Oder verletzt es mich sehr, wenn die Venus-Energie *anderer* meine Grenzen überschreitet?

Mars: Durch wen fühle ich mich verletzt oder wem gegenüber fühle ich mich schutzlos? Durch das Männliche, repräsentiert durch Partner, Vater, Chef, Autoritäten? Durch das Durchsetzungsvermögen oder die Aggression anderer?

Fühle ich mich schutzlos, wenn ich etwas beginnen oder wenn ich handeln soll? Fürchte ich mich vor den Konsequenzen meines Tuns?

Verletze ich mich selbst, weil ich mich nicht mag, weil ich meine Aggressionen in mich hineinfresse? Verletze ich mich selbst, weil ich nicht Nein sagen kann?

Oder verletzt es mich sehr, wenn die Mars-Energie *anderer* meine Grenzen überschreitet?

Jupiter: Verletze ich mich selbst, indem ich zu hohe Erwartungen an mich habe und dann von mir enttäuscht bin? Verletze ich mich selbst durch Übertreibungen? Verletze ich mich selbst, weil ich den Anspruch habe, alles besser wissen/können zu müssen? Verletzt es mich, wenn andere etwas anderes glauben als ich? Werde ich durch die «Grandiosität» anderer verletzt? Fühle ich mich schutzlos, weil andere zu viel von mir erwarten?

Oder verletzt es mich sehr, wenn die Jupiter-Energie *anderer* meine Grenzen überschreitet?

Saturn: Werde ich verletzt durch die Kritik anderer oder fühle ich mich ihr schutzlos ausgeliefert? Verletzt mich die Entschlossenheit und Härte anderer? Oder verletze ich mich selbst und liefere mich schutzlos meiner eigenen Härte, Kritik und Strenge aus? Verletze ich mich selbst durch Abwertung? Fühle ich mich blockiert, ausgebremst oder Ängstlichkeiten ausgesetzt? Traue ich mir nichts zu?

Oder verletzt es mich sehr, wenn die Saturn-Energie *anderer* meine Grenzen überschreitet?

Uranus: Verletzt es mich, wenn niemand meine Besonderheit wahrnimmt? Verletzt es mich, wenn niemand mein Anderssein anerkennt oder mein Freiheitsstreben ernst nimmt? Fühle ich mich schutzlos, wenn ich mich festlegen muss? Verletze ich mich selbst, weil ich immer ein «Extra» brauche? Verletze ich mich selbst durch meine Unzuverlässigkeit?

Oder verletzt es mich sehr, wenn die Uranus-Energie *anderer* meine Grenzen überschreitet?

Neptun: Verletzt es mich, wenn ich nicht wahrgenommen werde, wenn ich in meiner Spiritualität, mit meinen Ahnungen, meiner Intuition nicht anerkannt werde? Fühle ich mich schutzlos diesen Ahnungen oder der Intuition gegenüber? Werde ich von unbestimmbaren Ängsten heimgesucht? Bin ich Opfer von Missverständnissen oder gar Intrigen? Verletze ich mich selbst, indem ich mir etwas vormache, mich vielleicht belüge? Verletze ich mich selbst, indem keine Grenzen setze, indem ich nur anderen Mitgefühl entgegen bringe, doch nicht mir selbst? Bin ich das Opfer meiner Hilfsbereitschaft?

Oder verletzt es mich sehr, wenn die Neptun-Energie *anderer* meine Grenzen überschreitet?

Pluto: Werde ich durch Machtmissbrauch und Manipulation anderer verletzt oder fühle ich mich ihnen gegenüber schutzlos ausgeliefert? Ist dieser Machtmissbrauch körperlich, geistig, psychisch? Oder erfolgt er verbal? *Fühle* ich mich permanent ohnmächtig, in der Opferrolle? Bin ich es? Bin ich dadurch irgendwo auch «Täter»? Verletze ich mich selbst, indem ich in der Opferrolle verharre? Indem ich Macht ablehne?

Oder verletzt es mich sehr, wenn die Pluto-Energie *anderer* meine Grenzen überschreitet (damit ist nicht der Machtmissbrauch gemeint, dieser verletzt immer)?

→ *Weitere Wege, um den angstfreien Umgang mit Chiron-Konstellationen zu erlernen, sind in den entsprechenden Kapiteln der jeweiligen Planeten zu finden.*

Chiron-Macht

Ein Mensch ist *wirklich* in der Macht von Chiron, wenn er seine Verletzbarkeit im Chiron-Bereich als zu sich gehörig angenommen hat und gleichzeitig sich so weit schützen kann, dass er das Potenzial, das Chiron zur Verfügung stellt, für sich und andere nutzen kann. Wenn er das Sowohl-als-auch des Irdischen und Spirituellen, das Chiron repräsentiert, in sich selbst spürt und begriffen hat, dass die Kräfte des Zeichens und der Planeten, die Chiron berührt, zugleich irdische und spirituelle Lehrer für ihn sind. Wenn er begriffen hat, dass ihm an dem Ort, an dem Chiron steht, dessen volle Energien zufliessen, sofern er sie zum Heil für sich und andere benutzt. Wenn wir dies wirklich bedenken, dann wird klar, dass es nicht allen Menschen möglich sein wird, in die wirkliche Macht hineinzukommen.

Doch aus dem Gefühl der Ohnmacht und des Ausgeliefertseins herauszukommen in eine Eigenermächtigung hinein ist durchaus möglich. Das Gefühl die Planetenenergien, die von Chiron aspektiert werden, beinahe angstfrei vor eventuellen Verletzungen leben und das Zeichen, in dem er steht, beinahe lieben zu können, ist ein sicheres Zeichen, dass wir zumindest die absolute Ohnmacht durch Chiron hinter uns lassen durften.

Lilith

Lange habe ich nachgedacht, ob ich Lilith zum Thema Macht und Ohnmacht besprechen kann – und habe mich aus zwei Gründen dagegen entschieden.

1. Obwohl ich seit Jahren sowohl im astrologischen als auch psychologischen Kontext frage, beobachte und einordne, gelingt es mir nicht, eine klare und eindeutige Aussage zu machen. Es ist *für mich* schwer zu unterscheiden, ob das Gefühl der Macht bzw. Ohnmacht allein der Macht bzw. Energie von Lilith zuzuordnen ist oder ob die übrigen Faktoren im Horoskop, mit all ihren Facetten und Auswirkungen, nicht dabei eine mindestens ebensogrosse Rolle spielen. Von den persönliche Planeten meine ich dabei allen voran Mond und Venus, von den Langsamläufern vor allem Pluto, aber auch Jupiter. Ich höre immer wieder von Frauengruppen, die die Energien von Lilith «heraufbeschwören» und «spüren». Doch auf Nachfrage konnte nicht genau unterschieden werden, ob das nicht vielleicht Venus und Mond sind, weil die Frauen ihre Weiblichkeit machtvoll fühlen und ihr Bedürfnis nach Macht in diesem Umfeld nicht sanktioniert ist und deshalb an die Oberfläche kommen darf (?). Ist es aus demselben Grund vielleicht Pluto, dessen machtvolle Energien gespürt und zugelassen werden dürfen? Oder ist das alles allein Lilith zuzurechnen? – Für mich nicht klar genug, um es in einem Buch zu verwenden.

2. Es gibt *für mich* schon in der Deutung von Lilith noch viel zu viele Nicht-Eindeutigkeiten, um klare Aussagen zum Thema Macht und Ohnmacht abgeben zu können.

   Lilith ist, wie der Mondknoten, kein fester Körper, sondern ein errechneter Energie-Punkt. Wie wird dieser Energie-Punkt bisher gedeutet? – Die einen sehen in ihrer Energie die erotische Verführerin, die anderen die wilde, rebellische Frau, Dritte eine Göttin. Von wieder anderen wird ihr noch in der Achse der Fruchtbarkeitsgott Priapus gegenübergestellt. Warum? Weil sie mächtig ist?

Um der erotischen Verführerin eine männlich-sexuelle Macht gegenüberzustellen? Eigenartig.

Aber gerade *das* ist für mich ein Zeichen, mit wie vielen Unbekannten bei Lilith noch gearbeitet wird. Wenn sie die «urweibliche Kraft und Macht» ist, die ihr, gerade von Astrologinnen, zugesprochen wird, was bedeutet das dann für das männliche Horoskop? *Für mich* zu viele Fragen und offene Antworten.

Meiner Meinung nach ist Lilith eine äusserst machtvolle «kosmische Energie», von der wir eher beherrscht werden als sie zu beherrschen – ähnlich den Energien der drei geistigen Planeten. Diese universelle Energie steht sowohl den Frauen als auch den Männern zur Verfügung (da muss Priapus gar nicht auftreten). Ihre Auswirkungen finden sich im irdischen, im geistigen und im spirituellen Bereich. Und, wie auch bei Uranus, Neptun und Pluto, müssen *zuerst* die persönlichen Planeten reif und verantwortungsvoll gelebt werden, bevor wir in der Lage sind, mit der Energie von Lilith eigen-mächtig umzugehen.

Vor allem sind dabei jetzt Mond und Venus angesprochen, gleichgültig ob in einem weiblichen oder männlichen Horoskop. Sie müssen mit all ihren Sehnsüchten und Begehrlichkeiten und *den dazugehörenden Schattenseiten* erkannt und in die Persönlichkeit integriert werden. Erst dann gelingt – wiederum nur meiner Meinung nach – eine eindeutige Zuordnung von Macht- und Ohnmachtsgefühlen zu Lilith.

Psychologie – Anregungen zur Selbsthilfe

«Wende dich nicht ab. Sieh weiter auf die verletzte Stelle. Dort tritt das Licht in dich ein.»
Rumi, 13. Jh. – Sufi, Mystiker, Dichter

Wichtiger Hinweis
Das Folgende sind Vorschläge und Möglichkeiten, einen eigenen Weg aus Ohnmachtsgefühlen oder ohnmächtigen Situationen zu finden und zu beschreiten. Es sind alles Anregungen, die zum «Münchhausen-Prinzip» gehören, nämlich Methoden, sich selbst «am Schopf zu packen und aus dem Sumpf zu ziehen», wie es die Geschichten des Lügenbarons Freiherr von Münchhausen erzählen. – ***Sie sind keinesfalls ein Ersatz für eine psychotherapeutische Behandlung.***

1. Eigenermächtigung durch den Entschluss mächtig zu werden

Um auf psychologischem Weg in die eigene Macht zu finden, sind zwei Vorgehensweisen unerlässlich:

- der Entschluss, die eigene Macht zu finden und zu leben;
- eine intensive Innenschau, um die persönliche Einstellung zu Macht und Ohnmacht kennenzulernen.

Warum ist eine Auseinandersetzung mit dem Thema so bedeutend? Weil Macht und Ohnmacht zentrale Erfahrungen im Leben eines jeden Menschen sind und – wie schon an anderer Stelle gesagt – jeder im Grunde seines Herzen eigenmächtig sein will. Aber, und das ist wirklich wichtig: Nur wenn wir uns selbst verändern, verändern sich die Umstände unseres Lebens und verändert sich (vielleicht) das Verhalten der anderen Menschen in unserer Umgebung.

Wir müssen also zunächst den Entschluss fassen, uns aus der Ohnmacht zu befreien – den Entschluss vom reagierenden Opfer zur agierenden Macherin zu werden.

Ich spreche deshalb von Entschluss, weil eine Willensäusserung oder eine Absichtserklärung nicht ausreichend ist. Beides kann verschoben oder aufgehoben werden – ein Entschluss jedoch fordert unseren Mars zu beinahe sofortigem Handeln auf.

Zuerst sollte man sich folgende Fragen stellen, nicht nur einmal, sondern immer wieder und am besten über einen längeren Zeitraum hinweg, um auch Antworten unter den verschiedensten Aspekten und Situationen zu erhalten:

- Wann fühle ich mich mächtig? Wann bin ich es?
- Wo liegt der Bereich meiner persönlichen Macht?
- Auf welche Weise lebe ich ihn? Hindere ich andere dadurch, Eigenmächtigkeit zu erlangen?
- Wo mache ich etwas, bewirke ich etwas?
- Wie mache ich es? Offen und frei nach aussen? Manipuliere ich?
- Kann ich mich abgrenzen?
- Sorge ich für meine Bedürfnisse? Kenne ich sie?

oder

- *Fühle* ich mich ohnmächtig, machtlos?
- *Bin* ich wirklich ohnmächtig oder fühle ich mich nur so?
- Bin ich ohnmächtig und trotzdem machtvoll (Macht der Schwachen)?
- Werde ich manipuliert, lasse ich mich manipulieren?
- Habe ich Abgrenzungsschwierigkeiten?
- Kann ich nicht Nein sagen? In welchen Situationen? In welchen Bereichen?
- Fühle ich mich oder bin ich «Opfer»? Oder bin ich «Täter», Tätige, Macherin?

Immer wieder sitzen mir in Beratungssituationen Menschen gegenüber, vor allem Frauen, die sehr erstaunt reagieren, wenn ich sie frage, ob sie eigentlich wissen, dass sie mächtig sind (zum Beispiel Pluto am

AC). Problematischer wird es, wenn ich sage, dass es im Horoskop Konstellationen gibt, die auf eine Freude oder Lust an Macht, am Mächtigsein hinweisen. Meist wird Macht oder mächtig sein spontan abgelehnt.

So stellen sich weitere Fragen:
- Warum die Ablehnung, ja teilweise die Angst davor, mächtig zu sein?
- Was ist der Vorteil ohne Macht, eher Opfer als Macher zu sein? Eher zu re-agieren als zu agieren?
- Was macht die Ablehnung von Macht für den Einzelnen attraktiv?

Zwei häufig anzutreffende Ohnmachtssituationen können erste Antworten auf diese Fragen geben:
- Wer machtlos ist – also nichts macht –, muss keine Verantwortung für sein Handeln übernehmen, muss deshalb auch keine Konsequenzen aus diesem Handeln tragen. Trotzdem hat er aber die Freiheit, jederzeit seine Kritik einzubringen, wenn etwas nicht so läuft, wie er es sich vorgestellt hat, und kann anderen dafür die «Schuld» geben.
- Wer Opfer ist, wer hilfsbedürftig ist, kann sich der Sympathien und der Aufmerksamkeit seiner Umgebung – sowohl der anderen Ohnmächtigen als auch meistens der Mächtigen – sicher sein. Zumindest kann er die Neutralität der anderen einfordern. Auf dieser Basis der Sympathien und der Zuwendung kann das Opfer sehr stark werden, die berühmte Macht der Schwachen. Gefährlich dabei ist eine verhängnisvolle Eigendynamik, in der der Hilfsbedürftige seine ohnmächtige Situation immer weiter ausbaut, ja geradezu bewusst oder teils auch unbewusst, immer neue Situationen heraufbeschwört, um die Rolle zu stabilisieren. Der neutrale Betrachter, der die Interna nicht kennt, sagt dann häufig: «Meine Güte, was für ein Schicksal!»

Wer in die Eigenmächtigkeit hineinwachsen will, muss diese beiden Vorteile der Machtlosigkeit aufgeben. Er muss Verantwortung für sein Tun übernehmen, die Konsequenzen daraus tragen und kann sich der Sympathie und Zuwendung seiner Umgebung nicht immer sicher sein. Das macht Angst, und deshalb basiert die Ablehnung von Macht auch sehr oft auf Angst.

Um den Entschluss eigenmächtig zu werden fassen zu können, ist es ratsam, sich selbst – ganz ehrlich – die drei oben besprochenen Fragen zu stellen:

- Wie stehe ich zur Macht?
- Wovor habe ich Angst?
- Was macht ohne Macht zu sein für mich attraktiv?

Sind wir mit unserer Innenschau zum Thema ein Stückchen weitergekommen und haben wir begonnen, uns mit den Fragen unserer persönlichen Macht auseinanderzusetzen, ist es ratsam, mit Menschen unserer Umgebung über unseren Umgang mit Macht zu sprechen. Denn häufig unterscheidet sich unser Selbstbild vom sogenannten Fremdbild: dem Bild, das andere von uns haben. Nicht selten haben wir auch einen blinden Fleck, was unsere Ausstrahlung und unser Verhalten anbelangt, besonders wenn es das Thema Macht und Ohnmacht betrifft.

Ein Vorschlag ist deshalb, die Freundin, den Freund, den Partner oder die Partnerin zu fragen: «Wie siehst du mich im Hinblick auf Macht? Wirke ich auf dich oder andere eher mächtig oder machtlos? Hast du das Gefühl, ich manipuliere?»

Form und Inhalt sind häufig sehr verschieden. Ein Mensch, der nach aussen kraftvoll und selbstbewusst wirkt, kann sich innerlich durchaus ohnmächtig fühlen. Und umgekehrt kann der hilflos-ohnmächtig Wirkende mit grosser innerer Stärke und Sturheit ein Projekt zum Beispiel passiv-aggressiv-machtvoll blockieren. Deshalb ist es hilfreich, nahestehende Menschen mit in das Nachdenken über die eigene Macht bzw. Ohnmacht einzubeziehen.

Als weiterer Schritt bei der eigenen Innenschau ist zu bedenken, *dass jedes Verhalten für den Betreffenden einen Sinn hat,* auch wenn sich dieser für Aussenstehende oft nicht erschliesst.

So sind folgende Fragen hilfreich:

- Welchen Sinn hat für mich oder für andere mein Verharren in der Ohnmacht, in der Hilflosigkeit?
- Welchen Sinn hat für mich oder für andere mein Verharren in der Ohnmacht in ganz bestimmten Situationen?

- Welchen «Gewinn» bringt mir mein ohnmächtiges Verhalten? Was bringt es mir an Positivem?

Die letzte Frage sollte wohlüberlegt und ehrlich beantwortet werden, denn ein Verhalten kann nur dann aufgegeben werden, wenn das neue Verhalten genauso viel Gewinn bringt wie das alte. Da «denkt» unsere Psyche ganz ökonomisch.

2. Eigenermächtigung durch soliden Selbstwert

An Ohnmachtsgefühlen und den damit einhergehenden Kränkungen oder Verletzungen sind meist drei Ursachen beteiligt:

- Unsere Bedürfnisse werden nicht beachtet.
- Unsere Werte werden nicht anerkannt.
- Unsere Eigen-Art wird nicht anerkannt.

Bedürfnisse

Nehmen wir als Beispiel eine Frau, verheiratet, zwei Kinder. Ihr Partner hilft weder im Haushalt, noch kümmert er sich besonders um die Kinder. Ausserdem geht er jeden Dienstagabend ins Fitnesscenter und Freitagabend zum Stammtisch oder Ähnlichem. Dieses oder ähnliche Familienmuster sind hinreichend bekannt.

Nehmen wir weiter an, die Frau hat sich jahrelang zurückgenommen, fürchtet sich davor, gegen den Mann und seine Gewohnheiten zu rebellieren, wird schliesslich krank und muss sich in psychotherapeutische Behandlung begeben.

Auf welche Ursache ihrer Ohnmacht wird die Frau wohl als Erstes stossen? Auf die Erfahrung, dass ihre Bedürfnisse nicht beachtet wurden. Sie war entweder nicht in der Lage, sie selbst zu erfüllen, oder war nicht mutig genug, den Partner oder andere Menschen um Erfüllung zu bitten. Möglicherweise aber kennt sie sie selbst nicht einmal.

Um eigenmächtig zu werden, ist es also zunächst einmal wichtig, unsere Bedürfnisse kennenzulernen. Das kann ganz generell verstanden werden, indem wir uns fragen:

- Was brauche ich, damit ich mich körperlich, geistig und emotional gut fühlen kann?
- Was wünsche ich mir, nach was sehne ich mich?

– Was würde ich machen, wenn ich machen könnte, was ich wollte?

Dabei ist es im Augenblick unwichtig, ob diese Bedürfnisse und das Sehnen erfüllt werden können oder nicht. Denn es geht jetzt nur darum, sich auf der Ebene der Bedürfnisse, der Wünsche, der Sehnsucht kennenzulernen und erst einmal *vor sich selbst* mutig dazu zu stehen. Denn ich kann nur etwas anstreben – nämlich die Erfüllung der Bedürfnisse –, wenn ich es kenne. Je klarer meine Vorstellung davon ist, desto klarer kann ich sie auch vor mir und/oder anderen formulieren und ihre Umsetzung anstreben.

Astrologisch gib dazu die Stellung des Mondes im Radixhoroskop Auskunft. Hierbei können Zeichen, Haus und Aspekte in die Betrachtung einbezogen werden, auch das Haus, über das der Mond herrscht, sowie der Planet, den er eventuell disponiert. Aber Achtung: Es gibt viele Bedürfnisse, die aus der Sozialisation heraus entstanden sind und über die Aussage des Mondes hinausgehen – sie sind in jedem Fall *auch* richtig und sollten *mindestens* genauso beachtet werden.

Nachdem die Bedürfnisse bekannt sind, wird eine nächste Frage aktuell, nämlich wie der Umgang mit der augenblicklichen (ohnmächtigen) Situation verändert oder erleichtert werden kann:

– Was kann ich tun, *trotz der ohnmächtigen Situation,* um meine Bedürfnisse – wenigstens einigermassen – zu befriedigen und damit eine Eigenmächtigkeit innerhalb der Ohnmacht zu erreichen?

Hier ist es von Vorteil, sich Nahziele zu setzen, die auch erreichbar sind. Das Fernziel ist Eigenmacht im Alltag zu erringen und damit eine gewisse Autonomie leben zu können. Doch um das Fernziel erreichen zu können, brauchen die meisten Menschen Nahziele – zum einen um ihren augenblicklichen Aktionsradius zu vergrössern, zum anderen um Erfolgserlebnisse zu haben.

Zum Beispiel einer Frau, die sich nach Weiterbildung sehnt und gerne einen Kurs besuchen würde, könnten zum Beispiel Babysitter, Nachbarin, Eltern helfen, einige Stunden auf die Kinder aufzupassen, oder eine Mittagsbetreuung, Ferienbetreuung, um nur ein paar Möglichkeiten zu nennen. Damit erlangt sie innerhalb der ohnmächtigen Situation wenigstens eine gewisse Ermächtigung und vergrössert damit ihre Freiheit. Sie hat sich ein Nahziel gesetzt – ist dieses erreicht, kann sie sich ein nächstes setzen, um schliesslich ihr Fernziel – wieder eigenes Geld zu verdienen – zu erreichen.

Werte

Eine weitere Erfahrung in der Ohnmacht ist, dass die eigenen Werte vom «Machthaber» nicht anerkannt werden. Oder dass dieser andere Werte hat, die er vorrangig umsetzt.

Nehmen wir als Beispiel einen sportbegeisterten Mann, der es als absoluten Wert ansieht, nicht nur täglich zu joggen, sondern auch mehrere Male im Jahr Sporturlaub zu machen, bei dem ihn Frau und Tochter selbstverständlich begleiten müssen, wodurch er aber die Werte der Frau, nämlich Gemütlichkeit, Besinnlichkeit, Konzertbesuche und Kulturereignisse, über lange Jahre hinweg missachtet.

Der Neurologe und Psychiater Viktor E. Frankl berichtet in seinem Buch … TROTZDEM JA ZUM LEBEN SAGEN (1946) von KZ-Überlebenden, die sich in Gefangenschaft ihre eigene innere Welt schufen, in der sie *ihre eigenen* Werte behalten konnten. Sie hatten sich den entsetzlichen Werten der Machthaber entzogen, die unvereinbar mit ihren eigenen waren. Auf diese Weise sind sie, nach eigenen Angaben, nicht an ihrem Martyrium zerbrochen, sondern konnten in ihrer eigenen inneren Welt die Stärke zum Überleben finden.

Um die Eigenmacht zurückzugewinnen, ist es deshalb notwendig, sich klarzumachen, wo die eigenen Werte liegen, welchen Idealen wir folgen, was uns wirklich wertvoll und wichtig ist. Das Tragische für ohnmächtige Menschen ist aber oft, dass gerade sie so sehr auf die Resonanz des Gegenübers angewiesen sind. Es ist ihnen sehr wichtig, verstanden, gehört und anerkannt zu werden. Aus diesem Grund passen sie sich in ungeheurem Masse den Werten des Gegenübers an, manchmal bis zur Aufgabe der eigenen Identität. Das muss nicht unsere gesamte Persönlichkeit betreffen, sondern kann auch in Teilbereichen stattfinden, wie zum Beispiel ein sehr patenter Geschäftsmann, der sich aber gegenüber seinem Vater in keiner Weise durchsetzen kann.

In dem Masse aber, in dem wir uns auf unsere eigenen Werte besinnen, auf die Werte, die für uns selbst essenziell sind, wächst unser Selbstwertgefühl. Das befähigt uns, unser Gegenüber mit einem grösseren inneren Abstand zu betrachten.

Astrologisch werden hier Venus, die Häuserachse 2/8 und Jupiter herangezogen.

Venus: Was (nicht wen) lieben wir und was schätzen wir? Welche Werte leiten uns?

Die Häuserachse 2/8 mit den jeweiligen Zeichenherrschern zeigt, welche Werte die Basis unseres Selbstwertes sind (Haus 2) und welche Werte der anderen (der Sippe?) vielleicht noch integriert oder aber verlassen werden müssen, um zu einem eigenständigen Selbstwert zu kommen (Haus 8).

Jupiter beantwortet die Frage, was uns Sinn gibt im Leben. Wie wir unsere Kräfte sinnvoll einsetzen wollen, vielleicht auch, welchen Sinn Macht für uns hat.

Beide Planeten, Venus und Jupiter, können in Haus, Zeichen, Aspekten, als Häuserherrscher und Dispositoren gedeutet werden. Bei der Häuserachse sind die Zeichen wichtig, und falls Planeten in den Häusern stehen, werden auch sie gedeutet, hier speziell im Hinblick auf Werte. Zur Erweiterung können auch die Zeichenherrscher der Achse herangezogen werden.

Eigen-Art, Individualität

Die dritte häufig zu findende Ursache einer Ohnmachtserfahrung ist das Gefühl, in der eigenen Art, in unserer Eigen-Art, nicht anerkannt zu werden.

- Wie ist meine mir eigene Art?
- Was macht mich aus?
- Wie bin ich gemeint?
- Wie bin ich geworden?
- Wo stehe ich jetzt?

Die ersten drei Fragen können umfassend aus dem Radixhoroskop beantwortet werden. Auch für versierte Astrologinnen ist, wenn es um die eigene Erlangung der Eigenmächtigkeit geht, zu empfehlen, sie durch Kolleginnen oder Kollegen deuten zu lassen. Wegen blinder Flecke und so …

Die Antworten auf die letzten beiden Fragen finden sich nicht im Horoskop. Sie sind ausschliesslich durch eine ehrliche Innenschau zu beantworten. Es ist wie eine Art Bestandsaufnahme, wie weit wir eventuell durch unsere Prägungen aus der Kindheit und durch unsere Erfahrungen im Leben von unserer Eigen-Art abgedriftet sind.

Um unsere Macht zurückzugewinnen, müssen wir aber unsere eigene Art entdecken, unsere Eigen-Art entstehen lassen, eigen-artig werden. Wahrhaft mächtige Menschen sind eigen-artig im positiven Sinne, und es wird ihnen auch zugestanden.

Die meisten von uns werden von der Schulzeit an, vielfach noch früher, dazu angehalten, stromlinienförmig zu werden. Im Strom der Gesellschaft mitzuschwimmen, angepasst zu sein, nicht aufzufallen. Höchstens durch eigen-artige Klamotten, ein eigen-artiges Äusseres, doch nicht durch eigen-artige Ideen, eigen-artige Werte, eigen-artige Ideale, eigen-artige Bedürfnisse.

Und – auch das gehört hierher – wir Frauen sind angepasst und eingepasst in eine von Männern geprägte Welt. Ich möchte ausdrücklich anregen, darüber nachzudenken, wie weit wir uns als Frau von unserer Eigen-Art entfernt haben, um in unsere Umgebung «zu passen», um nicht unbequem zu sein, und wie weit wir uns dadurch ohnmächtig gemacht haben.

Astrologisch helfen uns hier alle Aspekte der persönlichen Planeten zu Uranus, die Häuser, in denen er steht und über das er herrscht, sowie seine allfällige Position am aufsteigenden Mondknoten.

Zusammengefasst noch einmal:

Um in unsere Eigenmacht zu gelangen, müssen wir:

- unsere Bedürfnisse kennen und dafür sorgen, dass sie erfüllt werden;
- unsere Werte und Ideale finden und dafür sorgen, dass unser Selbstwertgefühl wächst, wenn es sein muss, auch ohne Resonanz eines Gegenübers;
- unsere Eigen-Art kennenlernen, sie pflegen und nach aussen zeigen, müssen eigen-artig werden und bereit sein, die Konsequenzen für unsere Einzigartigkeit zu tragen;
- und – nicht vergessen – uns der Funktion unseres Opferverhaltens bewusst sein, damit das neue Macherinnen-Verhalten uns gleichen Gewinn bringen kann.

3. Eigenermächtigung durch Veränderung des Rollenverhaltens

Beinahe alle Menschen haben in den verschiedensten Bereichen ihres Lebens eine bestimmte Rolle, die ein bestimmtes Verhalten hervorruft. So hat im privaten Bereich eine Frau vielleicht die Rolle der Mutter, der Partnerin oder der Tochter und im beruflichen Bereich die Rolle der kompetenten Bereichsleiterin einer Bank. Jede Rolle verlangt ein anderes Verhalten, und normalerweise wechseln wir beinahe spielend zwischen den verschiedenen Rollen hin und her. Es ist aber auch umgekehrt möglich, durch bestimmte Verhaltensweisen eine bestimmte Rolle zugeschrieben zu bekommen. Dadurch, dass ein Vater seinen Kindern gegenüber ein anderes Verhalten an den Tag legt als seiner eigenen Mutter gegenüber, wird er hier in der Rolle des Vaters und dort in der Rolle des Sohnes wahrgenommen. Die meisten kennen den Wechsel zwischen Vater- und Sohn-Rolle oder Mutter- und Tochter-Rolle und können ihn auch gut nachempfinden.

Nicht immer gefällt uns die Rolle, die wir einnehmen, denn häufig wird uns von anderen eine Rolle zugeschrieben, ja manchmal sogar übergestülpt, ohne dass wir sie anstrebten oder hätten haben wollen.

Doch niemals sollte vergessen werden, dass hier ein wechselseitiges Geschehen stattfindet: Jemand schreibt uns eine Rolle zu – doch wir nehmen sie auch an oder eben nicht.

Befinden wir uns in unserer Macht, so ist es unsere Wahl, eine Rolle anzunehmen oder zurückzuweisen. Sind wir aber in einer ohnmächtigen Situation, müssen wir sehr oft die uns aufgedrängte Rolle annehmen, zum Beispiel wenn die Eltern uns immer noch in der Kind-Rolle zu halten versuchen oder der Partner uns ausschliesslich in der Mutter-Rolle sieht und sich dementsprechend kindhaft verhält.

In einer ohnmächtigen Situation befindet sich der Mensch meistens in der Rolle des Opfers; dies kann kurzfristig sein oder sich aber auch über einen jahrelangen Zeitraum erstrecken. Um aus der ohnmächtigen Rolle aussteigen zu können, ist es notwendig, das eigene Verhalten innerhalb dieser Rolle genau zu betrachten:

- In welchen Situationen *fühle* ich mich in der Opferrolle?
- In welchen Situationen *bin* ich in der Opferrolle?

- Wie verhalte ich mich dabei? Ist es immer wieder dasselbe Verhalten?
- Besteht die Möglichkeit, dieses Verhalten zu verändern?
- Was könnte geschehen, wenn ich dieses Verhalten verändere?
- Fürchte ich das, was geschehen könnte?
- Habe ich die Kraft und den Mut, mein Verhalten in der Rolle *allein* zu verändern?
- Brauche ich Hilfe, um mein Verhalten zu verändern?

Sind die Kraft und der Mut vorhanden, das Verhalten in der Opferrolle zu verändern, so sind zunächst Punkt 1 («Eigenermächtigung durch den Entschluss mächtig zu werden», S. 236) und Punkt 2 («Eigenermächtigung durch soliden Selbstwert», S. 240) dieses Kapitels zu empfehlen.

Reichen Kraft und Mut nicht aus, dies allein umzusetzen, so ist eine professionelle Hilfe in Erwägung zu ziehen, denn – und das ist wichtig – unser Umfeld will uns meist nicht so leicht aus einer einmal angenommenen Rolle entlassen. Unsere Rolle nämlich, gleichgültig was für eine, ist unserer Umgebung vertraut, und es ist für sie bequem, wenn wir diese Rolle und das vertraute Verhalten beibehalten. Denn wenn *wir* uns nicht ändern, sind auch *die anderen* nicht genötigt sich zu verändern. Wenn wir aber ein soziales System betrachten, sei es im privaten oder im beruflichen Bereich, dann funktioniert und reagiert dieses wie die Glieder einer Kette: Bewegt sich *ein* Glied, bewegen sich auch alle anderen. Betrachtet sich der Mensch in der ohnmächtigen Rolle als ein Glied des Systems und bewegt (verändert) er sich, werden sich alle anderen auch bewegen (müssen). *Wohin* ist nicht vorauszusehen, doch dass sie sich bewegen, ist sicher. Bewegung, das heisst Veränderung aber macht vielen Menschen Angst, weil sie dazu zwingt, das Vertraute zu lassen und sich auf das Neue, das Unvertraute einzulassen.

So ist in manchen Fällen empfehlenswert, das *nahe* Umfeld kurz zu informieren, wenn der Entschluss gefasst ist, aus einem vertrauten Rollenverhalten auszusteigen.

Ein Beispiel:

In einer kleinen Zwei-Personen-Firma missachtete Hans, einer der beiden Inhaber, selbst die einfachsten Regeln des Zusammenarbeitens durch seine aggressive Haltung, Verzögerung und Blockade jeglicher, auch notwendiger Veränderung. Ausserdem missachtete er zunehmend die Persönlichkeit und die Rechte seines Partners Peter. Dieser wurde im Laufe der Jahre in der Ausübung der Geschäftsleitung dadurch immer stärker behindert, da Hans selbst notwendige Besprechungstermine boykottierte und nicht erschien. Peter, ein sehr reflektierender Mensch, litt derart unter den Verletzungen und Kränkungen von Hans, dass er zuletzt seine Arbeit immer mehr in Zweifel zog und schliesslich sowohl an seiner Kompetenz die Firma zu leiten als vor allem auch an sich selbst zweifelte. Um, wie er selber sagte, seine Würde und sein Selbstwertgefühl zu wahren, trennte er sich schliesslich schweren Herzens von der Firma, die er selbst mit aufgebaut hatte.

Er kündigte seinen Entschluss, die Rolle und sein Verhalten zu wechseln, natürlich lange Zeit vorher an. Sein «nächstes Umfeld», der Mitinhaber der Firma, reagierte nur mit Hass und Boykott. So wurde Peter bis in die allerletzten Wochen vor der Trennung bei allem, wo die Mitwirkung von Hans unbedingt nötig war, blockiert. Er bekam ein letztes Mal seine absolute Ohnmacht (= nichts machen können) heftig zu spüren. Obwohl Hans voller Hass war – die Rolle, die Peter als Geschäftsleiter innehatte, war für ihn bequem und vertraut –, wollte er ihn nicht daraus entlassen.

4. Eigenermächtigung durch Veränderung der Betrachtungsweise

Die Situation mag noch so schwierig sein, die Haltung, die wir ihr gegenüber einnehmen, ist entscheidend.

Ein Weg, unter widrigen Umständen trotzdem in eine eingeschränkte Eigenmächtigkeit zu gelangen, also innerhalb einer Ohnmachtssituation doch etwas bewirken zu können, ist, unsere Betrachtungsweise, unsere Geisteshaltung der Situation und Erfahrung gegenüber zu verändern.

Ich bin der Meinung, dass es äusserst wichtig ist, aufmerksam gegenüber unserer Betrachtungsweise oder, anders ausgedrückt, unserem Geisteszustand zu sein. Beide sind fast immer von Emotionen gesteuert, deren Ursprung wiederum in einem Grundgefühl zu finden ist, das ganz strikt nur zwischen «angenehm» bzw. «unangenehm» und daraus hervorgehend «Will ich haben» bzw. «Will ich nicht haben» entscheidet. Wir sind also zum Beispiel mit einem Menschen, einer Situation oder einer Erfahrung konfrontiert, und unser Gefühl signalisiert «angenehm» und gleichzeitig «Will ich haben, will ich behalten, soll so bleiben». Daraus entsteht eine Emotion, wie zum Beispiel Freude oder Zuneigung oder Zuversicht. Oder wir sind mit einer Erfahrung konfrontiert und unser Gefühl signalisiert «unangenehm» und gleichzeitig «Will ich nicht haben». Hier entsteht dann eine Emotion, wie zum Beispiel Angst, Ärger, Ablehnung, Neid oder Ähnlichem.

Dies nennt man in der Psychologie «emotional reaktiv», und in der Buddhistischen Psychologie wird angenommen, dass aus dieser emotionalen Reaktivität heilsame bzw. unheilsame Geisteszustände entstehen. Wenn immer wir in einer ohnmächtigen Situation sind, entsteht ein Gefühl «unangenehm – will ich nicht haben», daraus entsteht eine belastende Emotion, wie zum Beispiel Ärger, Angst oder auch Neid, und daraus wiederum entsteht eine belastende Betrachtungsweise, ein unheilsamer Geisteszustand.

Bis auf wenige Ausnahmen sind wir Menschen auf emotionale Reaktivität gepolt, und das wird – ausser man übt es jahrelang – auch so bleiben. Das ist weder gut noch schlecht, es ist einfach so. Was wir aber tun können ist, dieser emotional gefärbten Betrachtungsweise Aufmerksamkeit zukommen zu lassen.

Betrachten wir das, was uns begegnet, mit der ablehnenden oder der anhaftenden Vorstellung, dass nur gut ist, was sich nicht verändert, oder nehmen wir Erfahrungen aus der Vergangenheit, transportieren sie in die Gegenwart und machen uns daraus Geschichten in die Zukunft? – Gleichgültig, wir werden uns dabei immer ohnmächtig und ausgeliefert fühlen.

Schenken wir unserer emotionalen Reaktion jedoch Aufmerksamkeit und bemerken, ob wir uns durch sie in einer ablehnenden, anhaftenden oder unwissenden Betrachtungsweise oder Geisteshaltung befinden, ist es möglich, innerlich einen Schritt zurück in eine neutralere Betrachtungsweise zu machen. Ob das sofort oder erst nach Stunden, ja nach Tagen geschieht, aus dieser neutraleren Betrachtungsweise heraus ist es uns möglich, erst einmal durchzuatmen und zu überlegen:

- Ist es wirklich so, wie es sich für mich darstellt, oder könnte es auch anders sein?
- Was ist der Grund, dass ich es ablehne? – Weil es anders ist, als ich es mir vorstelle und ich es so nicht haben will? Weil ich Angst habe vor Veränderungen? Weil ich aus der Erfahrung heraus meine zu wissen, wie es ist oder gar wie es sein wird?
- Könnte ich die Erfahrung wenigstens neutral betrachten?
- Könnte ich an dieser Erfahrung auch etwas Gutes finden (bitte keine rosarote Brille aufsetzen)?
- Wie fühlt sich das Ganze an, wenn ich es wenigstens einigermassen neutral betrachte?

Und noch drei letzte, aber sehr wichtige Fragen zur Selbsterkenntnis:

- Wie reagiere ich auf das Verhalten anderer?
- Was macht das Verhalten anderer mit mir?
- Wie kann ich agieren, statt reagieren, wie kann ich in Aktion bleiben?

Die Beantwortung dieser Fragen und die eventuell daraus erfolgende Veränderung unserer Betrachtungsweise, unserer Geisteshaltung, könnte uns aus dem passiven Zustand (Ich kann nichts bewirken) in einen aktiven Zustand (Ich kann etwas bewirken) bringen. *Denn solange wir einer Emotion ausgeliefert sind, sind wir unfähig, klar und folgerichtig zu denken und zu handeln.* Das gilt für den emotionalen Zustand der Verliebtheit ebenso wie für den emotionalen Zustand der Abneigung oder Angst.

5. Eigenermächtigung durch konkrete Planung

Häufig bleibt es beim Vorhaben oder der Willensbekundung, sich aus ohnmächtigen Situationen oder ohnmächtigem Verhalten zu befreien. Ist aber einmal ein Entschluss gefasst (siehe Punkt 1 dieses Kapitels: «Eigenermächtigung durch den Entschluss mächtig zu werden» auf S. 236), dann ist es hilfreich, eine konkrete Planung vorzunehmen. Sie kann im Laufe des Prozesses natürlich korrigiert werden, doch nötigt sie den Menschen, gleich zu Beginn eine gewisse Klarheit in seine Gedanken zu bringen.

Notwendig dazu sind ein paar freie Tage, in denen es keine Ablenkung oder Störung durch andere Menschen gibt. Also sich entweder zu Hause einigeln und sich bei Freunden und Bekannten abmelden oder – noch besser – für ein paar Tage verreisen. Dieses «Mit sich allein sein» ist wesentlich, weil dann die Konzentration ausschliesslich auf die eigene Person gerichtet ist, was in der heutigen Zeit ja normalerweise (angstvoll) vermieden wird. Deshalb sind im Reisegepäck weder Smartphone noch Laptop oder Notebook und auch nicht ein Diktiergerät vorhanden (denn ja, die Gedanken werden mit der Hand aufgeschrieben). Mit dabei sind also nur ein leeres Heft oder ein leerer Block und ein Stift.

Nun geht es darum, sich das zukünftige Leben – das Leben in der Eigenmacht – genau so vorzustellen, wie es sein soll, wie wir es wünschen. Vor allem in dem Bereich, in dem wir uns immer wieder ohnmächtig fühlen – privat, beruflich, in unserem Verhalten oder in der von aussen an uns herangetragenen Situation. Schreiben wir auf, bis in alle Einzelheiten, wie dieses Leben aussehen soll. Schieben wir lächelnd Gedanken beiseite, die uns einflüstern wollen, «das geht sowieso nicht».

Der nächste Schritt ist ein Plan, wie wir dahin kommen, wo wir hinwollen. Von der groben Übersicht immer weiter in Einzelheiten gehend, ganz fein ausarbeiten. Auch hierbei ist es wichtig, nicht die Gedankenschere im Kopf zu haben, was geht oder was nicht geht. Denn unsere Vorhaben liegen in der Zukunft, und Geschichten in die Zukunft zu machen ist müssig – wir kennen die Zukunft nicht, können also über Zukünftiges auch keine Aussagen machen.

Ist der Plan bis in die Einzelheiten fertig, dann sind wir bei der Verwirklichung in der Realität angelangt und können dabei auch erkennen, welche Massnahmen notwendig werden, um unseren Plan umzusetzen.

Grob eingeteilt ist es möglich, in diesem Zusammenhang von zwei Menschentypen zu sprechen: Einerseits gibt es jene, die nicht über ihre Pläne sprechen, sie aber einigermassen konsequent für sich alleine umsetzen, um dann ihr Umfeld mit einem neuen Verhalten gleichsam zu überraschen. Andererseits gibt es die anderen, für die es leichter ist, ihre Pläne einem anderen Menschen mitzuteilen, der sie in dem

Prozess der Veränderung durch sein Nachfragen immer wieder unterstützt und neu motiviert. Beides ist gleichwertig, doch ist es interessant herauszufinden, welcher Menschentyp wir sind, um uns die Arbeit mit uns selbst auf dem Weg in die Eigenermächtigung zu erleichtern.

6. Die «kleine Macht» in der Ohnmacht

Es gibt nicht wenige Situationen im Leben, in denen wir uns ohne Macht fühlen und meinen, nichts machen, nichts bewirken zu können. Das Gefühl «Ich kann nichts machen, ich muss das aushalten» ist vielen Menschen wenigstens zeitweise bekannt. Am Beginn der Erfahrung versuchen wir noch, am Gefängnisgitter der Ohnmacht zu rütteln, um etwas zu verändern. Doch je länger es dauert, desto grösser ist die Gefahr zu resignieren. Aber es ist möglich, in solchen Situationen wenigstens eine kleine Eigenermächtigung zu erreichen. Es geht darum, sich über die Kenntnis der eigenen Bedürfnisse Nahziele zu schaffen, die sowohl eine Art Erleichterung bringen als auch das Gefühl geben, nicht ganz handlungsunfähig zu sein, wenn auch in einem eingeschränkten Rahmen. Das heisst keinesfalls, das Fernziel, nämlich die Veränderung der gesamten Situation, aus dem Auge zu verlieren oder gar aufzugeben. Es heisst vielmehr, es sich *innerhalb* einer *von aussen* bestimmten Situation so gut gehen zu lassen wie möglich. Also das grosse Hauptbedürfnis (die gesamte Situation zu verändern – derzeit ein noch nicht erreichbares Fernziel) in kleine Nahziele (Erfüllung von kleinen Nebenbedürfnissen) aufzuteilen.

Ein Mensch geht zum Beispiel täglich zur Arbeit, die ihm nicht nur nicht gefällt, sondern ihn auch krank macht, mit Menschen, die ihm nicht liegen, und einem Chef, der ihn respektlos behandelt. Jeden Tag denkt er einmal an Kündigung, doch diese Arbeit braucht er, um überleben zu können, und ein Wechsel in seinem Alter ist nicht mehr so einfach. In vielen Firmen hat er sich schon beworben, doch immer eine Absage erhalten. Die Kündigung ist also zum Fernziel geworden, und die Gefahr der Resignation – ich kann halt nichts machen – wächst. Jetzt braucht er kleine Nahziele, um nicht aufzugeben, die aber Aktivität von ihm fordern. Er könnte sich folgende Fragen stellen:

- Was an der Situation kann ich verändern, was muss ich *vorerst* so hinnehmen, wie es ist?
- Lässt sich etwas am Ablauf der Arbeit verändern, was es mir leichter macht?
- In welchen Bereichen kann ich meine Betrachtungsweise verändern?
- Wird es leichter, wenn ich das Verhalten meiner Kollegen anders bewerte?
- Stimmen *meine* Wahrnehmung von meinen Kollegen und *meine* Geschichten, die ich mir über sie mache, *wirklich?* Könnte es auch anders sein?
- Welches Bedürfnis kann ich mir innerhalb der Arbeit erfüllen?
- Wie kann ich mir in meiner Freizeit meine Bedürfnisse erfüllen?
- Wie kann ich mir jeden Tag eine kleine Freude machen?
- Welche Beziehungen ausserhalb der Arbeit möchte ich intensivieren?
- Möchte ich meine Freizeit als Vorbereitung für den neuen Job nutzen?
- Auf welche Weise ist das sinnvoll und möglich?

Dies alles nähert den Menschen nur mässig an das Fernziel an, doch diese kleinen Nahziele können durchaus Vorbereitung für das Fernziel – ein neuer Job – sein. Vor allem aber geben sie ihm die Möglichkeit, innerhalb einer als ohnmächtig erlebten Situation etwas machen und bewirken zu können. Das Gefühl, in einer schwer zu ertragen Situation wie festgenagelt zu sein, lässt nach.

Das ***Schlusswort*** *möchte ich einem unbenannten Jugendlichen überlassen, der in einer Gesprächsrunde sagte:*

«Macht? Macht ist geil!»

Weitere Bücher der Edition Astrodata

Erhältlich in jeder Buchhandlung

Claude Weiss

Warum wir uns inkarnieren

Das Geheimnis des karmischen Neumondes

In diesem Buch wird gezeigt, wie die Deutung unseres individuellen Lebensweges und unserer karmischen Bestimmung durch die Berücksichtigung des vorgeburtlichen Neumondes enorm an Tiefe gewinnt. Dabei stellen sich, im Hinblick auf Grundmotivationen und dominante Themen, die unser Leben prägen, sehr schnell Aha-Erlebnisse ein.

Mit ausführlichen Deutungsregeln und Interpretationen der Stellungen des karmischen Neumondes in den verschiedenen Häusern und Zeichen sowie dessen Aspekte werden Sie in die Lage versetzt, Ihr Karmisches Neumondhoroskop selbst zu deuten und zum Geburtshoroskop in Beziehung zu setzen. Das Vorgehen wird durch zahlreiche Fallbeispiele illustriert und erläutert.

14 x 21 cm / Pb. / 160 Seiten / durchgehend farbig / 45 Abb.